编委会

主　编：肖子华　　　张　宏

副主编：徐水源　　　王春超

编　委（按姓氏笔画排序）：

王贤彬　　　王　博　　　史守庆

刘金山　　　刘金伟　　　孙　兰

陈　晶　　　林　颖　　　罗勇辉

徐友龙　　　徐　乐　　　郭　青

中国流动人口及家庭发展报告

第三届流动人口健康与发展论坛文集

肖子华　张　宏　主编

暨南大学出版社
JINAN UNIVERSITY PRESS

中国·广州

图书在版编目（CIP）数据

中国流动人口及家庭发展报告：第三届流动人口健康与发展论坛文集/肖子华，张宏主编. —广州：暨南大学出版社，2019.11
 ISBN 978 - 7 - 5668 - 2782 - 1

Ⅰ. ①中… Ⅱ. ①肖… ②张… Ⅲ. ①流动人口—研究报告—中国 Ⅳ. ①C924.24

中国版本图书馆 CIP 数据核字（2019）第 240278 号

中国流动人口及家庭发展报告：第三届流动人口健康与发展论坛文集

ZHONGGUO LIUDONG RENKOU JI JIATING FAZHAN BAOGAO：DISANJIE LIUDONG RENKOU JIANKANG YU FAZHAN LUNTAN WENJI

主编：肖子华　张　宏

出 版 人：徐义雄
责任编辑：曾鑫华　王锦梅
责任校对：王燕丽　冯月盈
责任印制：汤慧君　周一丹

出版发行：暨南大学出版社（510630）
电　　话：总编室（8620）85221601
　　　　　营销部（8620）85225284　85228291　85228292（邮购）
传　　真：（8620）85221583（办公室）　85223774（营销部）
网　　址：http://www.jnupress.com
排　　版：广州市天河星辰文化发展部照排中心
印　　刷：广州市穗彩印务有限公司
开　　本：787mm×1092mm　1/16
印　　张：18.25
字　　数：325 千
版　　次：2019 年 11 月第 1 版
印　　次：2019 年 11 月第 1 次
定　　价：68.00 元

前　言

2018 年 11 月 24 日，国家卫生健康委流动人口服务中心与暨南大学联合主办以"关注流动人口健康，促进流动人口发展"为主题的"第三届流动人口健康与发展论坛"。论坛在北京举行，旨在贯彻落实党的十九大精神和《"健康中国 2030"规划纲要》，促进流动人口社会融合与家庭发展，助力健康中国建设。

全国政协人口资源环境委员会副主任、中国计划生育协会党组书记、常务副会长王培安，全国政协副秘书长、西南财经大学教授刘家强，暨南大学党委常委、副校长张宏，国务院参事、友成企业家扶贫基金会副理事长汤敏，香港中文大学经济学系主任、世界计量经济学会院士张俊森，北京大学第一人民医院院长刘新民在论坛上作主题发言，国家卫生健康委人口监测与家庭发展司副司长魏云鹏致辞。

本次论坛设有"人口流动与社会融合""健康服务与慢病康复""社会服务与母婴关怀"三个分论坛。本次论坛自发布征文通知以来，受到各界专家、学者的广泛关注，收到众多投稿。其中，来自北京大学、南开大学、同济大学、中国社会科学院等科研机构、高校、流动人口服务管理部门、事业单位、社会组织的 40 多位从事流动人口健康与发展研究的专家、学者和实际工作者围绕论坛主题进行了精彩的专题演讲和点评，广泛、深入地讨论了关于流动人口的健康促进、健康管理、健康康复、母婴关怀、家庭发展、生殖服务、社会融合、就业创业等方面的问题。

参加此次论坛活动的有国家相关部门和国家卫生健康委相关司局、直属联系单位的同志，来自全国各地卫生健康（卫生计生）流动人口管理机构、疾病预防控制机构、医疗和体检机构的专家学者，以及流动人口健康与发展研究领域的专家、学者和相关社会组织代表共 400 余人。

　　"流动人口健康与发展论坛"已经连续成功举办三届，产生了广泛的影响力，形成了丰硕的成果。基于第三届论坛的专家学者的发言与文稿，我们编撰《中国流动人口及家庭发展报告：第三届流动人口健康与发展论坛文集》。本书涵盖了全国政协人口资源环境委员会副主任王培安等领导和专家的主旨演讲，也较为全面地覆盖了各分论坛的专家学者的观点。我们相信，这些真知灼见将会通过本书进一步广泛传播，真正达成助力健康中国建设的目的。

编　者

2019 年 11 月

目录 Contents

大会论坛演讲

努力推进新时代流动人口健康与发展

——在第三届流动人口健康与发展论坛上的主旨演讲

王培安[①]

各位专家学者、各位朋友、各位同仁:

大家好!

今天,我委流动人口服务中心与暨南大学围绕"关注流动人口健康,促进流动人口发展"这个主题,联合举办第三届流动人口健康与发展论坛。首先,我对论坛的举办表示热烈的祝贺!对参加论坛的各位专家学者、各位流动人口服务管理工作者表示诚挚的欢迎!

今年恰逢我国改革开放40周年,众所周知,改革开放与流动人口密不可分。我国长时期大规模的人口流动肇始于改革开放初期,改革开放为人口流动提供了历史机遇和良好条件,人口流动为改革开放注入了蓬勃生机和无限活力,从而开启了经济社会快速发展和人口快速转变的新的历史时期。

利用这个机会,我就如何看待流动人口在改革开放中做出的重大贡献和如何推进新时代流动人口健康与发展工作谈几点意见。

一、改革开放40周年过程中流动人口为我国经济社会发展做出的巨大贡献

(一)从劳动力资源优化配置角度看,流动人口推动了改革开放以来经济的快速增长

20世纪80年代初,随着农村家庭联产承包责任制的实施,我国人多地少的矛盾开始显现出来,农村出现大量的剩余劳动力。改革开放激发了经济发展的活力,带动了乡镇企业、三资企业和私营企业的发展,对劳动力的需求激增。农村剩余劳动力的供给和市场经济发展对劳动力的需求相

[①] 全国政协人口资源环境委员会副主任,中国计划生育协会党组书记、常务副会长。

契合，启动了大规模的人口流动浪潮。随着我国工业化、城市化进程的不断推进，大批流动人口从劳动生产率低的农业部门转移到劳动生产率高的工业部门，从而提高了整体的平均劳动生产率，填补了城市劳动力结构性短缺，均衡了劳动力市场配置。尤其是以"劳动密集型产业"为鲜明特色的制造业成为吸纳流动人口的第一大户，推动中国成为世界制造业大国。"中国制造"为世界瞩目，流动人口无疑是最坚实的支撑。

回望这段历史，我们发现，流动人口的规模是伴随着经济发展而逐渐扩大的。全国流动人口规模从1982年的657万人增加到2017年的2.44亿人，35年增长了36倍；而国内生产总值从1982年的5.3千亿元增加到2017年的82.71万亿元，35年增长了155倍；中国在世界贸易中的排序，也由1978年的第32位，跃升到2017年的第2位。有学者研究发现，人口流动对改革开放40年经济高速增长的贡献率高达20%～30%。流动人口聚集度最高的珠三角地区成为经济增长最快的地区。

（二）从推进经济社会结构转型的角度看，流动人口推动了工业化、城镇化和现代化水平的快速提高

改革开放以来，我国大量剩余劳动力从第一产业流向第二和第三产业，这直接推动了我国产业结构的升级转型。我国国民经济总量增长从主要由第一、二产业带动转为主要由第二、三产业带动，产业结构实现了从一二三到三二一的现代化转型，为我国工业化目标的实现奠定了基础。

在改革开放40年的历程中，广大流动人口不仅为中国经济的起飞持续提供了充裕的劳动力，解决了农村富余劳动力转移的就业难题，为"三农"问题的解决提供了重要途径，而且极大地推动了中国城镇化和现代化进程。1978—2017年，我国城镇常住人口从1.7亿快速增至8.1亿，城镇化率从17.9%提升至58.5%，流动人口是中国城镇化迅速推动的主导力量。城镇化是现代化的核心内容，人口流动客观上推动了我国现代社会结构的形成，是推动我国现代化进程的主要动力。

（三）从城乡区域协调发展角度看，流动人口推动了全面建成小康社会目标的实现

全面建成小康社会要求增强发展协调性，努力实现经济又好又快发展，形成城乡、区域协调互动发展机制。过去的40年，人口流动客观上成为城乡区域协同发展的带动力量，为全面建成小康社会做出了突出贡献。

流动人口为农村发展积累了经济资本。务工经商的流动人口通常是青壮年，是家庭的主要劳动力，承担着"上养老，下育子"的责任。他们外出打工的收入是农村家庭收入的重要组成部分。调查数据表明，外出务工的收入约占家庭总收入的35.5%。这笔财富不仅保障了农村家庭的生存发展，还成为改变农村面貌的重要资金来源。

流动人口为农村发展积累了文化资本。人口流动促进了城乡之间的文化互通和交流，把整个农村卷入现代化的浪潮之中。流动人口在城市"大学堂"中学习到的现代技术技能、文化知识和思想观念，获得的乡土社会以外的社会关系资本，都随着大规模的人口流动而传播到了农村和落后地区，带动了当地的进步和发展，进而为缩小区域发展差距、加快城乡一体化建设、促进社会均衡发展产生了积极作用。

二、新时代解决流动人口问题的根本路径在于促进流动人口社会融合

规模庞大的流动人口为经济社会发展做出了巨大贡献，然而他们自身却面临着诸多困难。由于受到户籍制度及附着在其上的福利保障制度、土地制度的影响以及其自身的人力资本、社会资本等因素的制约，使得进到城市的流动人口无法与户籍人口享受同等公共服务与社会福利，呈现出一种"半城镇化"状态：就业在城市，户籍在农村；劳力在城市，家属在农村；收入在城市，积累在农村；生活在城市，根基在农村；在劳动权益保护、子女教育、医疗卫生、社会保障等方面也存在一系列问题。解决这些问题的根本路径就是要促进流动人口的社会融合。

（一）推进以人为核心的新型城镇化，减少社会融合的制度障碍

推进以人为核心的新型城镇化，关键是通过户籍制度改革实现市民化。按照党中央国务院的统一部署，户籍制度改革既要坚持自愿、分类、有序的原则，充分尊重农民意愿，因地制宜制定具体办法，优先解决存量，有序引导增量；又要统筹推进土地、财政、教育、就业、医疗、养老、住房保障等领域的配套改革，加快完善相关配套政策，以公平稳定的公共服务供给体系满足流动人口的融入需求。同时，加大户籍制度改革措施落实的力度，逐渐消除附加在城乡户口上的公共服务差别，不断减少户籍制度对人口流动的限制，实现人口与经济社会、资源环境的协调发展。

（二）构建以家庭为重点的基本公共服务均等化政策体系，提高流动人口社会融合的能力

党的十九大报告提出要"履行好政府再分配调节职能，加快推进基本公共服务均等化，缩小收入分配差距"。当前，针对人口流动家庭化、构成多元化的现状和趋势，要尽快实现流动人口公共服务对象由个体向家庭的转变，以流动人口家庭为服务对象，构建流动人口基本公共服务均等化政策体系，建立分层、分类、有梯度的公共服务供给制度。制定流动人口家庭发展扶持战略，兼顾务工人员、随迁家属等各种群体的需求，使流动人口家庭有能力扩大家庭规模，解决好因流动而造成的留守人群、家庭不稳定的问题，从而真正实现"家庭化"流动和稳定化居住。

（三）构建以协同参与为基础的治理模式，形成全方位推进社会融入的格局

促进流动人口社会融合是一项长期性、系统性的工作，需要不同主体的共同参与，需要不同人群之间的相互接纳。要有效发挥社会协同、公众参与和政府主导的互补功能，逐步建立政府主导、多元主体参与的社会治理机制和模式，形成全社会、全方位推进社会融合的格局。

各级政府相关部门要承担公共住房、教育、医疗等公共服务的扩大供给和更有效地调动、协调各方积极性的政策体系制定的双重责任。城市社区要积极构建流动人口社会融合服务平台，推动各项资源在社区有效整合，强化社区自治和服务功能，拓展流动人口参与社区建设的渠道，搭建流动人口与城市市民的互动平台。社会组织应充分发挥在覆盖流动人口、促进社会参与中的优势，弥补因户籍制度造成的公共服务的缺失，鼓励流动人口参加公益性、互助性社会组织，培养流动人口助人自助的能力。

在这里要特别指出，流动人口服务管理工作能否取得成效，离不开专家学者们的关注和研究。未来十年左右，我国需要服务和管理的流动人口总规模仍将保持较快增长的速度，而且人口流动的空间模式趋于多元化、结构模式趋于复杂化，需要建立更加多元、精细和富有弹性的流动人口服务管理政策体系。希望各位专家学者继续关注流动人口问题，充分认识人口流动的新趋势、新问题和新规律，提出新对策、新办法。

三、卫生健康部门服务流动人口的当务之急是加强职业健康管理与促进家庭发展

解决流动人口问题、实现流动人口的社会融合需要多方协作，以及多维度考量。对于卫生健康系统而言，当务之急就是要加强流动人口的职业健康管理和家庭发展。

（一）实施健康中国战略，需要关注流动人口群体

党的十九大做出"实施健康中国战略"的重大决策，将维护人民健康提升到国家战略的高度。新一轮党和国家机构改革决定组建国家卫生健康委员会，"健康"这一字眼第一次出现在国家部委名称中，充分彰显了党中央、国务院对人民健康的高度关注和责任担当。习近平总书记在全国卫生与健康大会的讲话中强调，要重视重点人群健康，关注流动人口健康问题。第九届全球健康促进大会上发布的《上海宣言》中也明确指出，保护妇女、流动人口和越来越多受到人权和环境危机影响的人们的权利，解决农村人口快速地流向城市、全球人口流动等一系列问题。重视流动人口健康已经成为国际社会的共识。

（二）做好流动人口职业健康管理，防止因病致贫

健康不仅是一种重要的人力资本，还是其他人力资本存在、积累和效能发挥的前提。对流动人口而言，更是如此。相对于普通劳动者，流动人口的职业环境差、健康风险大、劳动保护不足，尤其在采矿业、建筑业、制造业和交通运输业从业的流动人口属于存在职业健康问题的高危人群。同时，流动人口工伤保险投保率低，职业伤害后很难获得相应救济，对家庭而言，这意味着一个重要收入来源的减少和一笔治疗康复支出的增加。研究表明，职业病的间接经济损失是直接经济损失的6倍，是造成流动人口因病致贫、因病返贫的重要原因。

因此，流动人口职业病防治和职业健康管理是流动人口健康服务工作的重点和难点。今年的机构改革，国家卫生健康委整合了原国家安全生产监督管理总局的职业安全健康监督管理的职责，成立了职业健康司，这是对当前我国职业病高发和矛盾凸显情况的有效应对举措。

各级卫生健康部门应当关注流动人口群体所面临的职业健康风险，加强流动人口的卫生健康知识的宣传教育、岗位培训。同时，加强对流动人

口中职业健康高危群体的调查和调研，及时掌握情况，梳理重难点问题，集中资源重点解决，切实维护流动人口劳动者的身心健康。

（三）为流动人口赋能增效，提升家庭发展能力

家庭是个人成长和社会发展的基本单位，健康的家庭能够有效地履行家庭功能，提升家庭抗风险能力，成为经济社会可持续发展的重要基石。当前，人口流动家庭化的趋势明显，流动人口对家庭团聚的需求强烈，尤其需要通过提升流动人口家庭的发展能力来为流动人口赋能增效。

我们要在流动人口的服务管理层面树立促进家庭发展的理念，在流动人口政策制定中引入家庭视角。具体而言，要构建完善的流动人口家庭福利政策体系。针对流动人口家庭的特点和需求，发挥卫生健康公共服务网络和工作基础的优势，着重从流动人口迫切需求的提升家庭生育支持、婴幼儿照护服务、青少年发展和老年人赡养等方面开展家庭服务，加强家庭自身为其成员提供经济和情感支持的能力。同时，要发挥卫生健康部门的优势，以家庭为载体开展全人群、全方位、全周期的健康服务，以健康宣传、健康教育、健康咨询、健康促进等为主线，全面提升流动人口家庭的健康发展能力。流动人口的家庭发展涉及的方方面面，要积极推动相关部门间的协作，鼓励各种社会资源进入家庭服务领域，在政策保障和引导下，增强家庭支持的社会替补作用。社区是流动人口主要的居住和生活场所，也是其参与社会互动的主要场所。要以社区为依托，把增强家庭发展能力和提供家庭发展服务作为目前社区建设的重要内容，为家庭提供一个良好的、支持性的社会环境。

各位专家学者、各位朋友、各位同仁，当我们称赞流动人口是改革开放的巨大贡献者时，我们不应忘记流动人口为经济社会发展所做出的牺牲；当我们享受改革开放的成果时，不应该忽视因大规模人口流动而造成的种种问题。流动人口问题是在中国结构转型和体制转轨时期，基于特定制度设置而出现的过渡性问题，流动人口终将在城镇化中完成自身的历史使命，实现社会融合。

让我们在习近平新时代中国特色社会主义思想的指引下，在社会各界的努力下，共同开创流动人口服务管理的新时代、新作为、新篇章，让改革开放的成果为全民共享，让流动人口尽快走向谢幕！

最后，预祝论坛圆满成功！

中国就业保护对流动人口就业的影响

——在第三届流动人口健康与发展论坛上的演讲

刘家强[①]

各位专家学者、各位朋友：

改革开放 40 年来，流动人口为我国经济和社会发展提供了丰富的劳动力资源，为城市建设和发展做出了巨大贡献。然而，流动人口劳动权益保护问题直到今天仍然较为突出，工作时间长、工资低、欠薪、社会保险参保率低、安全条件差、职业病和工伤事故多发等问题一直伴随着大部分流动人口的就业。在全球贸易保护主义背景下，如何促进流动人口发展以及维护流动人口的合法劳动权益是不可忽视的问题。

一、就业保护政策

随着我国经济体制由计划经济向市场经济的转变，劳动关系发生了深刻的变化，就业机制由国家安置向市场配置转变，劳动关系构建由身份制向契约化转变，劳动关系调整由行政管理向法律规范转变。在这个市场化转变过程中，劳资双方的利益明显分化，劳动者失去了计划经济时代的就业保障、工资和福利待遇，但市场经济下的就业保护、社会保障和集体行动等权利还没有到位，这就导致了转型期劳动者权利的缺失。加之工业化和城镇化过程中，我国劳动力市场整体上供大于求，劳资双方力量对比极不平衡，我国劳动关系呈现出明显的"强资本、弱劳动"的特征，无论雇用、解雇、劳动条件还是工资福利都基本由雇主单方面决定，劳动者的话语权很少。这种情况在劳动权益保护意识较弱、岗位可替代性强的流动人口身上体现得更为明显。流动人口的劳动权益得不到有效保障、流动人口更大概率成为转型过程中的利益受损群体、收入分配不公、贫富差距扩大等问题更加突显出来。

就业保护是指为构建稳定劳动关系而形成的关于雇用和解雇的限制性

---

① 全国政协副秘书长，民革中央副主席，西南财经大学教授。

规定。中国第一部完整的就业保护法律是 1995 年起实施的《劳动法》，2007 年《中华人民共和国劳动合同法》（简称《劳动合同法》）获得通过，2008 年 1 月新的《劳动合同法》正式实施。新的《劳动合同法》的核心目标是增加工作的安全性，以减少经济的不确定性给劳动者带来的负面影响。比如，在雇用方面，对固定期限劳动合同的使用进行限制；在解雇方面，要求雇主提前发布解雇通知或支付解雇费。提供就业保护的制度安排有多种形式，既包括私人劳动合同、集体劳动合同，也包括专门的劳动立法。在现实经济中，劳动立法往往在就业保护制度中扮演最为重要的角色。新的《劳动合同法》实施后，国内学者和相关利益者围绕就业保护是否过于严格、是否会损害市场效率进行了激烈的争论，就业保护，特别是流动人口的就业保护问题因此在近年来受到更多社会成员的关注。

二、就业保护对流动人口就业的影响

《劳动合同法》是保障劳动者合法权益的重要法律依据。随着《劳动合同法》的不断完善，我国的就业保护力度逐步加大。2016 年，我国流动人口规模为 2.45 亿人，使其成为我国就业保护政策的最大目标人群和受益者。

从宏观层面来看，就业保护政策的影响体现在以下三个方面：

一是社会保险覆盖率。

在在职职工基本养老保险覆盖率方面，2001 年为 19.48%，2001—2007 年六年间年均增长 1.2 百分点，2008 年新的《劳动合同法》实施后，2007—2013 年六年间年均增长 2.52 百分点；在在职职工基本医疗保险覆盖率方面，2001 年为 10.01%，2001—2007 年六年间年均增长 2.32 百分点，2008 年新的《劳动合同法》实施后，2007—2013 年六年间年均增长 1.96 百分点；在在职职工失业保险覆盖率方面，2001 年为 14.22%，2001—2007 年六年间年均增长 0.21 百分点，2008 年新的《劳动合同法》实施后，2007—2013 年六年间年均增长 0.98 百分点。综合上述三种社会保险覆盖率来衡量我国就业保护水平，新《劳动合同法》带来我国以社会保险为核心的就业保护水平的持续提高。

二是工会参与率。

2004 年的工会参与率为 18.44%，到 2007 年上升为 25.66%，年均增长 2.41 百分点；2008 年新《劳动合同法》实施后，到 2013 年工会参与率增加到 37.36%，年均增长 1.95 百分点，虽然增长速度有所减缓，但仍然反映出我国就业保护水平的快速提升。

三是劳动争议处理率。

2004 年的劳动争议处理率为 93.19%，到 2007 年下降为 90.53%，劳动争议案件增多导致了处理率的下降；2008 年新《劳动合同法》实施后，到 2013 年劳动争议处理率达到 95.55%，年均增长 0.84 百分点。新《劳动合同法》带来我国以劳动争议处理率为衡量标准的就业保护水平的进一步增强。

在就业保护水平提高的情况下，我国城镇登记失业率从 2008 年的 4.2% 下降为 2017 年的 3.9%，这是 2002 年以来的最低水平。从最低工资来看，2008 年甘肃省以最低工资每月 430 元排位最后，2016 年达到每月 1 470 元，上涨了近 3 倍；2016 年最低工资水平最高的上海市已经达到了每月 2 020 元；全国所有省份上涨幅度均在 2 倍以上。从就业水平和工资水平两个角度考察我国劳动力市场的运行效率，即便考虑到经济增长、受教育程度、人口结构、社会结构、物价指数等多个外部影响因素，我国就业保护的水平提升对于我国宏观劳动力市场运行的影响仍然是有效的且呈现向好的态势。

从微观层面来看，就业保护政策的影响体现在以下七个方面：

一是在短期内，就业保护具有双重效应：一方面，严格的就业保护减缓了劳动力市场的调整速度，降低了劳动力市场的灵活性，在一定程度上降低了劳动者的就业水平；另一方面，劳动者工资水平的增收效应开始显现。两方面综合来看，我国劳动力市场运行效率的提升效果具有不确定性，影响了劳动力市场的资源配置效率。

二是从长期看，就业保护对劳动力市场形成的就业冲击效应逐渐消失，对劳动者工资性收入的边际增收效应进一步加强，这有助于提升劳动力市场的运行效率。

三是签订正式劳动合同，可以解释就业保护水平变化的 63.1%。在就业保护框架下，劳动者与用人单位建立了更为稳定的劳动关系——相关惩罚机制（如解约）成本的升高，制约了双方随意终止雇佣关系的动机，降低了劳动者失业的可能性。劳动合同还激励劳动者将专用技术投资于用人单位，有助于提升劳动效率并获得更高回报，这也促成了雇佣双方建立更为稳定的契约关系。

四是就业保护对流动人口就业的影响表现出人群差异性。就业保护水平的提升对低学历、高龄就业群体会产生明显的就业冲击，这一负面影响具有长期性；对女性、非国营单位劳动者群体就业的负面冲击效应在短期内会凸显，长期将趋于消失；对抵御风险能力较强的高学历、国营单位、男性劳动者的就业水平没有显著影响。

五是就业保护对流动人口工资性收入影响表现出群体差异性。随着时间的推移，就业保护水平的提升显著提高了流动人口的工资水平，收入、教育和健康状况对流动人口工资水平影响差异显著。劳动者收入越低，就业保护水平的提升带来工资的正面效应越大；教育的边际效应随着劳动者收入的增加而递减，对低收入劳动者而言，教育仍是提高工资的有效手段；良好的健康状况会普遍提高劳动者的工资水平。签订劳动合同和实行加班补偿将显著缩小由于学历、性别、年龄等歧视所导致的工资差距，这对于促进流动人口收入公平、劳动权益保障有着积极的意义。不过，就业保护水平的提升进一步扩大了国营单位与非国营单位劳动者的工资差距，这也说明就业保护水平的提升并没有解决长期存在的体制性工资差距问题。

六是签订劳动合同和实行加班补偿，有利于流动人口工资性收入的提升。加班给予合理的补偿显然会增加劳动者工资性收入。签订劳动合同同样会提高劳动者工资性收入。由于劳动合同通常是中长期的，加之效率工资与工会谈判等原因，工资具有"黏性"和"刚性增长"的特征会逐步提高劳动者的工资水平。

七是就业保护要保持恰当的严格，与国家社会保护的现状相适应。在国家社会保护现状相对较低的情况下，应该通过提高就业保护水平来弥补低社会保护的不足。随着国家社会保障体系和社会政策体系的逐步完善，就业保护和社会保护将此消彼长。从长远看，就业保护水平有可能逐步走弱，而社会保护体系将进行弥补与加强，就业保护严格与否需要寻求灵活性和安全性的均衡点。

整体而言，我国就业保护在短期内会在一定程度上降低劳动力市场运行效率。但从长远看，随着用人单位逐渐接受严格的就业保护这一事实，就业保护对劳动力市场运行效率的负面效应将逐渐减弱乃至消失，这对我国劳动力市场具有积极效应。

三、对流动人口就业保护政策的思考

（一）面临的形势

当前，我国就业总量压力依然很大，就业结构性矛盾仍然十分突出。

加之国内外不稳定、不确定因素也在增多，尤其是中美贸易加大了我国就业市场的不确定性，给部分企业的生产经营和就业带来影响，就业形势依然严峻复杂。流动人口集中的第二产业，自2015年以来，就业人员就在持续下降，既与制造业产能过剩背景下的供给侧改革有关，也与环保要求提高、拆违章建筑等举措有关，低端产业或低技能、低学历劳动力受影响最大。据测算，由于供给侧改革、转型升级以及海外转移，有3 000万以上从业人员面临再就业。而第一、二产业流失的很大一部分人员，并不能顺利进入第三产业，就业的结构性矛盾在流动人口群体中同样突出。这些都对如何用好就业保护这一政策发起了挑战。

考虑到我国就业保护政策的双重效应，当我们在呼吁加强流动人口就业保护时，需要更加慎重地考虑制定什么样的就业保护法律和政策、应该保护到什么程度、当前最优就业保护策略是什么等问题。

（二）对流动人口就业保护政策运用的思考

一方面，要关注就业保护政策对劳动力市场的短期负向效应，制定最优就业保护政策的主要任务是在灵活性和安全性之间进行平衡。

一是体现用人单位的异质性。对民营、私营等劳动密集型企业实行宽松的就业保护政策，给予企业雇用补贴或社会保险补贴，不损害企业的用工灵活性，促使劳动密集型企业和民营、私营企业创造更多的就业容量，推动整个社会就业安全的实现。中小微企业是吸纳就业和稳定就业的主体，也是流动人口就业的主要场所。近年来，原材料、用工成本等上升，中小微企业经营压力较大。社保征管体制改革带来用工成本上涨预期，引发一些企业提前减员。要高度重视中小微企业当前面临的困难，采取精准有效的措施支持中小微企业发展，进一步寻求流动人口就业保护和支持中小微企业发展之间的平衡。

二是体现劳动者人群的分异性。在我国创新驱动的发展转型和以人为本的新型城镇化趋势下，需要突出新兴产业、服务业和小微企业的作用，营造有利于流动人口就业创业、市场主体创新的制度环境。一方面要满足受教育程度较高的年轻劳动者的就业需求；另一方面也要满足来自于农村每年新毕业的初高中生为代表的新增流动人口的就业需求。这就要求传统制造业、建筑业就业占比下降不能太快，以建筑业、交通运输、仓储和邮政业、批发零售行业等为代表的第二、三产业要保持对流动人口的就业吸纳能力。在政策方面，要通过优惠的失业保险费用或者政策补贴激励企业对低技能劳动者，尤其是低学历劳动者进行技能培训，提升年长劳动者的人力资本，增强他们的工作安全性。给予雇用年长和低学历劳动者的企业以税收优惠，降低用工成本，增强企业的积极性。

三是予以就业保护政策恰当的灵活性。对就业流动性较大、吸纳劳动者较多、行业潜力较大的用人单位实行宽松的就业保护政策，通过较低的就业保护水平保持这些行业的灵活性，用失业保险制度等社会保护体系来弥补劳动者工作安全和收入安全的不足。

另一方面，要注重就业保护政策对劳动力市场的中长期正向效应，与国家较低的社会保护现状相适应，要给推行就业保护政策留出足够的过渡时间，通过提高就业保护严格性弥补社会保护的不足。

调优我国就业保护严格性的基本原则是保持劳动力市场适度的灵活性，但同时要增强劳动力市场的安全性。事实上，政府在制定就业保护政策的过程中不必过于担心就业保护会对我国劳动力市场运行效率产生不利影响。

此外，经验费率失业保险制度的安排有利于更好地发挥解雇费的转移支付功能。通过税收政策将用人单位经济繁荣时期的收入转移到经济低迷时期，以保证经济衰退时创造足够多的就业机会，可以在一定程度上减少经济周期波动对我国长期劳动力市场运行效率的影响。

当然，需要注意的是，我国就业保护的严格性从长期来看有可能逐步走弱，而社会保护体系将进行弥补与加强。就业保护严格性将在动态劳动力市场框架下寻求安全性与灵活性之间新的均衡点。

新时代流动人口高质量发展的战略探讨

张　宏[1]

尊敬的王培安副主任、刘家强副秘书长，各位嘉宾，女士们、先生们：

大家上午好！

作为本次论坛的主办方之一，首先我代表暨南大学向前来出席本次论坛的各位领导、专家学者和实务部门的同志表示热烈的欢迎和衷心的感谢！

党的十九大报告指出，我国社会的主要矛盾已经转化为人民日益增长的美好生活需要和不平衡、不充分的发展之间的矛盾。这一重大政治论断为我国的发展方针和路径指明了方向，更是为我们的科学研究，尤其是流动人口的健康与发展研究提供了重要的思想依据。新时代社会的主要矛盾表明新时代的重要问题不仅是发展的问题，更是高质量发展的问题，是平衡发展和充分发展的问题。在这样的背景下，流动人口健康与发展的研究有着重大的理论价值和独特的现实意义。下面，我简要谈谈个人对中国流动人口健康与发展的几点看法。

首先，从两个方面来阐述流动人口高质量发展的重要意义。

第一，中国高质量发展需要实现流动人口的高质量发展。要完成全面建成小康社会决胜阶段任务，就必须努力提高全要素生产率及其对经济增长的贡献率。改革开放前30年，我国经济的快速增长，源于3亿多农民从农村、农业等生产率低的部门转向生产率高的城市和非农产业，释放出巨大的人口红利，扩大了劳动力的有效供给，提高了劳动力参与率和全要素生产率。为了在新时代持续提高宏观全要素生产率，必须继续优化劳动力的有效供给，一方面继续以制度革新推进新型城镇化，吸引农业人口和农村人口向非农业部门和城镇转移；另一方面继续推动城镇流动就业人口从低效率部门向高效率部门配置和转移，优化劳动力的行业和企业间配置，提升全要素生产率。具体地，我们可以通过农业产业化和现代化，进一步

---

① 暨南大学党委常委、副校长、教授。

释放农村和农业人口，鼓励其向高效率的非农部门流动和集聚；同时加快非户籍人口市民化步伐，实现其在城镇地区的稳定就业、居住和发展，实现相应的劳动力在非农部门内部的优化流动和配置。唯有提高人口流动质量和流动人口发展质量，才能够优化人口资源配置，提升宏观全要素生产率，实现高质量发展。

第二，实现流动人口高质量发展，是建设美好中国的题中之意。流动人口为"扎根"城市，往往节衣缩食、增加积蓄，导致在就业城市的消费和决策"短期化"，如不置办耐用消费品，或以返乡置业、乡下建房的形式，为未来"告老"做准备。这种"半"城市化，伴随着留守儿童等一系列问题，是我国发展不平衡和不充分的反映，阻碍流动人口融入城市和实现美好生活。为此，我们要树立新发展理念，更加强调从全局的高度思考发展、筹划发展，更加注重城乡协调、区域协调、社会群体间的协调，着力从制度和政策层面谋划好流动人口的高质量发展。

接下来，我简要谈谈实现流动人口的高质量发展的几个关键着力点。

第一，应当高度重视流动人口的人力资本提升与积累，提升流动人口的就业稳定性与就业质量。高质量发展呼唤高质量就业，特别是流动人口的高质量就业。作为劳动力市场的重要组成部分，流动人口，尤其是外来务工者的知识水平相对偏低，技能储备和人力资本水平不高。当前，中国经济进入新常态，流动人口的高质量就业有望成为经济发展的新动力。从人力资本的角度考虑，应该加强流动人口的技能培训和就业指导工作，帮助他们从简单劳动转向技能劳动，从而更加适应新时代的技术发展和产业需求。同时，应当坚持制定完善的法律法规维护劳动者的合法权益，同步提升社会保障水平和劳动保护力度。

第二，应当高度重视流动人口的家庭发展，加快流动人口家庭融入城市的步伐。多年来，流动人口的城乡迁移主要表现为劳动力迁移，举家迁移相对较少。而制约举家迁移的最大障碍在于流动人口的子女在城市教育公共服务供给的缺失。大量的留守儿童由于缺失父母陪伴以及农村教育质量不高，存在认知能力不足、学习成绩落后、心理健康水平不高的问题，相当一部分孩子甚至出现了辍学和心理疾病等不良现象。解决留守儿童发展问题，不仅要加大农村教育投入，提高农村教育质量，更应以地方政府为主体，加大城镇基础教育投入与服务供给，完善随迁子女入学制度。通过制度设计层面和财政资金分配层面的改革，为乡城迁移人口的子女教育提供有力保障，是加快流动人口家庭融入城市的最有效途径，也是实现发展成果包容共享的必由之路。

第三，高度重视流动人口在城镇的居住成本问题，多管齐下降低居住成本，提高居住质量。目前，阻碍农村居民融入城市的最大障碍就是高成本，特别是住房成本。当前我国大城市商品住房租金高企，近年来部分特大城市住房租金呈现出非理性上涨态势，给流动人口，特别是农民工造成较大的支出压力。由此，合租、城中村积聚、"打隔断"、城市外围"边缘化"租赁等降低租金成本的租赁形式衍变出来。但是，租赁不稳定、不体面、秩序不好、基本公共服务缺失等问题随之愈加严重。对于向往城市美好生活的流动人口来说，这意味着无法"扎根"城市。党的十九大报告中提出"加快建立多主体供给、多渠道保障、租购并举的住房制度"，意在从供应端构建新的住房制度。首先就是从"重售轻租"转向"租售并举"，并渐进同享公共服务，构建租赁信息平台以规范市场秩序。更重要的是，通过集体土地入市、国企带头、新增供地从"招拍挂"转向配建或自持租赁等多主体供给，降低租赁成本。除了新增具有保障属性的租赁住房外，还要通过棚改、旧住宅区改造、危房改造、住区更新等形式，将功能缺失或不全的存量住房改造为适应新时代居住功能需求的住房，实现住房供应与公共服务配套供应同步跟进，保障新市民对于宜居住房的需求。

我们相信，通过完善制度、引导预期，能够形成有效的流动人口发展与治理政策体系，满足人民日益增长的美好生活需要，使包括流动人口在内的广大人民获得感、幸福感、安全感更加充实、更有保障、更可持续。

暨南大学一直致力于流动人口发展研究。流动人口和移民研究是暨南大学重要的学术传统，也是暨南大学的学术特色。早在1927年，暨南大学就成立了南洋文化教育事业部，聚集人才，专门系统地研究东南亚与华侨华人问题，出版《南洋研究》《南洋情报》等刊物及多种专著，是中国现代史上规模最大、成绩最多、声名最显著的东南亚与华侨华人研究的专门机构，在海内外产生了广泛的影响。1958年，暨南大学在广州重建后，国际移民研究继续得到重视并取得了长足发展，成为彰显"侨校"特色的研究领域。前不久，习近平总书记视察暨南大学还专门参观了我校校史馆和图书馆内的华侨华人文献馆。

暨南大学坐落在改革开放前沿阵地，最大的流动人口流入省份——广东。因此，学校在内地人口流动和移民发展的研究方面具备天然的地缘优势，为内地人口流动和迁移的理论研究和政策制定提供了宝贵的支撑。暨南大学经济学院、中国经济发展与创新战略研究中心均致力于推进经济社会发展的理论和政策研究，以强大的智力资源服务于中国改革发展和经济创新战略的建设，服务于科学的探索和发现。在劳动、人口、健康经济学等方面，学校培养和引进了一批海内外一流人才，对人口流动、就业创业和社会融合国计民生的热点问题开展理论和政策研究，目前已在国内外一流学术期刊上陆续发表论文，并在相关学术研究成果支撑下提供高水平的智库服务。近日，暨南大学经济学院和伯明翰大学联合学院的研究团队获批国家社科重大项目"新时代非户籍人口市民化的系统解决方案研究"，这彰显暨南大学在流动人口发展研究方面的深厚积淀。

在暨南大学建校 112 周年、重建 60 周年、复办 40 周年前夕，习近平总书记莅临本校视察，充分肯定了学校的办学特色和实力，高度认可学校在三落三起、五度搬迁的历史进程中凝聚而成的暨南精神。在新时代新征程中，我们将充分发挥学校的学科、师资、校友等方面的优势，为我国流动人口乃至全球人口的健康与发展做出贡献，为实现中华民族的伟大复兴做出更大的贡献！

谢谢大家！

家庭发展与社会融合

省际人口迁移对我国各省经济增长的影响
——基于省级面板数据的实证研究

陈　蓉①

一、引　言

改革开放以后，先天禀赋和政策设计的双重优势有力地推动了我国东部和东南部沿海区域经济快速发展，珠三角、长三角、京津冀等城市群地区成为推动中国经济高速增长的"发动机"，引领中国经济发展的重心。伴随着市场经济体制的建立和完善，生产要素自由流动的动力逐步被激活。在获取规模经济效益的驱动下，劳动力、资本等生产要素愈发由欠发达的中西部地区、农村地区向发达的东部沿海地区、城市地区集聚。生产要素在空间上的优化配置，对我国经济的快速增长产生了重要的推动作用，也形成了强大的区域发展差异推力。

在诸多生产要素当中，劳动力的迁移集聚最具典型意义。自户籍管理制度允许自由迁徙之后，我国大量人口不断地从农村迁入城市，从中西部向东部迁移集聚，形成人类历史上在和平时期前所未有的、规模最大的人口迁移浪潮。在我国，人口迁移主要体现为就业型流动，人口迁移的方向基本上能反映劳动力的流向。经济活动是以人为核心的多重循环过程，人（劳动力）既是经济生产活动中最重要的投入要素，也是终端消费者。大规模的、频繁的人口迁移活动对我国丰富的劳动力资源在空间上进行了重新配置，对我国宏观经济发展、区域经济结构变迁等方方面面产生巨大的影响。在中国经济进入"新常态"的历史时期和当前快速城镇化的进程中，国内各区域间的互动与联结将在经济发展中占据越来越重要的地位。同时，在当前中国人口整体上进入快速老龄化阶段，劳动力资源将会愈发变得稀缺。因而，加强人口迁移对区域经济增长的影响的研究尤为重要和必要。

---

①　上海市卫生和健康发展研究中心（上海市医学科学技术情报研究所）副研究员。本文已在《中南大学学报（社会科学版）》2019 年第 25 卷第 4 期上发表。

二、理论机制

我国正在经历的人口（劳动力）跨城乡、地区、行业和产业的广泛迁移流动，促进了劳动力资源的优化配置，提高了资源的配置效率，为我国宏观经济的高速增长做出了贡献，但对不同区域的经济增长的影响方向和强度存在差异。对东部发达地区而言，实证结论比较一致，即大量人口向这些具有比较优势的地区的集聚，增强了劳动力资源的供给能力，促进了商业和服务业的迅速发展，对其经济增长具有正向效应。但是，对于人口净流失区域的影响，由于不同研究的时间跨度、区域层次、实证方法等有所不同，得出的结果存在差异。这也是本文将重点探讨的内容之一。

事实上，经过几十年的改革开放和发展，我国农村劳动力的剩余程度已大为下降，且劳动力转移一般是按照人力资本水平由高到低的次序进行的，即实现了转移的劳动力通常是人力资本较高且转移能力强的，而尚未转移出来的劳动力大多是在转移就业中易于遇到困难的群体。因而，仍然存在的剩余劳动力与过去相比也有了明显的差异，其中半数者已是 40 岁以上的劳动力。因此，对于人口净流失地区而言，在劳动力流出的初始阶段，随着剩余劳动力的外迁，农业部门的生产效率逐步提高，外出务工劳动力的个人收入明显提升，并且依靠打工者收入回流对当地消费和投资的拉动作用，一定程度上可以促进流出地的人均收入和财富水平的提升。但是，随着劳动力流出规模的持续扩大，劳动力的剩余程度进一步降低，甚至已不存在剩余劳动力，且剩余劳动力的人力资本水平偏低，劳动力持续流出的负面作用开始显现。如果其负面效应逐渐大于打工经济带来的正面效应，那么劳动力流出可能会制约其经济增长。

鉴于此，本文拟使用截至目前最新的、共计 18 年时间跨度的人口与经济统计数据，探讨在我国当前所处的经济发展阶段以及人口迁移集聚过程持续了近 40 年的背景下，人口迁移对我国整体和区域经济增长的影响。已有实证研究多是从东部、中部、西部区域层面上开展的，但区域内部不同省份间的经济发展水平、资源禀赋、产业结构、人力资本积累等均存在巨大差异，人口迁入迁出的规模和强度亦有所不同，故本文将研究的区域层次确定在省级层面。在研究方法上，本文选择了面板模型进行实证分析，可以扩大分析样本单位，使得分析结果更加可信，也具有一定的创新性。

三、研究方法与变量选择

（一）变量选择及数据来源

文章依据传统柯布—道格拉斯生产函数，在考虑物质资本和人力资本投入的基础上，引入人口迁移因素，基于 2000—2017 年 31 个省、自治区、直辖市的数据，构建省级面板数据模型。省级面板模型的因变量是各省历年 GDP，主要自变量是各省历年净迁入人口数。控制变量有两个，一是物质资本投入，选用各省全社会固定资产投资总额；二是人力资本投入，选用各省人均受教育年限。因变量—各省历年 GDP 和控制变量—全社会固定资产投资总额的数据均来源于国家统计局官方网站上的 "National data 国家数据" 中的地区数据库，分别取自然对数，记作 $\ln GDP_{i,t}$ 和 $\ln FAI_{i,t}$。

主要自变量——各省历年净迁入人口数的计算方法是用历年各省的常住人口数减去户籍人口数[①]，再对数据取自然对数，将主要自变量记为 $\ln NMP_{i,t}$。其中，各省历年常住人口数来源于 "National data 国家数据" 中的地区数据库，各省历年户籍人口数来源于相应年份的中国人口与就业统计年鉴。此外，在对国内人口迁移态势进行描述性分析时，将同时使用第六次全国人口普查等来源的数据。另一个控制变量——各省历年人均受教育年限基于相应年份的中国统计年鉴中公布的各省 6 岁以上人口的受教育程度数据，采用陈钊等研究者的研究中所使用的测算方法计算加权平均数。具体步骤是：第一步，将各种受教育程度按一定的受教育年限进行折算，其中，研究生按 19 年计算，大学本科按 16 年计算，大学专科按 15 年计算，高中按 12 年计算，初中按 9 年计算，小学按 6 年计算，未上过学按 0 年计算[②]；第二步，用折算后的受教育年限分别乘以相应受教育程度的人数，加总之后再除以 6 岁及以上总人口数，即得到人均受教育年限；第三步，对数据取自然对数，并将变量记作 $\ln EDU_{i,t}$。

---

① 采用该方法计算各省净迁入人口数存在误差是"户籍待定人口"，相对于总人口而言这部分人数是极少的，本文认为可以忽略不计，不影响分析结果。

② 2016 年之后的中国统计年鉴中关于受教育程度数据，分类有未上过学、小学、初中、普通高中、中职、大学专科、大学本科、研究生，以往年份的年鉴中则公布的是未上过学、小学、初中、高中、大专及以上。文中折算 2014 年及以前的平均受教育年限时，将大专及以上按人均受教育 16 年计算。

（二）面板数据的单位根检验及协整检验

面板模型的构建前提条件是进入模型中的各变量是平稳序列，且变量之间存在协整关系，故在构建模型之前需先进行单位根检验和协整检验。为了保证结果的可信度，本文选用了 5 种单位根检验方法：LLC 检验、Breitung 检验、IPS 检验、ADF－Fisher 检验以及 PP－Fisher 检验。首先，对模型中 4 个变量的水平值进行检验，原假设 H0 是"存在单位根"。结果显示，仅有变量 $\ln EDU_{i,t}$ 的 5 种检验均拒绝原假设，说明 $\ln EDU_{i,t}$ 是一阶单整 I（1）序列；其余 3 个变量均有部分检验未能拒绝原假设，故对变量进行一阶差分处理后再做检验。结果显示，4 个变量中仅有 $\ln RGDP_{i,t}$ 的 LLC 检验在 10% 的水平上拒绝原假设，该变量的其余 4 种检验以及另外 3 个变量的 5 种检验均在 1% 的水平上拒绝原假设。因此，这 4 个变量均属于 I（0）平稳序列，可以进行协整检验。

本文分别采用 Fisher 检验、Kao 检验及 Pedroni 检验三种方法来验证自变量与因变量之间是否存在长期的协整关系，原假设 H0 是"不存在协整关系"。基于 Johansen 检验的 Fisher 检验和 Kao 的 ADF 检验均在 1% 的显著性水平上拒绝"不存在协整关系"的原假设 H0。Pedroni 检验中各统计量的检验结果不一致，其中，Panel ADF 和 Group ADF 的 p 值为 0，Panel PP 的 p 值均为 0.000 3，Group PP 的 p 值为 0.000 1，表明能在 1% 的显著性水平上拒绝原假设；而 Panel V、Panel rho、Group rho 三个统计量的检验结果则不能拒绝原假设 H0。有研究指出，在 Pedroni 检验的结果中，Panel ADF、Group ADF 检验效果最好，在检验结果不一致时，以这两个统计量为标准；Panel V、Group rho 检验效果最差；Panel rho、Panel PP、Group PP 的效果处于中间水平。因此，综合这三种方法的检验结果，可以判定本文拟构建的省级面板模型中的因变量与自变量之间存在长期均衡关系，可进行面板数据模型估计。

（三）面板模型构建

本文选用变系数固定效应模型，并构建如式（1）所示的面板方程。考虑到样本单位数量有限，若对每一个变量都采用变系数，可能会出现因估计的参数过多而导致模型不稳健的情形，笔者将两个控制变量前面的系数设定为省际之间是相同的①，主要自变量的系数不同。因而，模型（1）进一步调整为模型（2）。

$$\ln RGDP_{i,t} = \varphi_i + \alpha_i \ln NMP_{i,t} + \beta_i \ln FAI_{i,t} + \theta_i \ln EDU_{i,t} + \mu_{i,t} \tag{1}$$

$$\ln RGDP_{i,t} = \varphi_i + \alpha_i \ln NMP_{i,t} + \beta \ln FAI_{i,t} + \theta \ln EDU_{i,t} + \mu_{i,t} \tag{2}$$

四、实证结果分析

（一）跨省人口迁移特征和规律描述性分析

随着限制城乡人口迁移的管理制度的松动，我国人口与劳动力的流动性不断增强，跨地区的人口迁移浪潮逐步掀起，至今方兴未艾。1982 年第三次全国人口普查（以下简称"三普"）及此后的历次全国人口普查（以下简称"四普""五普""六普"）和全国 1% 人口抽样调查（以下简称"小普查"）的结果充分反映了这一历程。1982 年"三普"时我国流动人口数量仅为 657 万人，经过 20 世纪 80 年代缓慢的增长，1990 年"四普"时突破 2 000 万人，达到 2 135 万人。20 世纪 90 年代，流动人口数量迅速攀升，至 2000 年"五普"时突破了 1 亿人，达到 1.21 亿人。21 世纪以来，我国流动人口规模扩张势头依旧强劲，2005 年"小普查"时接近 1.5 亿人（1.47 亿人），2010 年"六普"时达到 2.21 亿人（其中不包括 0.4 亿市辖区内人户分离人口），2015 年"小普查"时增至 2.47 亿人（其中不包括 0.47 亿市辖区内人户分离人口），占全国总人口的 18%。《中国统计年鉴 2018》显示，2017 年末全国流动人口数量为 2.44 亿人，相当于每 6 个中国人中就有 1 个是流动人口。大规模的人口迁移已成为我国经济社会发展中最突出的人口现象，深刻地影响着我国的社会经济发展与区域间经济结构的方方面面。

人口迁移推—拉力理论认为，迁移行为的发生是迁出地的推力与迁入地的拉力共同作用的结果。地区间经济发展的差异导致的资源配置失衡是引发人口大规模迁移的根本原因。国内目前正在经历的大规模人口迁移是以经济动机为主的自愿性迁移。2010 年"六普"数据显示，45.1% 的流动人口发生迁移行为的主要目的是务工经商，这是最主要的迁移原因。也正

---

① 此假定暗含的前提是省际之间物质资本与人力资本的产出弹性不会出现显著差异。在市场经济条件下，资本是自由流动的，劳动力流动的限制也在减少，故这样的假定一定程度上是合理的。

因为如此，国内跨省人口迁移具有明显的方向偏好性，主要是由中西部地区欠发达省份迁往东部地区发达省份。图1至图4分别展示了2000—2017年东部、中部、西部和东北四大区域各个省级单位的净迁入人口规模。

（万人）

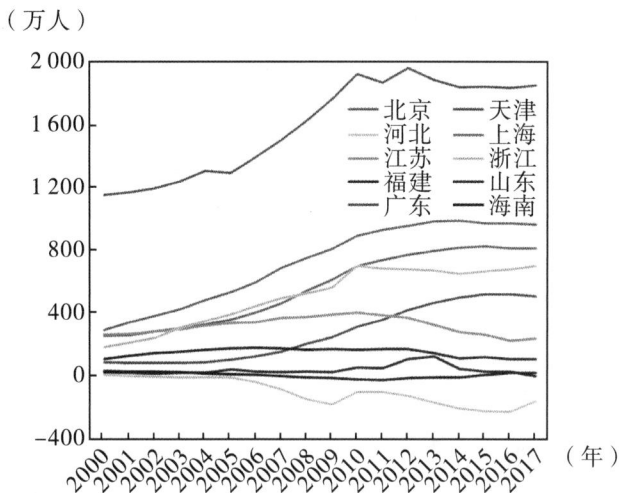

图1　2000—2017年东部地区10省市净迁入人口规模

东部地区10个省市中只有河北是人口净流失省份，海南和山东两省基本属于迁入迁出持平省份，广东、浙江、江苏、福建四个省以及北京、上海、天津三个直辖市都是人口净迁入型省份。其中，广东是净流入人口最多的省，2012年时净迁入人口达到1 958万人，此后几年略有下降，2017年时仍高达1 852万人。中部6省中，安徽、江西、河南、湖南和湖北五省均是持续的人口净迁出省份，其中，安徽和河南是典型的人口净迁出大省。安徽省2012年后净迁出人口规模有所减少，2017年净流失人口规模为804万人；河南省净流失人口规模持续增加，2017年达到1 817万人。山西省在2010年以前属于迁入迁出基本平衡型，2010年以后有100多万的人口净迁入。西部地区的12个省市中，云南省在2003年之前约有200万的净迁入人口，此后净迁入人口规模有所下降，2010年以后基本维持在60万~70万的净迁入规模。四川、贵州、广西、陕西、甘肃属于持续的人口净迁出型省份，其中，四川、贵州、广西三省的净流失人口规模比较大，2017年时分别达到811万人、895万人和715万人。重庆市也属于人口净流失型，但其在2007年之后净流失人口规模有所缩小。内蒙古、西藏、青海、宁夏、新疆均有少量的净迁入或净迁出人口。东北三省中，黑龙江省从2000—2007年净迁入人口规模持续缩小，2008—2011年为人口净迁出，2012 年以后净迁入人口规模有所增加；辽宁省的净迁入人口规模总体上大于吉林省。

（万人）

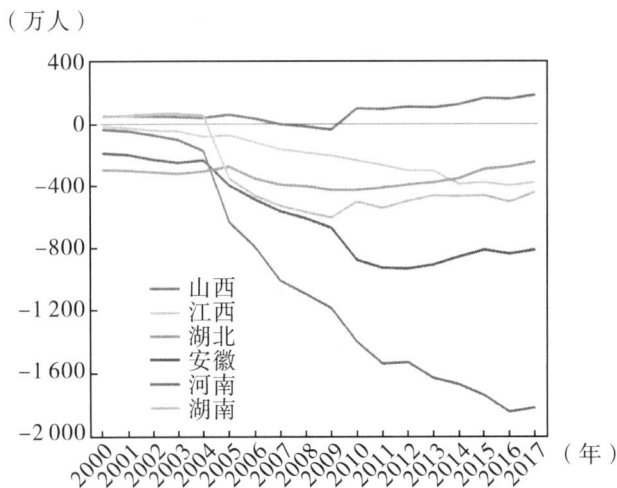

图 2　2000—2017 年中部地区 6 省净迁入人口规模

（万人）

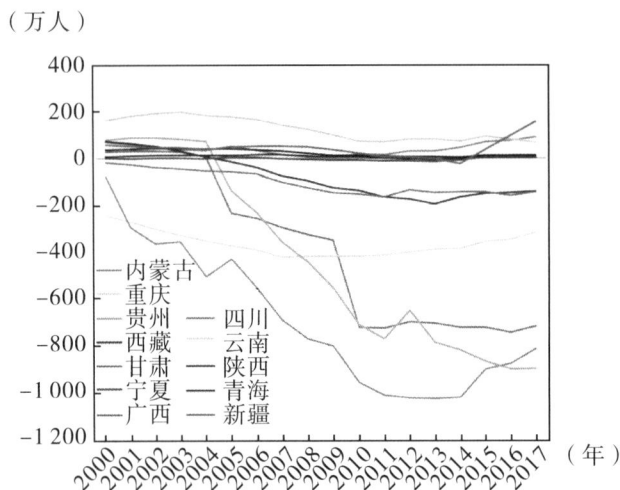

图 3　2000—2017 年西部地区 12 省、自治区、直辖市净迁入人口规模

（万人）

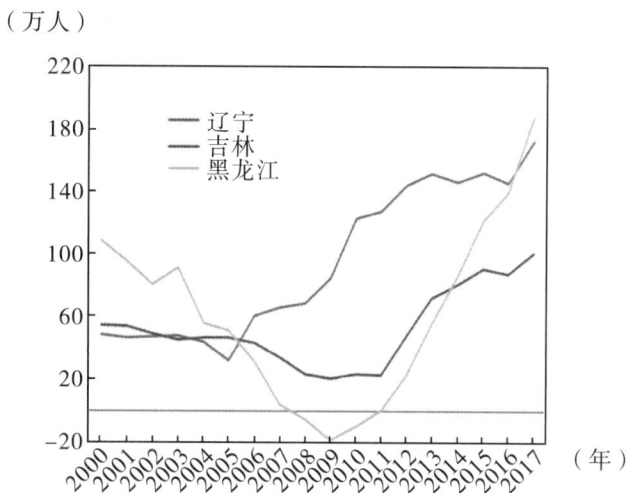

图4　2000—2017 年东北三省净迁入人口规模

大规模和高强度的跨省人口迁移改变了各省人口规模，甚至重塑了省际人口空间分布格局。2010 年"六普"数据显示，如果以常住人口为统计口径，广东是中国人口规模最大的省，人口总量为 1.04 亿，排第二位的是山东，第三位是河南。但如果按照户籍人口口径，人口第一大省是河南，户籍人口总量为 1.04 亿；第二大省为山东；第三大省为四川；广东只能排第四，户籍人口总量为 0.85 亿。人是经济产出的最终消费者，人口省际分布格局的重大改变势必会影响各省的资源配置效率和经济增长水平。

同时，迁移行为的发生并非均衡地分布于人的整个生命周期，而是具有明显的年龄选择性，通常青壮年时期的迁移率较高。我国国内人口迁移亦遵循这一规律性，劳动力是流动人口的主体。2010 年"六普"时，全国 20～29 岁流动人口占流动人口总量的 27.7%；其次是 30～39 岁的流动人口，占比为 21.3%；再次是 40～49 岁的流动人口，占比为 16.0%。20～49 岁青壮年流动人口占全部流动人口的 65.0%。原国家卫生计生委发布的《中国流动人口发展报告 2016》中指出，2015 年我国流动人口的平均年龄为 29.3 岁。因此，大规模人口迁移还会对地区间的劳动力资源配置（包括规模和年龄构成）产生两种截然不同的效应。

以典型的人口净迁入区上海市为例，2010 年"六普"数据显示，上海的就业人口中外省市来沪就业的人员比重为 52.6%，外来就业人口规模已超过本市户籍就业人口。此外，外来就业人口年龄构成明显比上海市户籍就业人员年轻，户籍就业人口中年龄在 40 岁以上的人占 50.4%，而外来就业人口仅为 25.9%；外来就业人口中 20～39 岁的人口比重为 68%，而户籍就业人口仅为49.2%。因此,以青壮年劳动力为主体的大规模外来劳动力的迁入,不仅会补充类似上海这样的净迁入区的劳动力需求,还会缓解其劳动力市场上就业人员的年龄老化程度;而对人口净流失区则是相反的效应,特别是对人口流失严重的地区。

(二)省级面板模型结果分析

表1汇总展示了省级面板模型的计量结果。从表1中可以看出,方程的整体拟合效果非常好,拟合优度达到0.99以上($R^2 = 0.997\,5$,Adj. $R^2 = 0.997\,2$),F统计量的值为$3\,129.553$($p = 0.000\,0$),模型通过显著性检验。总体来看,跨省人口迁移对多数省市的经济增长产生正向影响,且对东部地区的正向影响大于对中西部地区的负向影响。所以,从整体上来看,国内以劳动力为主的跨省人口迁移促进了经济增长。以下分区域、分省市来对模型的计量结果进行解释。

第一,从东部地区来看,对7个典型的人口净迁入型省市而言,跨省人口迁移对其经济增长具有显著的正向促进作用,且回归系数均相对较大,说明大量的迁入人口对当地的经济繁荣做出了贡献;对人口净迁出型省份如河北而言,人口净流失对其经济增长呈现较弱的正向效应,但统计上是不显著的;对山东和海南两个迁入迁出基本持平的省份而言,人口迁移对经济增长的影响不显著。进一步地,从回归系数的具体值来看,上海、北京、广东、天津、浙江、江苏、福建7个主要的人口净迁入型省市的产出弹性存有差异:广东和上海的产出弹性是最高的,分别为0.707 1和0.697 5;其次是北京,产出弹性为0.594 2;再次是浙江,产出弹性为0.299 4;然后是江苏和天津,产出弹性分别为0.153 0和0.138 3;最后是福建,其产出弹性是这几个省市中最低的,为0.091 8。人既是消费者也是生产者。大量人口的迁入不仅扩大了这些省市的市场规模和消费需求,而且充实了当地的劳动力市场,提高了资源配置效率,吸引了更多的投资,导致产业进一步向这些省份集聚,产生更多的就业机会,有利于社会分工的不断精细化,提高生产效率,从而促进经济增长。尽管外来人口大量迁入给上海和北京这样的特大型城市的城市管理、交通等方面带来压力,但单从经济效应来说,这些主要的人口净迁入省市收获了人口集聚带来的规模经济效应。

表 1　省级面板模型计量结果报告

	参数估计	p 值
主要自变量：净迁入人口 （$\ln NMP_{i,t}$）		
东部地区		
北京	0.594 2 ***	0.000 0
天津	0.138 3 ***	0.000 0
河北	0.012 5	0.137 8
上海	0.697 5 ***	0.000 0
江苏	0.153 0 ***	0.000 0
浙江	0.299 4 ***	0.000 0
福建	0.091 8 **	0.025 4
山东	0.006 6	0.653 0
广东	0.707 1 ***	0.000 0
海南	− 0.007 2	0.157 2
中部地区		
山西	− 0.005 0	0.723 0
安徽	− 0.086 8	0.423 3
江西	0.035 7 *	0.092 0
河南	0.030 0 ***	0.000 1
湖北	− 0.113 7 *	0.080 4
湖南	− 0.003 5	0.139 0
西部地区		
内蒙古	− 0.007 5	0.852 0
广西	0.007 4 ***	0.004 3
重庆	0.215 1 *	0.075 5
四川	− 0.043 4 *	0.071 7
贵州	− 0.016 2 ***	0.000 0
云南	0.100 4 ***	0.002 5
西藏	− 0.038 3 ***	0.001 8
陕西	− 0.010 6 ***	0.000 2
甘肃	0.059 4	0.166 5

（续上表）

	参数估计	p 值
主要自变量：净迁入人口（$\ln NMP_{i,t}$）		
西部地区		
青海	−0.056 7 *	0.096 2
宁夏	−0.043 9 ***	0.003 0
新疆	−0.006 1	0.579 9
东北地区		
辽宁	0.122 2	0.200 2
吉林	0.108 5 ***	0.001 8
黑龙江	−0.009 4	0.238 9
两个控制变量		
物质资本投入（$\ln FAI_{i,t}$）	0.625 8 ***	0.000 0
人力资本投入（$\ln EDU_{i,t}$）	0.690 1 ***	0.000 0
模型拟合效果		
R^2	0.997 5	
Adj. R^2	0.997 2	
F 值	3 129.553	0.000 0

注：***、**、* 分别表示1%、5%和10%的显著性水平。

第二，从中部地区来看，河南既是传统农业大省又是人口大省，劳务外迁很大程度上转移了其农村剩余劳动力，但劳动力长期持续的外迁也对当地的农业发展产生了一定的制约。从产出弹性系数来看，人口净流失对河南的经济增长仍具有统计学上显著的正向影响，但影响比较微弱，产出弹性系数仅为0.030 0。江西也是农业大省，当前江西正在加快推动由农业大省向农业强省转变的过程中，人口净迁出对其经济增长同样呈现通过显著性检验的微弱的正向影响。持续的人口净流出对安徽、湖南和湖北三省的经济增长已呈现负向影响，其中安徽和湖南的产出弹性系数未通过显著性检验，湖北已经是统计上显著的负向影响，产出弹性为−0.113 7。

第三，从西部地区来看，仅有广西、重庆、甘肃和云南4个省、自治区、直辖市的产出弹性系数是正向且统计学检验是显著的，其中，广西的系数为0.007 4，说明是非常微弱的正向影响。四川是人口大省也是西部地区典型的人口净流失省份，人口净迁出对其经济增长已呈现统计学上显著的负向影响，产出弹性系数为 -0.043 4。贵州也是典型的人口净迁出大省，与四川类似，人口流失对其经济增长也已是通过显著性检验的负向影响，产出弹性系数为 -0.016 2。西藏、陕西、青海和宁夏 4 个省、自治区的产出弹性系数也是通过统计学显著性检验的负数，说明人口迁移对这些省份的经济发展已产生负向影响。内蒙古、甘肃和新疆 3 个省、自治区的回归系数未通过显著性检验。

第四，东北三省中仅有吉林省的产出弹性系数通过了显著性检验，为 0.108 5；黑龙江省的产出弹性系数为负，但未通过显著性检验。此外，模型中两个控制变量—物质资本投入和人力资本投入的产出弹性系数分别为 0.625 8 和 0.690 1，且均通过显著性检验，说明二者对经济增长均呈显著的正向影响。

总体来看，目前中西部地区靠劳务输出带回汇款和收入来拉动经济增长的空间已比较有限。人口外迁一定程度上可以缓解迁出地的财政负担，对于劳动力相对剩余的地区而言，劳务输出还可以适当缓解其就业压力。但是，近年来，中西部许多地区人口大量外迁、劳动力弃农从工、人才流失等现象愈演愈烈，这势必会降低当地的消费总需求，并导致投资缺乏规模效应，加之高素质、高技能劳动力缺失导致产业萎缩，进而对经济增长产生负向效应。

五、结论与讨论

本文在分析我国省际人口迁移的特征和规律的基础上，基于 2000—2017 年省级数据构建面板模型，探讨了人口迁移对整体宏观经济与各省经济增长的影响。国内自 20 世纪 80 年代始掀起的大规模人口迁移浪潮至今方兴未艾，正在重塑我国人口和劳动力的空间分布格局。跨省人口迁移具有明显的方向偏好性和年龄选择性，大量的以劳动力为主体的人口从中西部欠发达省份向东部发达省份集聚。这既是国民经济发展对劳动力资源空间重新配置的必然选择，也会对迁入地和迁出地的经济增长产生不同的效应。

省级面板模型结果显示，迁移促进了劳动力等生产要素在空间上的优化配置，对东部地区产生的正向效应大于中西部地区的负向效应，整体上提高了宏观经济的运行效率，促进了我国经济增长。但是，人口迁移对不同省份经济增长的影响是有差别的。对大部分人口净迁入省份（如广东、上海、北京、浙江、江苏和天津等省市）而言，人口净迁入对其经济增长具有显著的正向效应。这些省份因社会资源的集中吸引人口的集聚，人口的集聚也会创造出更多的社会资源，促进社会分工的进一步精细化，从而形成一个正向的反馈机制，促进当地的经济增长。对于中西部地区几个典型的人口净流失省份而言，人口净迁出对其经济增长或仅有微弱的正效应（如江西和河南两省）；或呈现不显著的负效应（如安徽和湖南两省）；或已是显著的负效应（如四川、贵州和湖北几省）。在国内人口迁移浪潮兴起早期，大量的劳动力从农村流向城镇，补充了城镇稀缺的劳动力资源的同时，缓解了农村富余劳动力的就业压力。尤其是对中西部地区典型的农业大省，劳务输出不仅缓解了当地农业剩余劳动力的就业压力，还带来了大量的汇款收入，对经济增长起到了促进作用。然而，随着以劳动力为主体的人口持续大量的流失，对迁出地的消费需求和劳动力市场的负面效应逐步显现，对其经济增长的负效应也已开始显现。

从经济增长规律来说，由于规模效应的作用，人口与经济生产活动集聚是大势所趋。世界银行《世界发展报告2009》中指出，随着人均GDP的逐步升高，国内人口与经济生产活动将不断集聚，当人均收入达到10 000~15 000美元时，这种集中趋势会逐渐放慢，但那时集中程度也已经很高了。故笔者判断，在中国人均收入还未达到高等收入水平之前，国内人口迁移集聚的态势还将继续。未来，对于因劳动力大量流失对当地经济增长产生负效应的现象应予以足够重视，相关省份应尽快改变以往靠劳务输出减轻财政支出和就业压力，通过汇款收入来促进经济增长的思路和途径，而将重点放在吸引投资、支持创业、带动当地劳动力就业上来。因此，本研究只是一个初步的探索，分析架构比较简单，尚未考虑技术进步、政策设计等因素的影响，未来还需继续开展更为细致、全面的研究，为相关政策的制定、实施提供切实有效的支撑。

参考文献

[1] 顾宝昌. 中国人口：从现在走向未来 [J]. 国际经济评论，2010（11）：95-111.

[2] 蔡昉，王美艳. 农村劳动力剩余及其相关事实的重新考察——一个反设事实法的应用 [J]. 中国农村经济，2007（10）：4-12.

[3] 陈钊，陆铭，金煜. 中国人力资本和教育发展的区域差异：对于面板数据的估算 [J]. 世界经济，2004（12）：25-31.

[4] 郭军华，李帮义. 中国经济增长与环境污染的协整关系研究——

基于 1991—2007 年省际面板数据 ［J］．数理统计与管理，2010（3）：281 – 293.

　　［5］李子奈，叶阿忠．高级应用计量经济学 ［M］．清华大学出版社，2012.

家庭发展与社会融合

进城农民工落户意愿与农村土地制度改革

刘金伟[①]

自 2014 年 7 月国家实施新一轮户籍制度改革以来，为解决进城农民工的落户问题，在党中央、国务院的推动下，一系列重大改革措施和配套政策密集出台，改革力度前所未有。当前，除了少数一线城市外，大多数城市限制农民工进城落户的门槛不断降低。从改革的实际效果来看，2012—2016 年全国有 6 000 万农业转移人口进城落户。但随着改革的逐渐深入，改革所带来的边际效应逐渐降低，特别是随着部分具有刚性落户需求的进城农民工完成落户后，其余大部分对落户意愿不高，与国家以户籍化推动农业转移人口市民化的政策目标存在较大偏差。本文利用 2017 年农民工动态监测调查数据和全国流动人口动态监测调查数据，从农村土地制度改革的视角，分析土地（包括宅基地）对进城农民工落户意愿的影响，寻找进城农民工落户意愿不高的根源，提出相应的对策建议。

一、进城农民工及其落户意愿

进城农民工是农民工的重要组成部分，是中国未来城镇人口的主要来源。在国家户籍制度改革方案中，把长期在城市稳定居住和生活的进城农民工及其随迁家属作为优先考虑的目标群体之一。改革开放 40 年来，我国进城农民工群体的数量、结构等发生了明显变化。根据国家统计局《2017 年农民工监测调查报告》，2017 年我国农民工总数达到 2.87亿人，比 2016 年增加了 481 万人。其中，外出农民工 1.72 亿人，比2016 年增加了 251 万人。在外出农民工中，进城农民工为 1.37 亿人，加上其随迁家属总数达到 1.78 亿人。近年来，外出农民工在一些省份虽然出现了回流趋势，但大部分返回了家乡附近的城市，同样面临就地城镇化的问题。

---

① 国家卫生健康委流动人口服务中心研究员。

从区域分布来看，进城农民工及随迁家属中，1.06 亿人在东部地区，占 59.6%；6 688 万人在中西部地区，占 37.6%；498 万人在东北地区，占 2.8%。从他们在不同类型城市的分布来看，33% 分布在 500 万及以上人口规模的特大城市，13.4% 分布在 300 万~500 万人口规模的超大城市，13.3% 分布在 100 万~300 万人口规模的大城市，10.7% 分布在 50 万~100 万人口规模的中等城市，29.6% 分布在人口规模在 50 万以下的小城市。从趋势看，500 万及以上人口规模城市数量减少，其他类型的城市小幅增加，总体呈现"两头大，中间小"的特征。

从进城农民工的年龄来看，新生代农民工已经占据了主体，融入城市的能力和愿望比较强烈。从进城农民工对本地生活的适应情况来看，表示对本地生活非常适应和比较适应的占 80.4%，一般的占 18.3%，不太适应和非常不适应的占 1.3%。有 22.5% 认为自己已经在现居住城镇定居，21.3% 的进城农民工拥有汽车（生活和经营用车），38% 认为自己是所居住城市的"本地人"，超过半数进城农民工表示对生活满意。

但是从进城农民工的落户意愿来说，却不容乐观。进城农民工中，只有 16.8% 愿意把户口迁到现居住城镇，5.0% 愿意把户口迁到老家县城或其他地方的城镇，32.2% 表示不确定是否把户口迁到城镇，46% 的表示没有意愿在城镇落户。在进城农民工中，购买住房的占 19%，租房居住的占 61.0%，其他的占 20%。在已经购买住房的进城农民工中，也仅有 17% 愿意把户口迁到现居住城镇，35.3% 不确定是否把户口迁到城镇，而 47.7% 表示没有意愿在城镇落户。农民工愿意在城市生活和居住，享受现代生活方式和文明，但又不愿意在城市"落户"，真正从身份上成为城市居民。这种看似矛盾的心理背后隐藏的原因是什么，这值得我们认真研究和深入思考。

二、研究假设、概念界定与方法

（一）研究假设

在户籍制度不断放开的前提下，进城农民工为什么不愿意落户城镇？从相关的研究来看，主要有以下几种观点：第一种观点认为由于城市房价不断上涨，进城农民工在城市的生活成本过高，导致他们不愿意在城镇落户；第二种观点认为进城农民工在城市就业不稳定，缺少社会保障，进城落户后怕生活不下去没有退路；第三种观点认为随着国家在城市推行基本公共服务的均等化，户籍对他们在城市生活的影响降低，转不转户口对他们实际影响不大；第四种观点认为进城农民工怕转户后失去农村的土地、房屋和集体资产收益的分配权。不可否认城市因素对农民工进城落户的意愿有比较大的影响，特别是在一些特大城市和超大城市，他们在当地立足确实还存在一些困难。但是从城市的角度来看，在城市落户对他们来说基本上是一种正收益，落户后几乎没带来任何损失，反而能获得更大的收益。因此，导致农民工不愿意在城市落户的根源在农村。

在前期大量调查和访谈的基础上，本研究提出以下假设：①进城农民工不愿意在城市落户的主要原因是不愿意放弃自己在农村的利益，特别是在农村土地承包权日趋稳定的情况下，农民工进城落户意愿受农村承包地和宅基地的影响；农村的承包地和宅基地给他们带来的收益越大，他们越不愿意进城落户。②土地对进城农民工落户意愿的影响，在不同群体身上表现出不同的特征。

（二）概念界定

进城农民工指户籍地在乡村，离开户籍所在地半年及以上，在城区从事非农生产的劳动者。在数据的界定上主要依据四条标准：一是户籍性质是农村户口；二是离开户籍所在地 6 个月以上，不包括临时性探亲或休假；三是年满 16 周岁的就业人口，不包括学生；四是生活和就业的常住地是城市。落户意愿是根据 2017 年全国流动人口动态监测调查问卷中"如果满足落户条件，您愿不愿意把户口迁移到现居住地城市？"该问题回答愿意的人数占总人数的比例来反映的。

（三）研究方法

基于 2017 年全国流动人口动态监测调查数据，运用线性概率、有序概率，考察土地（包括宅基地）对农民工落户意愿的影响，构建模型如下：$Y = ax_1 + Bx_2 + u$。其中，被解释变量 Y 代表流动人口的落户意愿，解释变量 x_1 表示个体的土地情况，包括是否拥有承包地及承包地的面积、是否拥有宅基地及面积，x_2 为控制变量，包括性别（gender）、年龄（age）、民族（nation）、教育程度（education）、政治身份（polity）、婚姻状况（marry）、家庭成员数量（family number）、收入（income）、是否有工作（job）、健康状况（health）、与本地人交流情况（communication）和是否认为自己是本地人（feel），u 为误差项。

三、进城农民工落户意愿与农村土地关系分析

目前，我国户籍制度改革主要是在城市推行的，改革的主要内容是去除户籍制度上附带的各种福利和权益，让进城农民工享受均等化的公共服务，最终目标是促进农业转移人口市民化。但是与户籍制度改革联系密切的农村土地制度改革没有同步推进，农民对土地的承包经营权进一步稳固。在这种情况下，进城农民工既要享受城市福利又不愿意放弃农村土地利益，导致他们心理上处于一种矛盾状态，反映在落户意愿上，表现出不同的状态和特征。

（一）承包地对进城农民工落户意愿的影响

土地是农民在农村主要的生产和生活资料。我国农村的土地属于集体所有，通过承包到家庭的方式，农民拥有土地承包经营权。我国第一轮土地承包从改革开放初期的家庭联产承包算起，大部分地区从1983年开始到1997年结束，承包期为15年。第二轮土地承包从1997年开始到2027年结束，承包期为30年。习近平总书记在党的十九大报告中提出，第二轮土地承包到期后再延续30年。因此，20世纪80年代以前出生的农村人口，基本拥有土地的承包经营权，但由于各地政策不同，也有部分地区在本集体成员户口迁出或死亡后，对其拥有的承包地进行了重新分配。土地承包经营权长期不变，对进城农民工来说是一种长期稳定的收益，随着农村土地流转和大规模开发利用，土地带给他们的收益期望也逐年上升。目前，国家虽然在政策上规定，农业转移人口进城后，土地承包经营权不变。但实际上，土地的承包权是与农村的集体身份捆绑在一起的，即受土地法的约束，也受地方村规民俗的制约，一旦没有农村户口很可能失去农村土地的承包权。因此，想保留承包地是大多数农民工不愿转为非农业户籍的主要原因。

从数据分析结果来看，进城农民工有无土地与他们的落户意愿呈负相关关系，线性回归的系数为 −0.197，控制了年龄、民族、婚姻、就业、教育、收入等变量后，系数仍然达到 −0.176。有序概率分析的系数为 −0.262，控制了各种变量的影响后，系数为 −0.239。这表明，在农村拥有承包地明显降低了进城农民工的落户意愿。在控制变量方面，年龄、民族、婚姻、就业等对进城农民工落户意愿的影响为负，教育、收入、健康等变量对进城农民工落户意愿的影响为正（见表1）。

表 1　进城农民工有无土地对其落户意愿的影响

	1 线性回归	2 有序概率	3 线性回归	4 有序概率
有承包地	−0.197***	−0.262***	−0.176***	−0.239***
	(0.004 92)	(0.006 6)	(0.004 95)	(0.006 76)
控制变量	未控制	未控制	已控制	已控制
R-squared	0.012 9	0.005 9	0.040 2	0.018 9
N	122 115	122 115	121 764	121 764
p	0	0	0	0

注：***表示1%的显著性影响，下同。

进一步从进城农民工拥有土地的数量对其落户意愿的影响进行分析，土地数量对农民工落户意愿的影响呈"∩"形，即随着土地数量的增加，进城农民工的落户意愿先增加后降低，最终呈负相关关系。这说明在土地的数量达到一定规模以后，影响的效果才逐渐明显（见表2）。其他学者的研究也发现家庭耕地总量对劳动力回流有显著的正向影响，家庭耕地每增加一亩，外出劳动力回流的概率会增加2%。

表 2　进城农民工落户意愿与农村土地数量之间的关系

	线性回归	有序概率
土地数量 1	0.020 3***	0.027 2***
	(0.003 9)	(0.005 3)
土地数量 2	−0.011 7***	−0.016 1***
	(0.002 13)	(0.002 91)
控制变量	已控制	已控制
R-squared	0.021 8	0.010 3
N	70 251	70 215
p	0	0

对于进城农民工而言，土地主要有四个方面的价值：一是生产效用，通过从事农业生产获得土地收益；二是财产效用，通过租赁带来地租、征用获得补偿等；三是保障效用，失业或年老后通过土地维持自己的生计；四是心理效用，长期的乡土生活，带来对土地情感上的依恋。相对于其他价值，目前土地的财产价值对进城农民工的影响最大。土地的价值跟其用

途有着直接的关系，相对于雇人耕种、亲属耕种等形式，把土地通过流转的形式租给企业从而获得比较高的收益，会增加进城农民工对土地承包权的重视，从而影响其落户意愿。从有序概率分析的结果来看，雇人代耕种、亲朋耕种、撂荒、种树等土地利用形式影响不显著。而把土地转租给企业，具有明显的负向影响，即把土地流转租给企业的农民工更不愿意在城市落户，其背后实际上是土地带给其的价值越大，越不愿意放弃对土地的承包权，从而对农村户籍更加重视（见表3）。这种现象在沿海地区或城市近郊区表现得最为明显，比如在珠江三角洲地区，随着土地财产功能的增强，通过土地租赁、入股等形式获得租金和分红等收益，使得当地农村户籍的吸引力远远高于城市户籍的吸引力。

表3　土地利用对进城农民工落户意愿的影响

	雇人代耕种	亲朋耕种	转租给私人	转租给集体	转租给企业	撂荒	种树
	-0.004 08	0.007 78	-0.025***	-0.066 4***	-0.147***	-0.005 17	-0.009 5
	(0.025 4)	(0.025 4)	(0.01)	(0.029 1)	(0.050 8)	(0.013)	(0.026 8)
控制变量	已控制	已控制	已控制	已控制	已控制	已控制	已控制
R-squared	0.021 8	0.021 8	0.021 8	0.021 8	0.021 8	0.021 8	0.021 8
N	70 242	70 242	70 242	70 242	70 242	70 242	70 242
p	0	0	0	0	0	0	0

（二）宅基地对进城农民工落户意愿的影响

相对于承包地，宅基地的性质属于农村集体建设用地，是对农民具有保障功能和财产功能的特殊资产。目前，我国形成了独具特色的农村宅基地制度，即集体所有、成员使用，一户一宅、限定标准，规划管控、无偿取得，长期占有、内部流转。对于进城农民工而言，当前宅基地的使用功能大大降低，很多农村宅基地都出现大量闲置的现象。但是作为一种财产，进城农民更关注宅基地给自己带来的实际利益。根据1998年《土地管理法》和《物权法》，宅基地的使用主体只能是农村居民，因此宅基地的使用、出租、继承等都与其集体身份相关。从数据分析结果来看，有无宅基地与农民工落户意愿呈负相关关系，线性回归和有序概率系数分别为 -0.198 和 -0.264，控制了年龄、民族、婚姻、就业、教育、收入等变量后，系数分别为 -0.164 和 -0.222，结果表明拥有宅基地的进城农民工比没有宅基地的进城农民工落户意愿降低了很多（见表4）。

表4　进城农民工有无宅基地对其落户意愿的影响

	1 线性回归	2 有序概率	3 线性回归	4 有序概率
有宅基地	−0.198***	−0.264***	−0.164***	−0.222***
	(0.005 33)	(0.007 15)	(0.005 43)	(0.007 4)
控制变量	未控制	未控制	已控制	已控制
R-squared	0.010 8	0.005	0.037 2	0.017 5
N	125 447	125 447	12 509	12 509
p	0	0	0	0

　　同时拥有承包地和宅基地对进城农民工的落户意愿的负面影响具有相互强化作用。如果分析模型中同时加入了承包地、宅基地以及承包地和宅基地的交互变量，我们发现拥有承包地比拥有宅基地对进城农民工落户意愿的负面影响更大；共同拥有承包地和宅基地的进城农民工比单独拥有承包地和宅基地的进城农民工落户意愿更低，交互项线性回归和有序概率回归系数分别为 −0.107 和 −0.144，控制了其他变量后，系数分别为 −0.105和 −0.144（见表5）。

表5　共同有无土地和宅基地对进城农民工落户意愿的影响

	1 线性回归	2 有序概率	3 线性回归	4 有序概率
有承包地	−0.226***	−0.303***	−0.217***	−0.296***
	(0.102)	(0.010 7)	(0.010 1)	(0.013 9)
有宅基地	−0.073 7***	−0.098 2***	−0.044 5***	−0.059***
	(0.009 28)	(0.012 5)	(0.009 29)	(0.012 7)
有承包地 * 宅基地	−0.107***	−0.144***	−0.105***	−0.144***
	(0.012)	(0.016 1)	(0.011 9)	(0.016 2)
控制变量	未控制	未控制	已控制	已控制
R-squared	0.018 2	0.008 4	0.043 4	0.020 4
N	119 687	119 687	119 343	119 343
P	0	0	0	0

（三）土地对不同类型进城农民工落户意愿的影响分析

根据农民工流动范围，我们一般把农民工分为跨省流动、本省跨市流动和跨县流动。从这三类进城农民工群体来看，跨省流动的进城农民工比跨市流动和跨县流动的进城农民工落户意愿高。跨省流动的进城农民工拥有承包地对其落户意愿的影响为负，有序概率模型的系数为 -0.101；跨市流动的系数为 -0.233，跨县流动的系数为 -0.207（见表6）。这表明，对于跨省流动的进城农民工而言，土地对其落户意愿的负面影响相对较小。可能的原因是跨省流动的农民工一般是从中西部地区流向东南沿海地区，对于中西部地区而言，土地的利用价值相对较低，而返乡的成本相对较高。同时，跨省流动一般都是从落后地区流向发达地区，区域间的城乡差距更为明显，城市的吸引力更强。

表6　土地对不同流动范围进城农民工落户意愿的影响

	跨省	跨市	跨县
有无承包地	-0.101 ***	-0.233 ***	-0.207 ***
	(0.006 9)	(0.008 77)	(0.011 8)
控制变量	已控制	已控制	已控制
R-squared	0.054 7	0.050 8	0.048 2
N	62 090	38 307	21 367
p	0	0	0

根据外出时间的长短，我们把进城农民工分为 70 前、70 后、80 后和 90 后四个群体，一般把 80 后称为新生代农民工。从这四个群体来看，土地对进城农民工落户意愿的负面影响与年龄关系很大，年龄越大，影响越大。具体来看，对 70 前进城农民工的负面影响最大，其次是 70 后、80 后，90 后最小，系数分别为 -0.216、-0.202、-0.158 和 -0.138。

表7　土地对不同年龄段进城农民工落户意愿的影响

	70 前	70 后	80 后	90 后
有无承包地	-0.216 ***	-0.202 ***	-0.158 ***	-0.138 ***
	(0.013 3)	(0.009 85)	(0.008 16)	(0.010 1)
控制变量	已控制	已控制	已控制	已控制

（续上表）

	70 前	70 后	80 后	90 后
R-squared	0.045 4	0.038 4	0.035 7	0.046 8
N	18 832	32 696	43 446	26 790
p	0	0	0	0

当前土地的保障功能虽然在弱化，但仍然是进城农民工抵御就业、养老等社会风险的最后一道屏障。特别是在城市针对农民工的社会保护网没有构建起来之前，农村的土地、住房可以缓冲失业、疾病、养老等带来的冲击。我们选择进城农民工的就业身份、有无固定劳动合同、有无参加城市医疗保险来代表进城农民工在城市的稳定程度。数据表明，雇主或自营劳动者、有固定期限劳动合同及拥有城镇职工医疗保险的进城农民工，土地对其落户意愿的负面影响相对较低（见表8）。这说明在城市收入和就业结构越稳定的进城农民工对农村土地的依赖越轻，越愿意通过户口的迁移实现永久性迁移。

表8　土地对不同保障类型进城农民工落户意愿的影响

	雇员	雇主或自营劳动者	固定期限劳动合同	无固定期限劳动合同	未参加城镇职工医疗保险	参加城镇职工医疗保险
有无承包地	− 0.178 ***	− 0.156 ***	− 0.164 ***	− 0.199 8 ***	− 0.178 ***	− 0.165 ***
	(0.007 22)	(0.008 4)	(0.010 5)	(0.020 6)	(0.005 44)	(0.012 5)
控制变量	已控制	已控制	已控制	已控制	已控制	已控制
R-squared	0.049 9	0.027 8	0.052 1	0.047 1	0.041 2	0.044 1
N	57 149	43 173	26 986	6 706	100 638	18 864
p	0	0	0	0	0	0

（四）主要结论

通过对土地与进城农民工落户意愿关系的数据分析，我们可以得出以下几点结论：①在户籍所在地农村拥有承包地和宅基地的进城农民工比没有承包地和宅基地的进城农民工更不愿意在城市落户，土地的面积与落户意愿呈现倒"∪"形关系，只有承包地面积达到一定规模以后，影响才逐渐显现。②土地的价值对进城农民工落户意愿产生负面影响，土地的使用价值越大，进城农民工越不愿意把户籍迁到城镇。③同时拥有承包地和宅基地的进城农民工对落户意愿的负面影响具有强化作用，使进城农民工的落户意愿进一步降低。④从不同类型的进城农民工来看，跨省流动的进城农民工对比跨市流动和跨县流动的进城农民工，土地对其落户意愿的影响相对较小；年龄越大的进城农民工，土地对其落户意愿的负面影响越大；在城市职业越稳定、保障条件越好的进城农民工，土地对其落户意愿的负面影响相对较小。研究结果很好地印证了本文所提出的研究假设，说明在当前阶段，户籍制度改革的关键在农村，必须从农村土地制度改革入手解决户籍人口城镇化和农业转移人口市民化问题。

四、讨论及建议

与国外发达国家相比，中国城镇化的路径不同：西方发达国家的城镇化是农民永久性迁移的结果，在工业化和城镇化的过程中，进城农民基本上与农村脱离了关系，实现了身份的转变，生活的根基在城市；而中国的城镇化是一种"半城镇化"，进城后农民的身份没有发生改变，土地、房屋等资产仍然把他们拴在农村，他们生活的根基在农村，这导致中国乡城迁移的人口持久性差、迁移不彻底。这种"半城镇化"既影响了中国城市化的质量，又带来劳动力供给的不稳定性和消费能力的下降，从而影响中国经济发展。目前，中国的户籍制度改革主要是在城市推进的，下一步改革的重点应该转向农村，通过土地制度改革降低进城农民工与农村的复杂联系，实现永久性迁移的目标。

第一，重点解决进城农民工的土地退出问题。目前，我国正在大力推进以农业转移人口市民化为重点的新型城镇化战略，与之配套的户籍制度改革进程也逐渐加深，城乡"二元"体制不断削弱。但是，随着存量人口落户问题逐渐得到解决，大部分进城农民工落户意愿不高，改革带来的边际效应降低。在这种情况下，提高进城农民工在城市落户的积极性至关重要。基于本文的研究结论，现阶段应重点研究解决进城农民工的土地退出问题，特别是已经在城市具有稳定就业和住房、实现全家迁移的80后新生代农民工。从长期看，土地的退出既可以提高农村土地的利用效率，避免土地的闲置和浪费，又有利于扩大内需，提高中国经济增长的动力。同时，土地的退出还可以消除几千年来形成的乡土观念，是中国由传统社会向现代社会转型的关键。建议国家在前期试点的基础上，进一步探索进城

农民工土地退出和转让的有效途径，制定具体的、具有可操作性的政策细则，形成土地流转和土地退出并重的改革局面。

第二，建立城乡劳动力和土地双向流通机制，促进城乡深度融合。党的十九大提出乡村振兴战略，提出要坚决破除体制机制弊端，使市场在资源配置中起决定性作用，更好地发挥政府作用，推动城乡要素自由流动、平等交换，推动新型工业化、信息化、城镇化、农业现代化同步发展，加快形成工农互促、城乡互补、全面融合、共同繁荣的新型工农城乡关系。在这里面关键是要改变资金、人员、技术单向的流入机制，为现代农业的发展提供资金、技术和人才支持。为达到上述目标，要建立城乡、区域之间人员的自由流动机制。加快建立全国性或区域性的农村产权交易市场，建立公开、公正、规范运行的城乡土地交易平台和公共信息平台。土地的承包经营权和宅基地的使用权向城乡居民放开。在严格遵守国家土地整体规划的前提下，通过竞争机制，提高土地的使用效率，从而提高土地转让或退出的价格，提高进城农民工完全脱离土地、实现永久性迁移的积极性。

第三，通过农村建设用地改革，为进城农民工提供住房和资本积累。目前，随着城市房价和租金的不断上涨，稳定住所的问题成为进城农民工在城市永久性迁移的主要障碍；而农村大量闲置的住房得不到有效利用，大部分村庄"空心化"严重。城市住房困难与农村住房闲置并存，是我国现有住房体系运行中的问题之一。在国家总体耕地面积保持不变的情况下，如何激活农村大量闲置的建设用地？通过市场化的手段置换成城市建设用地，用于解决进城农民工的定居问题是提高中国城镇化水平的重要措施：一是要通过农村建设用地指标的置换，降低进城农民工的购房成本；二是建立城乡统一的建设用地市场，探索农村住房商品化。

总之，要解决当前进城农民工落户意愿比较低的问题，应该把户籍制度改革与农村土地制度改革联动，把重点放在农村，通过农村土地制度改革，降低进城农民工在城市居住的成本，积累生活的资本，削弱进城农民工对土地的传统依附关系，为中国向现代城市社会转型奠定坚实的基础。

参考文献

[1] 罗明忠，卢颖霞，卢泽旋. 农民工进城、土地流转及其迁移生态——基于广东省的问卷调查与分析 [J]. 农村经济，2012（2）：109 -113.

[2] 杨云彦，石智雷. 中国农村地区的家庭禀赋与外出务工劳动力回

流［J］．人口研究，2012（7）：3－17．

［3］董昕．住房、土地对中国乡—城人口迁移的影响：研究回顾与展望［J］．江淮论坛，2017（11）：23－26．

［4］李晓阳，黄毅祥，许秀川．农民工"候鸟式"迁移影响因素分析——基于重庆市9个主城区的农民工调查［J］．中国人口·资源与环境，2015（9）：70－80．

［5］张林山．农民市民化过程中土地财产权的保护和实现［J］．宏观经济研究，2011（2）：13－17．

［6］陈会广，陈昊，刘忠原．土地权益在农民工城乡迁移意愿影响中的作用显化——基于推拉理论的分析［J］．南京农业大学学报（社会科学版），2012（1）：58－66．

［7］吕萍，甄辉．城乡统筹发展中统一住房保障体系的建设［J］．城市发展研究，2010（1）：123－127．

［8］刘守英．中国土地问题调查：土地权利的底层视角［M］．北京大学出版社，2017（12）：278．

家庭发展与社会融合

非户籍人口参选村居 "两委" 委员

——流动人口政治融合方式探索

林　颖①

党的十九大报告从推进制度建设的角度提出了打造共建、共治、共享的社会治理格局的思路和要求。报告指出，"要加强社会治理制度建设，完善党委领导、政府负责、社会协同、公众参与、法治保障的社会治理体制，提高社会治理社会化、法治化、智能化、专业化水平"。

D 省是人口流入大省，截至 2017 年 5 月底，流动人口约占全省常住人口数四成，省内一些城市户籍人口与非户籍人口数量相当，甚至倒挂，而流动人口又长期不能纳入当地的基层组织建设中。作为深化基层组织建设和基层治理创新的一项重要举措，2017 年换届选举之前，D 省开展了非户籍流动人口担任村（社区）"两委"委员试点工作，通过此举，让流动人口参与社区自治。

A 区所在城市是 D 省的第三大城市，同时也是制造业大市，2016 年非户籍常住人口约占常住人口总数的一半。A 区是典型的户籍人口与非户籍人口倒挂的城市区，2016 年该区非户籍人口（流动人口）占常住人口的比例超过六成，流动人口中跨省流入超过六成，劳动人口超过八成。基于 A 区的人口结构和一些政治原因，A 区是本次非户籍流动人口参选"两委"委员试点的重点地区。本文是在对 A 区非户籍"两委"委员试点工作调研的基础上，梳理非户籍"两委"委员政策落地的过程、选举过程、发挥作用情况、存在问题，并提出政策建议。

一、户籍 "两委" 委员试点政策梳理

A 区将非户籍常住居民和党员参加村居"两委"选举试点工作作为 2017 年的重点工作，成立了工作领导小组，区委书记任组长，按照省委关于基层治理重构的指示精神，积极探索和创新基层社会治理。政府的重视

---

① 国家卫生健康委流动人口服务中心办公室主任。

程度和工作力度从密集出台的文件可见一斑（见下表）。表中提及的几个文件体现了 A 区在推行非户籍 "两委" 委员工作中所秉承的顶层设计、各方配合、分步实施、循序渐进、慎重稳定的思路。

A 区非户籍人员参选 "两委" 委员工作文件梳理

发文时间	发文单位	主题	解决议题	相关具体规定
2017 年 1 月	区委	基层党建工作总体方案	原则 条件 方法	1. 推进党建引领非户籍常住人口融入，增强归属感、获得感及认同感。 2. 正式提出 "有序引导非户籍常住人口参加基层选举"。 3. 按照分类分阶、有序推进的原则，多层次、系统性推进非户籍常住人口进入村（社区）"两委"，带动非户籍常住人口实现从参与议事到参与决策的转变提升。 4. 综合考虑试点村（社区）党组织驾驭能力、管理服务水平、非户籍党员骨干储备情况和本地居民接受程度四个因素，按照 "先参与议事，后参与决策" "先群团组织，再党组织，后自治组织" 的思路，将非户籍党员和骨干人员逐步吸纳进入村（社区）基层组织，促进社区事务民主决策、民主管理。
2017 年 2 月	区委	流动人口融入工作方案	步骤 范围	1. 提出 "有序进入村（居）'两委'"。 2. 选取符合条件的村（居）（已实现 "政经分离"、非户籍常住人口较多），开展非户籍常住人口进入村（居）"两委" 试点工作，根据各镇（街道）实际情况，经相关组织和法律程序，推选一批符合相关条件的优秀非户籍常住人口成为村（居）民代表，力争实现有一定数量的优秀非户籍常住人口进入村（居）"两委"。 3. 对条件成熟的村（居），同时推进非户籍常住人口进入 "两委"；对条件较好的村（居），重点推进非户籍常住人口进入党组织；对条件一般的村（居），侧重推进非户籍党员骨干加入群团组织和参理事会，培养后备力量。

（续上表）

发文时间	发文单位	主题	解决议题	相关具体规定
2017 年 3 月	工作领导小组	非户籍常住人口进入基层群团组织工作	路径进度	1. 区总工会、妇联、团委分别制定了选举工作的工作指引。 2. 各镇（街道）列入示范点的 21 个村（居）在 2017 年 3 月底前完成选举工作，其他条件成熟的村（居）在 2017 年村（居）"两委"换届后，推进选举工作。
2017 年 5 月	区委办区政府办	"两委"非户籍委员工作职责、管理与待遇	职责管理待遇	1. 职责：管理、沟通、联络驻村（社区）非公企业、社会组织及其党组织；负责非户籍常住居民及党员的教育、管理、监督、服务工作，引导非户籍常住居民积极参与社区建设、社区活动；协助班子成员的其他工作，完成镇（街道）和村（社区）"两委"交办的其他工作任务。 2. 管理与待遇：按"选聘分离"原则，一般聘为社区公共服务中心工作人员，需签订劳动合同。

二、非户籍人口入选"两委"委员的障碍分析

农村村居"两委"委员是基层政权的领导人员和管理人员，入选两委委员，意味着进入当地领导管理层，拥有一定的领导和管理权力。领导权力在本质上是一种社会关系和利益关系，赋予外来人口这种权利，这在当地历史上还是第一次，必然要引起强烈反响甚至出现反对势力。反映在非户籍"两委"委员的拥护与反对的意见，本质上是对流动人口融入当地是"承认或排斥"的问题，是各种具体的排斥（力量）和承认（力量）进行过反复较量的问题。其中的核心问题是"本地居民与流动人口群体之间的资源分配问题，且这一关系是在各种力量的博弈中不断变化发展着的"。相对于城市居民或农村原居民，流动人口是外来人口，处于明显的弱势地位，而且"地方政府在制定公共政策时还会限制流动人口的某些权利"。此次选举的难度主要体现在流动人口融入的障碍问题，这在本次选举中也比较突出。研究表明，流动人口社会融入有三大障碍：

一是自身障碍（素质、文化、认知方面的障碍）。由于流动人口对自身的社会地位、社会功能、生活或生存方式、社会特征以及与其他群体之间的关系方面的长期认知形成了一个共识，即他们自身并不认为他们是归属于城市的，而是归属于农村。他们当中的绝大多数都有一种"低人一等""让人三分"的自我认知，进而导致流动人口认为参与选举、当"两委"委员是本地人的事儿，与自身无关。

二是制度性障碍。制度性障碍表现在三个方面：一是城乡分割的户籍制度及其衍生的社会政策福利（包括教育、医疗、就业、住房以及其他公共服务）差异，使这些农业转移人口很难享有与城市居民平等的权利与福利；二是城乡分割的二元劳动力市场，使得"首属劳动力市场和次属劳动力市场之间有一条难以逾越的制度性鸿沟"；三是僵化的农村土地承包制度和宅基地制度。

三是社会性障碍。社会性障碍主要来自三个方面：一是来自城市政府普遍存在着重管理而轻服务、重义务而轻权益的情况；二是来自城市居民对农业转移人口普遍持轻视和排斥心理；三是来自农业转移人口自身社会资本的匮乏。他们习惯于构建以地缘、血缘和亲缘为基础的小范围的社会关系网络，这种"同质性强、异质性差的社会资本很难为农业转移人口提供在城市中向上流动的机会"。如果参与选举，流动人口自身的社会资源也很难为其提供帮助。

三、非户籍"两委"委员的产生过程

（一）创设选举基础

1. 农村综合改革从基层治理体制角度赋予流动人口参选资格

2011 年，为破解政经混合、权责不清、村居党组织书记身兼数职以及集体经济绑架基层组织等诸多发展问题，A 区启动以政经分离为核心的农村综合改革，通过实行选民资格、组织功能、干部管理、账目资产和议事决策"五个分离"，所有村居党组织、自治组织和集体经济组织分开进行选举，并且理顺基层各组织关系：党组织负责搞好党建工作，自治组织负责搞好自治和公共服务，集体经济组织负责发展集体经济，使三大组织回归本位。改革的根本目的是使村居自治职能（含社会管理职能）与集体经济管理职能实现分离，把集体经济矛盾纠纷区隔离在集体经济组织内部，建立起防止集体经济利益矛盾激化的"防火墙"。同时，村居民身份和社

员股东成员身份也实现分离。

在此基础上，从 2015 年开始，A 区推行"确权到户、户内共享、社内流转、长久不变"的股权确权新模式，着力解决利益分红中一系列权益边界问题。截至 2017 年底，A 区已完成股权确权章程表决的集体经济组织的比例近九成。确权的核心是"确权到户"，明确以户为单位进行股权登记和股份分红，以户代表作为股权登记主体。确权之后，股权管理将与户籍制度脱钩，今后获得股权的"家庭户"将有别于"户籍户"，亦即一个家庭进行户籍分户并不影响分户后的家庭成员获得股份分红。这是针对之前"股权固化到人"带来的问题做出的调整，使股权从过去动态调整型向稳定规范型转变。

本地户籍居民对外来人口担任两委委员的主要担心是外来人口当了村干部后可能形成的利益集团会争夺集体经济利益。而通过"政经分离"、股权确权等一系列改革，明晰了居民和社员股东的身份及权益边界，新增外来人口可以参与乡村社会管理事务，但不能参与经济社分红，从而在制度设计上避免外来人口和原住民在集体经济利益问题上的矛盾。公共服务与户籍及集体经济组织成员身份资格脱钩，既使外来人员和非股东居民能够享受均等的基本公共服务，也使其有资格参与社区村镇事务管理。

2. 社区服务中心及其"选聘分离"制度使流动人口具备行使行政权力的条件

实施标准化的社区服务中心及覆盖区、镇街和村居的三级行政服务体系建设，将区和镇街大部分行政审批权限及服务资源直接传递到社区服务中心，即原来由村委会承担政务职能集中到了社区服务中心，政府下拨的经费全部划入社区服务中心。社区服务中心具有独立法人资格，镇街政府直接管理，具体承担社会管理、民政及社会保障等职能。"两委"委员选举是自治组织选举，由村民直接选举产生，任何组织或者个人不得指定、委派或者撤换村民委员会成员。而公共服务中心实行"选聘分离"，即村"两委"成员由村民选举产生后，被聘为社区服务中心干部，享受财政统筹的工资待遇；如果村两委干部当选后不作为，则不聘其为行政服务中心干部，虽可以继续当两委干部，但只能拿村里给的较低的误工补贴；党支部书记、村委会主任可以兼任公共服务中心主任。通过这种方式，可以使符合党和政府意图的干部被聘任为公共服务中心主任，2016 年 A 区"一肩挑"比例达 99.8%。

（二）研判产生过程

在操作层面，选举的难点主要集中在非户籍常住人口参选"两委"委员的做法与现行法律存在一定矛盾，同时，涉及集体经济分红的村居村民担心个人经济利益受影响并造成社会不稳定。因此，整个选举过程中，稳中求进是总基调，"在哪里选，选什么人，如何选得上，选后作用如何发挥"是主线。

1. 确定试点社区

为科学确定试点范围，首先要依托公安、流动人口管理等部门以及新经济组织、新社会组织的党组织，全面排查、逐一摸清村（社区）中非户籍常住居民及党员的数量、分布情况；而后根据相关试点要求、考量因素，最终确定试点社区（村）。确定试点社区主要考虑人口户籍结构和政治经济基础。

（1）人口户籍结构是划分村（居）的基本条件，也是与本次推选名额数量直接相关的重要条件。目前，A 区的基层社区分为三类：城市社区、农村社区和"村改居"社区，2017 年各类社区共 268 个。此次，非户籍常住人口担任"两委"委员的试点工作，D 省要求非户籍常住人口达到户籍人口 30% 以上的社区，都要开展非户籍常住居民及党员参加社区"两委"选举试点工作。A 区进一步细化要求，非户籍常住人口达到户籍人口 3 倍的城市社区，可以探索选 2 名，有条件的其他城市社区选 1 名，"村改居"社区和农村社区可以自行探索。

（2）政治经济基础是能否进行推选和推选工作能否顺利圆满的前提。由于 A 区的农村社区和"村改居"社区有分红机制，而且历来村民自治组织选举都容易引发矛盾，推行非户籍常住人口担任"两委"委员选举工作难度较大。相比而言，城市社区大多是商品房居民小区，居住较为分散，未构成熟人社会，也不涉及利益分配，因此，选举容易推行。因此，首次开展非户籍常住人口"两委"委员选举工作，主要是在城市社区和历来选举和谐稳定、社会风气较好的农村社区和"村改居"社区进行，在本就不平稳的村居采取不宣传、不开展的策略，以确保选举不引发社会矛盾。

2. 统一宣传口径

非户籍常住人口参与进入"两委"，尤其在农村社区和"村改居"社区，根本矛盾在于村民担心非户籍干部是否影响村民利益、能否为村民利益办事。因此，宣传对策上，集中宣传非户籍常住人口担任"两委"的"三不三有利"原则：不享受集体经济利益、不影响两委原有职数、不挤占原有公职安排，有利于沟通服务非户籍常住人口、有利于增强社区工作力量、有利于社区共荣和谐。就当地居民关心的利益问题，宣传重点是说明非户籍"两委"委员工资由财政资金承担，不影响本地分红，职数是新增编制，能够增强服务力量。解除村民顾虑，争取本地户籍人口对试点工作最大的支持。

3. 物色和选择候选人

此次选举对非户籍人员参选"两委"委员资质作了初步要求：参选非户籍党组织委员的人员应在社区内居住或工作1年以上；参选非户籍居委会委员的要在社区内居住1年以上。有担任过社区"两委"班子成员、非公企业和社会组织党组织委员、社区专职工作人员等经历的，2016年以来被评为优秀外来人员的，长期参加社区志愿服务的，可优先推荐为建议人选。

确定合适的候选人是基层选举的难点，这一困难在从"体制"外选取基层政府组织核心组织成员更是突出。对此，A区采取的应对策略是一切从严把关。在符合此规定的基础上，不接受个人报名、不组织统一考试，而是由镇街党委、组办（组织部门）负责物色人选，通过多次召开座谈会，"找一批出来，选一批出来，个别谈话选一批"，并通过公安、卫计等系统对候选人本人和有关亲属等背景进行调查，对其领导、同事、朋友等进行谈话。经过一系列被称为"比选干部更严格"的程序后，最终确定政治立场坚定、文化程度较高、具有较强的参政议政能力、热心工作的人员作为候选人。也正是在如此严格的把关之后，候选人能够"基本保证50%的选票"。

4. 组织选拔选举

A区基层民主选举，采用"选拔＋选举"同时进行的方式。党组织、镇街道党委对候选人进行培养和选拔，会让候选人参与服务，让选民认识、熟悉、了解候选人。通过做工作，党认可的领导干部通过民主选举，当上领导干部，使党的意志和人民的需求结合。选举中，关键是党组织在地区的领导引领，挑选最优秀的候选人参与选举。选举按照程序依法依规进行，当场投票。第一次是提名选举。如选票过半，则当选，无须进行第二次投票；如果选票未过半，则再进行选举。总体上，候选人都能在第一次投票中通过。

（三）慎用选举结果

1. 聘用

选举完成后，按规定进行任用。按照"选聘分离"的原则，当选的非户籍委员全职从事村（社区）"两委"班子成员工作，一般聘为社区公共服务中心工作人员，按照《劳动合同法》的相关规定，与社区公共服务中心签订劳动合同。聘用人员可被聘任为社区公共服务中心领导成员或其他工作人员。领导岗位的工资待遇按照同等职位的其他领导成员的区镇财政工资部分标准执行。其他工作人员根据岗位安排，按照镇（街道）内相对统一的原则，确定具体薪酬标准。薪资待遇的经费由区、镇（街道）两级财政全额负担，不享有其所在村（社区）集体经济组织的各项权利（分红、福利等）。区级财政按照每人每年4万元的标准补贴经费，剩余部分由镇（街道）财政解决。

2. 培训

对顺利当选的非户籍委员，A区所在市还将其"扶上马，送一程"，采用"专题培训+导师培养"的模式对全市非户籍委员进行培训。一方面，市委组织部将对全市非户籍委员统一进行专题培训，重点增强其公共服务、群众工作和党建工作三种意识和能力，提升其组织动员、教育管理、监督服务非户籍常住居民及党员的知识和方法；另一方面，各级组织部门还将安排专人结对实行"导师制"，加强党性教育、乡情教育和纪律教育，帮助其加快熟悉基层情况、熟悉班子运作、熟悉群众工作。A区也安排了专门的培训，帮助新当选委员尽快融入社区工作。

3. 考核评议

由镇（街道）党（工）委建立非户籍委员考核工作办法，每年对非户籍委员履职情况进行考核，连续两年考核不合格的可按照有关规定给予免职等处理。届满后开展任期考察，考察情况作为是否推荐为下一届非户籍委员人选的重要依据。

四、非户籍"两委"委员的试点效果

试点工作开展一年多以来，虽有个别非户籍委员工作不力，但总体上，对于非户籍委员的工作评价普遍是肯定的，甚至比本地的干部"素质更高、工作更积极""本地人对试点政策是欢迎的"。对社会各方面，试点工作也产生了积极的效果。

（一）非户籍"两委"委员自身的融入感增强

就流动人口自身而言，当选"两委"委员是一种直接、有效的政治参与方式。客观地说，"两委"委员的工作能使流动人口增强获得感、荣誉感、成就感。访谈中，非户籍委员普遍认为，担任"两委"委员以后，通过直接、深入地参与到社区（村）的治理与服务，转变自身外来者观念，激发主人翁意识，个人的融入感明显增强。

（二）流动人口服务管理的工作效果提升

第一，非户籍委员不仅是职位，还代表着话语权。非户籍委员不仅了解流动人口需求、想法，而且能够将流动人口诉求直接传递给基层政府领导层，影响政府决策和资源分配的导向。第二，"外地人"的身份使两委委员和流动人口更能相互理解、支持，共同构建和谐、稳定、人性化的服务体系。一方面，非户籍"两委"委员从流动人口中产生，在工作中更能够深入到流动人口中去开展工作，破除管理中"本地人"和外地人的身份对立，发挥桥梁纽带作用，工作方法上也更加注重使用"共情"等社会工作手法，缓和"管理者"与"被管理者"角色的对立和矛盾；另一方面，从"同为外地人"的情感角度看，流动人口更容易建立对非户籍委员天然的亲近感和信任，愿意将非户籍委员作为解决问题的渠道，同时，对非户籍委员的工作也更加支持。第三，非户籍"两委"委员年轻有干劲，能在一定程度上缓解现阶段所面临的流动人口服务管理人员的缺口压力。

（三）当地流动人口的社会融入得以推动

第一，非户籍委员通过示范和动员，能够带动流动人口的社区参与，紧密流动人口之间以及流动人口与社区之间的联系，也有利于形成流动人口自组织。第二，非户籍"两委"委员参与工会、共青团、妇联等群团组织管理，能够更好地在流动人口服务中发挥群团组织联系群众的作用。

（四）社区治理现代化水平得到提高

非户籍常住居民在社会上处于相对的弱势地位，对他们的管理和引导相对而言处于真空地带。当工作和生活中遇到困难和问题时，流动人口一般不是寻求政府和组织的帮助，而是采取非制度化的方式来解决，比如找关系、托人情、走后门等。如果是普遍的共性问题，这种非制度化行为容易导致群体事件。非户籍常住居民当选为"两委"委员后，能够因势利导，发挥优势，从而推动社区治理的现代化水平。同时，非户籍委员高学历、年轻化的特点有利于激活政府管理层在流动人口服务管理中的活力和创造性。此外，在农村社区中，非户籍委员"外地人"的身份，有利于规避盘根错节的亲缘关系给工作造成的阻力。

（五）当地基层民主法治进程的探索得以开局

在城市总人口占据相当比例的非户籍人口群体，在基层民主选举、民主决策、民主管理、民主监督中长期"缺位"，是基层治理难的一个重要原因。流动人口的选举权和被选举权如何保障，是需要党委政府和社会各界高度关注并积极推动解决的问题。非户籍常住居民及党员的履新有一定示范效应，可以唤醒流动人口的政治参与意识。随着非户籍常住居民群体的扩大，特别是参政意识较高的高学历新生代人口所占比例越来越大，他们的参政意愿越来越强烈，但他们对自己到底享有哪些政治权利，如何行使这些权利并不清楚。非户籍委员试点有利于在实践中动员流动人口进行政治参与并理顺参政渠道。

五、存在的问题

作为试点政策，在探索阶段也存在一定问题。

（1）非户籍委员候选人是街镇党委物色推荐的，大多过去与政府或群团组织有过工作联系。相对于庞大的流动人口群体，候选人的选择范围较小，存在着一定的局限性。

（2）超过八成的非户籍委员调研对象户籍地为D省内。这一结果也在组织部门有关工作人员等访谈中得到证实。在试点选举中，首选户籍地是D省内A区所在市外，主要考虑因素是方言沟通便利和语言、文化相同更容易得到本地人的接受。但这既有"一开始步子不能太大"的求稳心态，似乎也有一些"肥水不流外人田"的考虑。

（3）《D省村民委员会选举办法》中规定：村民委员会主任、副主任和委员，由村民直接选举产生。任何组织或者个人不得指定、委派或者撤换村民委员会成员，也不得与停止其职务等规定相冲突。非户籍人口"两委"委员物色和选举的做法与《D省村民委员会选举办法》《村民委员会组织法》存在矛盾。这也是当地组织部门在工作中最为担心的，"两委"委员试点工作对当地政府而言是新任务要求，没有充分的法律依据，村组法、选举办法都没有相关规定。而这项工作又是时任省委书记亲自指示，被A区区委作为"一号工程"来抓。不同于一些地区让流动人口兼职担任"两委"委员的做法，A区的试点方向是让非户籍人员直接进入"两委"班子成员，正式聘用，同工同酬，参与社区决策、日常运行，享受相应待遇。这一改革的步伐比较大，属于"第一个吃螃蟹"。A区采取的策略亦向中央组织部和省委组织部请示过，上级表态可以作为试点开展，但不能铺开。

（4）目前，对于"两委"委员能否发挥作用、作用效果如何还需要时间去检验；对于下一届是否还继续选举，目前也尚未明确。对于政府而言，整个试点工作都还处于探索阶段。而对于"政策试验"最直接的参与者——非户籍委员而言，对三年任期期满后的政策和个人发展不确定性的担忧是普遍存在的，这也会影响整个队伍的团结、稳定。

（5）在户籍人口和非户籍人口倒挂严重的地区，非户籍委员的加入虽然一定程度上增强了流动人口管理服务的力量，但面对数量庞大的流动人口群体，人手短缺的问题依然严峻。如何用好试点政策、发挥非户籍委员的功能、带动流动人口参与自我管理，都需要在实践中不断思考和探索。

（6）非户籍"两委"委员的权力行使问题。能否保证入选"两委"委员的非户籍人员行使正当权力，是衡量本次改革成功与否的关键。一般地，作为"两委"委员应当行使的权利包括政治权、经济权、决策权、话语权。但是按照方案，为了保证推选顺利，非户籍"两委"委员实行"三不原则"，即不参与集体利益分配、不影响两委原有领导职数、不挤占原有公职安排。这几条原则虽然"剥夺"了非户籍"两委"委员的集体利益分配权，但是确实符合实际的做法，最大限度地考虑了原居民的利益受损度、心理接受度、工作认可度。所以，在"两委"委员上任之后，这些权力实际行使情况如何，需要进行考量。

六、政策建议

（一）延续并继续完善非户籍人口担任"两委"委员政策，在实践中积极探索基层共建、共治、共享

调研中，A区有关部门表示试点政策在本届任期期满后是否能继续实施目前尚未确定。作为落实共建、共治、共享的重要举措和有益探索，试点工作将基层自治、社会治理由管理向治理转变的要求、意义和价值的具体落实，通过推进非户籍居民与户籍居民共融，突出共享共建导向。因此，从基层治理创新探索的意义上，试点政策应该要继续实行，保持政策的稳定性和持续性。继续推进非户籍居民融入基层治理，可以为改革留足时间和空间。同时，这项政策目前仍处于试点阶段，虽然有政策和制度保障，但设计还不完善，具体实施办法衔接不畅，操作不便，还需要不断总结经验，完善政策制度。探索通过立法的方式，及时将个别试点的管理规范提炼提升为全面铺开的党内法规、法规规章，实现法制化、规范化、科学化推进，让推进非户籍常住居民及党员成为常态性工作，为全面逐步铺开奠定制度基础。

（二）继续探索扩大流动人口政治参与路径

政治融合是社会融合的重要组成部分，且只有政府能够有效推动流动人口的政治参与和政治融合。调研发现，担任非户籍委员的流动人口与普通流动人口相比有更强烈的归属感，更少地感受到作为外地人与本地人的差异。应以此次试点为契机，探索扩大其政治参与的路径，培养其参政意识和能力，进一步落实基层共建、共治、共享。

（三）加大对流动人口自组织培养，积极构建流动人口的社会支持网络

要充分发挥党委以及工会、共青团、妇联等群团组织作用；同时，鼓励和引导社会组织等非营利性组织参与，建立流动人口自组织。一方面，能够为流动人口构建社会支持网络，形成社会联系，实现群体内的自我服务和发展；另一方面，也能形成户籍人口与非户籍人口之间的互动平台，形成流动人口参与社区事务和活动的途径，有利于消除两者间的对立和隔阂。

（四）继续加强非户籍委员能力培养和队伍建设

面对不是从干部队伍里成长起来的非户籍"两委"委员，如何实现因事任人、人尽其才、才尽其用，如何科学地进行分工、培养、考核，事关这支队伍能否发挥出预期作用，也事关试点政策能否得以延续，这仍是需要政府和有关部门继续探索的任务。降低人为门槛，让更多优秀的非户籍常住居民及党员有机会进入基层治理组织，找到归属感。在新经济组织、新社会组织、群团组织、公益组织等专兼职骨干力量中，有意识地发现、培养、储备一批热心和熟悉社区工作、素质高、口碑好的非户籍委员后备力量，争取在下一次换届中，提升非户籍"两委"委员的比例和人数。此外，对于非户籍委员而言，选择加入"两委"是一次新的职业选择，试点需要充分考虑岗位稳定、薪酬体系、晋升通道，合理设计职业发展通道，否则，势必会影响队伍的稳定。

（五）及时总结经验，在户籍和非户籍人口倒挂的地区进行推广

流动人口社会融合是一个不可逆转的发展趋势，我们必须因势利导、顺势而为，不能人为制造阻碍、逆流而动，甚至倒行逆施，这应当成为各级党和政府以及社会各界的共识。流动人口当选村居"两委"委员体现了

政治参与和政治融合是社会融合的重要组成部分，也是相对缺失的一个部分，A 区的试点工作为流动人口政治参与提供了有益的探索和经验，应该在非户籍人口倒挂的地区进行推广。要创新社会管理模式，积极引导流动人口合法有序地进行政治参与，吸纳优秀精英参与党组织、工会、共青团、妇联等群团组织和其他基层党政组织，建立流动人口政治参与的制度渠道，使流动人口从过去的政治边缘化群体成为社会主体，为实现流动人口社会融合开辟制度通道和组织基础。

参考文献

［1］习近平在中国共产党第十九次全国代表大会上的报告［EB/OL］．（2017 - 10 - 18）．http：//www. qstheory. cn/llqikan/2017 - 12/03/c//22049424. htm

［2］潘鸿雁．从"民工荒"透视城市流动人口管理与服务：问题域对策［J］．天府新论，2011（7）：108 - 112.

［3］李斌．中国劳动力市场结构：从"刚性"走向"渗透"［J］．求实，2004（1）：24 - 26.

［4］李汉林，王琦．关系强度作为一种社区组织方式——农民工研究的一种视角［M］．中央编译出版社，2001.

［5］乡村治理模式一：政经分离［EB/OL］．（2017 - 12 - 12）．http：//www. banyuetan. org/chcontent/zx/mtzd/20171212/241764. shtml

［6］肖子华．习近平流动人口社会融合思想研究［J］．人口与社会，2016（7）：36 - 50.

人口流动迁移数据资源共享开放的现状与思考

——以中国流动人口动态监测数据开放为例

陈　晶①

数据资源的开放共享是大数据建设与应用的重要基础，也是大数据时代数据开放共享的重要内容，科学数据开放共享能够为社会带来巨大的利益和回报。人口流动迁移数据是具有重要应用价值的国情资料，它包含海量信息，具有催生思维变革、治理创新的效果。流动人口数据作为科学数据的重要组成部分，是人们分析和解决问题的重要抓手，也是决策、服务、评估、预测的重要根据。促进人口流动迁移数据以及公共数据资源开放共享互通，有利于发掘数据潜在价值，运用大数据进行形势分析、问题研判；有利于利用大数据技术为民谋利、解民所忧，促进形成公平普惠、便捷高效的民生服务体系；有利于推进资源交换，逐步实现数据在区域、行业、机构间的顺畅流动；有利于加强数据开发共享的国际交流，借鉴国际先进经验，进一步释放数据潜能。本文以流动人口调查数据共享开放为例，尝试探索社会科学领域调查数据共享开放的路径、模式和相关配套政策措施，以推动相关科研创新和社会治理能力的提升。

一、流动人口相关科学数据共享开放的需求

流动人口是指离开户籍所在地，以工作、生活为目的在异地居住的人员。广义上来讲，流动人口数据主要指的是离开户籍所在地且以工作、生活为目的在异地居住的人员的相关数据信息②。过去，政府部门在长期的人口服务管理中积累了大量的数据。公安的户籍人口数据，民政的婚姻、死亡登记数据，卫生计生委的健康档案、医疗数据、跨省流动人口个案等

家庭发展与社会融合

---

① 国家卫生健康委流动人口服务中心副研究员。

② 六次全国人口普查公报提供了流动人口统计的两个口径及普查结果。第一个口径以乡镇街道为边界，把流动人口定义为居住地与户口登记地所在乡镇街道不一致，且离开户口登记地半年以上的"人户分离"人口。通俗地说这是指跨乡镇街道流动的人口。第二个口径是在第一口径流动人口中，减去"市辖区内人户分离人口"，即在市辖区范围内跨乡镇街道流动、改变常住地且无户口登记变更的行为不被视为人口流动。

数据，连同各大研究机构的调查数据等，还有高校、科研机构与企业采集汇总的丰富的人口数据资源。这些数据成为数据资源开放共享时代的国家基础性战略资源，为深入研究新型城镇化和流动人口社会融合问题提供了丰富的素材。信息技术与经济社会的交会融合进一步引发数据迅猛增长，尤其是移动互联等技术的发展，为深入研究人口流动迁移特点，准确预测人口流动趋势，提高流动人口服务管理的精准性创造了重大机遇。流动人口科学数据可以帮助我们更加有效地服务流动人口，预测流动人口的发展趋势，指导流动人口服务管理政策的科学调整，为人口合理分布、有序流动提供重要参考。但是，这些人口的相关科学数据共享开放相对滞后，这需要进一步沟通协商。

二、流动人口科学数据共享开放的现状与问题

近20年来，我国投入巨资开展了大规模的地质、气象、海洋、水文、环境、地震调查和观测，积累了海量的科学数据，先后建设了5 000 ~ 6 000个科学数据库，基本覆盖了科学技术的各个领域。目前，我国最主要的开放数据是分布在国家科学技术部于2002年实施的科学数据共享工程，其在资源环境、农业、人口与健康、基础与前沿等领域共向24个部门开展的科学数据共享工作已经初具规模。但实际上，人口数据并没有大规模的共享开放和使用。我国社会科学数据管理与共享处于起步阶段，近些年逐渐被重视，一批以调查数据发布应用平台为载体的数据中心和以汇集数据集为主的数据提供和统计分析机构都开始着手推进数据共享开放。

（一）流动人口科学数据共享开放的现状

国内科研机构开始重视并启动人口流动迁移的相关科学数据共享与服务是在1985年以后，包括人口行政记录数据和公共科研资助项目数据。人口行政记录信息存在于多个部门并逐渐完善。除人口统计部门外，国家卫生计生委、公安部、民政部、人力资源和社会保障部、教育部等根据职责分别建设信息系统或数据库收集人口专项行政记录数据，这些人口行政记录包含许多人口普查和调查难以覆盖的信息。但是，它还无法提供满足加强人口发展战略研究所需的反映出生规律、死亡规律、迁移规律，以及关于健康、就业、教育、社保等详细信息。

1. 所有者分布

根据科学数据共享者和共享数据类型的不同，对以上调查结果进行归

类，可以发现开放的人口科学数据资源主要来源于以下几个机构：政府部门、研究型高等院校、网络科学数据库、国际性数据中心，主要包括：国家人口基础信息库、人口普查数据、全国性大型人口抽样调查数据、流动人口动态监测调查数据、全国农民工监测调查数据、大城市与各地区的小型流动人口调查数据、高校和科研机构掌握的流动人口调查数据、企业收集的流动人口数据等，如表1所示。近十年来，我国公共财政先后支持建设了上万个规模不等、质量各异、应用程度不同的科学数据库。这些科学数据库看起来是以高校科研机构采集数据为主，但事实上，核心和大容量的数据都在政府等公共部门，政府采集数据占比大约48%。

表1　国内涉及流动人口的主要数据资源

序号	调查数据	实施单位	调查年份	覆盖范围
1	国家人口基础信息库	公安部联合教育部、民政部、人社部、国家卫生计生委	历年	31个省（区、市）
2	全国公民身份信息数据库	公安部	历年	13亿人口
3	农村固定观察点调查	农业部农村经济研究中心	2000—2015	31个省（区、市）360个村
4	全员人口数据库、全员流动人口数据库等	国家人口计生委/卫生计生委	2010至今	31个省（区、市）
5	中国流动人口动态监测调查数据（CMDS）	国家人口计生委/卫生计生委	2009至今	31个省（区、市）
6	全国（居民）生育意愿调查资料	国家（人口）卫生计生委	2013	除西藏、新疆之外29省（区、市）
7	1987年全国1%人口抽样调查	国家统计部门	1987	29个省（区、市）

（续上表）

序号	调查数据	实施单位	调查年份	覆盖范围
8	全国人口普查统计数据（"四普"）	国家统计局	1990	32 个 省 （区、市）
9	全国人口普查统计数据（"五普"）	国家统计局	2000	31 个 省 （区、市）
10	全国人口普查统计数据（"六普"）	国家统计局	2010	31 个 省 （区、市）
11	1995 年全国 1% 人口抽样调查数据	国家统计局	1995、2005、2015	30 个 省 （区、市）
12	2005 年全国 1% 人口抽样调查数据	国家统计局	2005	30 个 省 （区、市）
13	中国统计年鉴	国家统计局	1949—2018	
14	中国农村贫困监测调查	国家统计局	1978—2018	贫困地区的 592 个扶贫重点县及 14 个连片特困地区县
15	中国人口和就业统计年鉴	国家统计局	1988、1994、1995、1999—2018	31 个省（区、市）
16	中国住户调查年鉴	国家统计局	2011—2018	31 个省（区、市）
17	全国农民工统计监测调查、农民工市民化监测调查	国家统计局	2008—2018	31 个省（区、市）的农村地域；31 个省（区、市）的城镇地域
18	中国城镇住户调查数据（UHS）	国家统计局	1986—2015	6 个省市（北京、广东、浙江、辽宁、陕西、四川）
19	74 个城镇人口迁移抽样调查	中国社科院人口研究所	1986	74 个城镇

序号	调查数据	实施单位	调查年份	覆盖范围
20	中国家庭收入项目调查（CHIP）	北京师范大学中国收入分配研究院	1988、1995、2002、2007、2013	19个省（区、市）（1988、1995），22个省（区、市）（2002、2007、2013）
21	中国健康与营养调查（CHNS）	原中国预防医学科学院营养与食品卫生研究所，美国北卡罗来纳大学人口研究中心	1989、1991、1993、1997、2000、2004、2006、2009、2011、2015	辽宁、黑龙江、江苏、山东、河南、湖北、湖南、广西和贵州9个省（区）
22	中国老年人健康长寿影响因素调查数据（CLHLS）	北京大学中国经济研究中心	1998、2000、2002、2005、2008—2009、2011—2012	23个省（区、市）
23	农村贫困与发展社会经济调查	中国科学院	2000、2003	6个省（区、市）的农村地区
24	中国城镇劳动力市场调查（CULS）	中国社会科学院人口与劳动经济研究所	2001、2005	5个大城市
25	中国健康与养老追踪调查数据（CHARLS）	北京大学中国社会科学调查中心	2008、2012（两省），2011、2013、2014（全国）	浙江、甘肃两省（2008、2012），28个省（区、市）（2011、2013、2014）
26	中国综合社会调查数据（CGSS）	中国人民大学中国调查与数据中心	2003、2005、2006、2008、2010、2011、2012、2013	28个省（区、市）

序号	调查数据	实施单位	调查年份	覆盖范围
27	中国社会状况综合调查数据（CSS）	中国社会科学院社会学研究所	2005、2007、2009、2011、2013	31 个省（区、市）
28	中国城乡流动调查数据（RUMIC）	暨南大学社会调查中心	2008 以来 9 年	15 个城市
29	中国老年人状况追踪调查数据（CLASS）	中国人民大学中国调查与数据中心	2011、2012（测试调查），2014（正式调查，每两年一次追踪）	7 个省（区、市）
30	中国家庭大数据库（CFD）	浙江大学社会调查研究中心	2011—2017	全国 29 个省（区、市）的农村
31	中国劳动力动态调查数据（CLDS）	中山大学社会科学调查中心	2011、2012、2014	29 个省（区、市）（港澳台、西藏、海南除外）
32	长三角社会变迁调查数据（FYRST）	复旦大学社会科学数据中心	2012、2014、2016	上海、江苏、浙江

2. 数据主题分布

根据在知网的检索，流动人口（农民工、外来务工人员、留守儿童、妇女、老人等）的相关研究有 32 000 多篇，而其中，利用流动人口动态监测调查数据的文章占 9 900 多篇。经统计，2010—2018 年历年国家社会科学基金项目获批名单中流动人口相关的课题数量和占比如图 1、图 2 所示。

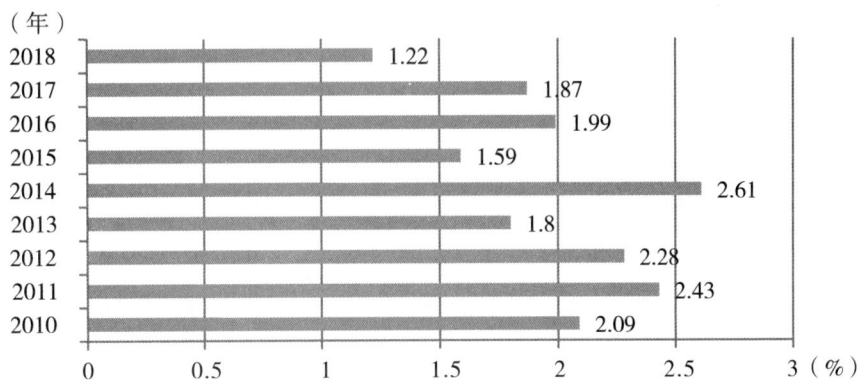

图1　国家社会科学基金项目中流动人口相关课题占比

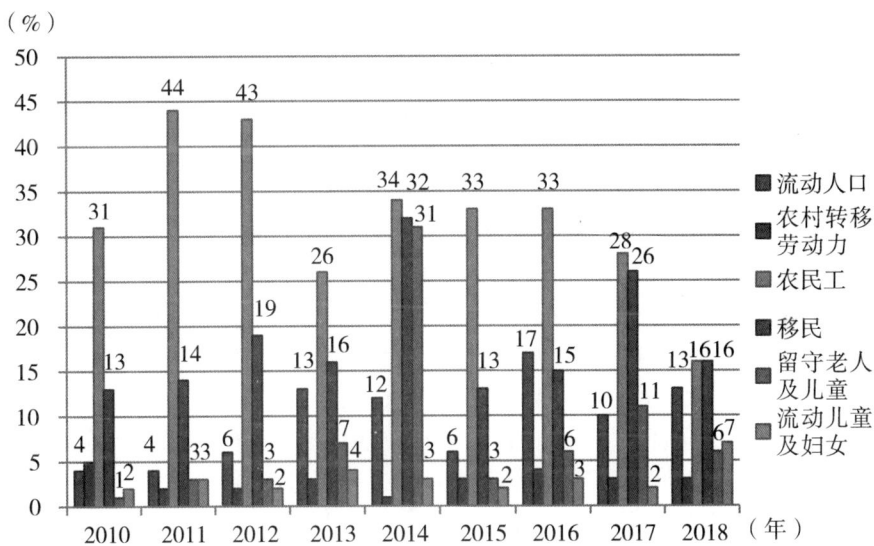

图2　国家社会科学基金项目中各人群课题占比

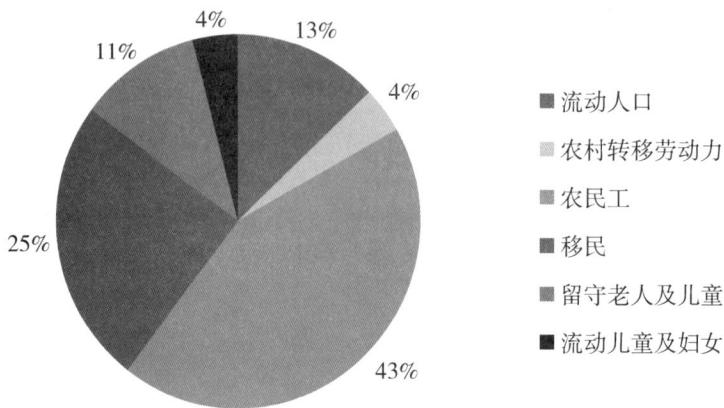

图3　国家社会科学基金项目中流动人口关注人群分布

（二）流动人口相关数据资源开放情况

目前能涉及非户籍人口口径的公共部门和高校科研机构的数据基本上能够对外开放，由表1可知，90%的数据可以共享开放，其中，国家统计部门数据以统计公报、数据统计报告等形式无条件对外开放，80%的高校研究机构是有条件地对外开放。从开放时间上来看，2010年以后开放的数据最多；从调查年份上来看，以隔年调查的数据为最多，连续年份的调查约占30%；从开放的范围来看，基本上对国内全面开放；从开放方式来看，有的是还需要用户权限分类和等级，例如北京大学社会调查数据中心的数据尽管是免费开放的，但是设置了ABCD四个权限等级；从开放约束来看，除了国家统计部门，高校科研机构都需要通过使用协议与用户形成契约关系；从学术应用来看，通过知网检索粗略统计以"流动人口"等主题词（暂住人口，务工人员）与某数据匹配的发表成果有3万余篇。以Charls为例，Charls数据从2008年到2018年十年间已经成为国内外最知名的数据项目，截至2018年4月，Charls数据注册用户已超过24 000人，其中国内用户占89%，遍布全国重点高校，海外用户超过2 620人，覆盖了几乎所有国际知名大学。同时用户利用数据取得大量研究成果，据不完全统计，以Charls数据发表的学术论文数量已达900余篇。数据开放服务模式，主要分为直接服务模式和间接服务模式。直接服务模式包括平台开放原始数据、开放数据产品或者在线统计结果，而间接服务模式主要是数据统计报告。

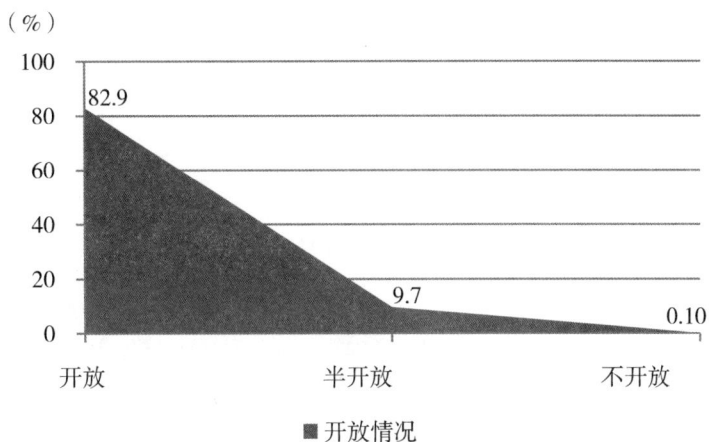

（%）

图 4　流动人口相关数据资源开放情况

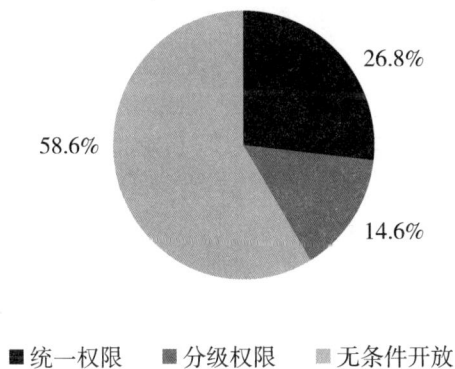

■统一权限　■分级权限　■无条件开放

图 5　流动人口相关数据资源开放权限情况

　　综上所述，大部分人口流动迁移数据分散在不同的部门、专题，相关的数据资源隐藏在不同的数据结构当中，并没有集中优势发挥它的价值，服务于这一群体。国家卫生计生委全国流动人口动态监测数据作为人口流动迁移的专项调查就显得非常难能可贵。为此，随着党中央国务院对人口流动迁移动态趋势把握的需求，为进一步推广流动人口动态监测数据，扩大流动人口数据的知名度，调动数据用户的积极性和创新性，鼓励数据用户继续深化和加强流动人口数据的开发应用，提升数据价值与成果转化效率，努力将数据应用于民生发展，人口计生部门发挥网络优势，将建立健全的流动人口统计监测体系。自 2010 年开始，国家人口计生委在全国 100 多个城市设立了监测点。2010 年，我国全员流动人口统计信息和重点地区流动人口动态监测工作进展顺利，国家和省级数据库已收录流动人口信息 1.2 亿个。流动人口数据主要产生于政府行政管理活动，最终还将反哺政府决策、公益事业运行和科学研究等。通过流动人口数据平台向全国 27 个省（市）740 多家科研机构共享开放流动人口动态监测调查等数据 900 余份，已为 1 800 多位科研工作者提供数据服务，共收到 760 多项开发应用成果。

（三）全国流动人口动态监测数据共享开放服务

全国流动人口动态监测数据将流动人口发展与健康相关主题数据这类关系全国经济社会发展的重要基础数据资源向社会各界共享开放，这标志着数据共享开放已真正落到实处。其主要特点有，一是社会公益性。根据国家对数据共享开放的权利义务要求，政府预算项目资助的调查数据实现对全社会免费开放。二是政府先行性。国家卫生计生委流动人口司经过多年研究论证，主动提出将全国流动人口动态监测调查数据对社会共享开放，在政务数据开放人口相关数据方面做出了重要表率。三是信息公开性。数据对外共享开放以最大程度的信息公开以支持政府决策、科学研究、民生发展为宗旨和目标，及时将共享开放情况对外作通报，同时积极收集社会各界反馈的意见建议。四是鼓励创新性。鼓励全国各地政府、科研机构、企事业单位对数据开发、创新、应用，使用新技术、新媒体为数据传播、应用、拓展创造更多形式和可能，充分释放数据红利，激发大众创业、万众创新的活力，如图 6 所示。五是开放共赢性。鼓励和支持政府和社会力量合作，以数据资源交换、开展和实现资源共享、优势互补、协同合作、互利共赢，推动形成各方支持、依法开放、便民利民、蓬勃发展的良好局面。

各类主题文献数据统计

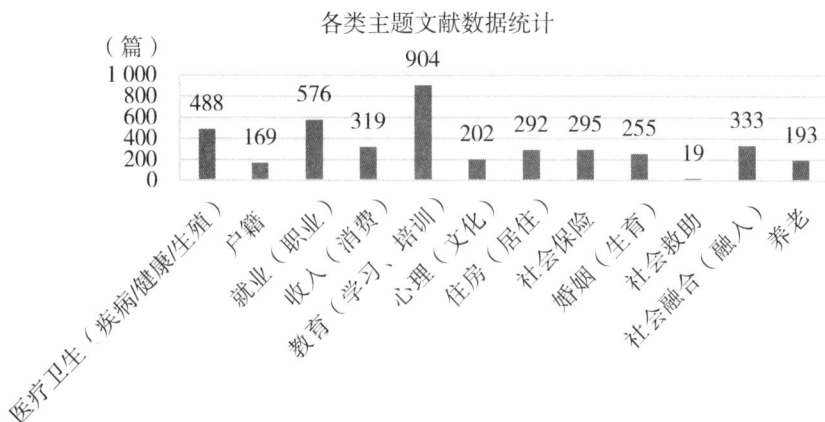

图 6　流动人口动态监测数据研究成果主题分布

1. 共享开放模式构建

受国家卫生计生委流动人口司委托，流动人口服务中心自2014年起向社会共享开放全国流动人口动态监测调查数据。经过四年的共享开放，探索形成了一套模式，主要包括自上而下、横纵联合以及自下而上三种共享开放模式。

（1）自上而下模式。所谓自上而下的开放模式，主要是指政府等公共部门作为数据开放政策与数据经费发起者主动推动数据开放。

开放主体上，国家卫生健康委作为人口、卫生、健康领域的政务和科学数据资源拥有者，作为数据共享开放的发起者、倡导者和引领者，以积极主动的姿态推动相关数据资源的开放。这是构建人口健康相关数据全社会共享开放生态的一个良好起点。

开放内容上，一是全特征覆盖。全国流动人口动态监测调查数据内容覆盖了流动人口个体及其家庭的人口基本特征、人口流动迁移特征、教育和就业社保特征、收入与消费特征、居住居留特征、卫生健康服务特征、婚育子女特征、社会融合特征等方方面面，对于把握新时代人口流动迁移的总体趋势、户籍制度改革成效以及新型城镇化阶段性情况具有重要的参考价值，顺应经济社会发展的总体布局和经济社会改革创新的需求。二是内容开放分级分类。为更好地满足申请单位多样化的数据使用需求，在数据可共享可开放的范围内，将数据按照升放范围设置开放类型及申请条件。流动人口数据资源共享开放主要分为无条件开放、有条件开放和不开放三种类型。对于数据目录、数据变量等元数据、调查问卷、调查方法等技术性文件以及数据产品都默认为开放数据，在最短时间内免费、无障碍地提供给注册用户使用。

开放程序上，明确监管，安全开放。为保障数据共享开放安全规范，流动人口服务中心自共享开放之时起，逐步建立了健全规范有序、安全可控的流动人口数据共享开放、保护等制度规范建设。一是审核备案流程。流动人口数据的开放需经过实名注册—申请初审—申请备案—通过终审—数据发放等一系列审核流程。相关的申请文件和使用协议都是根据一定的规则进行约定和备案，既保证数据的公益性和安全规范使用，又保障数据使用者的合法权益不受到侵害。二是数据使用过程保护。无论是申请备案还是使用协议都重在规范对数据使用的保护期限、数据引用、数据关联、数据追溯等内容，以便数据需求者获得数据后能够规范使用行为，自觉维护数据的权威性、完整性和科学性，开放追迹上，收获成果，回归决策。流动人口数据开放目前采取了鼓励数据使用者自主反馈数据应用成果的方式，将成果反馈嵌入数据申请流程，一步走地完成数据的共享开放和应用统计。采取这种方式有几大好处：一是节省了时间人力成本，准确收集到了数据开发应用的详细准确信息，解决涉及隐私的问题；二是在数据深度应用过程中的中间产物，即数据使用当中发现的数据整理、数据标准、内容逻辑、抽样问题、问卷设计等相关事宜得到一定程度的反馈，并通过用户评议反馈实现对开放数据的真实性、准确性等方面的反复校验，积累了宝贵的一线使用意见和建议，为更好地完善调查数据提供了更多参考方案；三是反馈的数据开发应用成果，经过筛选提炼，成为政府决策的重要参考资料；四是对成果的整理和深入研究，有助于挖掘和发现具有高质量、高水准数据开发应用成果的优秀研究团队或企事业单位，对于精准支持和鼓励优秀团队进行数据开发应用具有重要作用。这一成果追踪方式在准确把握数据应用需求和开发应用效果方面获得了良好成效，非常值得推广应用。

（2）横纵联合模式。横纵联合的共享模式主要是指数据开放主体与跨部门单位之间以科技创新带动经济社会发展为目标的多元化合作数据共享开放模式。其中，数据共享、开发、应用、创新是合作中重要的手段和途径，发挥基础性的桥梁和纽带的作用。一是以科学课题联合合作的数据共享。流动人口数据自开放以来，与人社部农民工司、中国科学院、北京大学、中国人民大学、复旦大学、中国社会科学院、暨南大学等开展了流动人口相关研究的合作探索，就流动人口数据的开发应用和共享开放组织专家研讨、学术论坛，组织专题调查、项目研究等，例如《中国流动人口发展报告》即凝结了众多科研单位科研工作者的智慧结晶，通过年度报告发布以及新型城镇化和流动人口社会融合论坛等，向社会各界通报我国人口流动迁移的现状趋势和发展态势，集中研讨流动人口生存发展问题和人口市民化、社会融合进程等相关问题，为政府决策提供对策建议参考，发挥了政府智库作用。二是相关科学数据共享联盟组织的数据开放。流动人口数据资源作为数据服务成员单位对接了国家科技基础条件平台共同推进人口数据的共享开放。作为联盟组织的会员，按照统一的章程，共同维护和开发数据资源，集中提供数据相关服务。这种形式的联合越来越满足大数据跨领域、跨部门、跨学科共享开放的需求，逐步成为数据积累、规范、融合、开放的中坚力量，有利于形成大数据互相融合深度开发的良好基础环境。

（3）自下而上模式。自下而上的模式主要是指数据拥有者在一定的激励条件下，根据一定的开放规则，主动参与数据共享开放的形式。流动人口数据的共享开放通过建立一定的激励机制，鼓励数据所有者参与流动人口数据的发展创新。目前主要来源于两种需求和共享方式。

一是数据交换需求。不少科研工作者在自身科研工作中积累了一些农民工、流动儿童、农村劳动力转移等相关调查数据，通过自发主动地参与流动人口数据的共享交换使用，获得了相关口径的数据和研究成果。这种数据交换一方面充实和丰富了自身的研究数据；另一方面也有利于各种不同来源数据之间的比对、校验以及启发性、创造性的研究探索。

二是数据融合与数据挖掘的需求。为了最大化数据价值，解锁政府与企事业单位数据，鼓励社会各界设计开发创新的数据产品和服务，推动产业成果转化和项目孵化落地，一些数据创新应用大赛通过整合政府、企业、高校和民间机构的数据，构建多元融合的数据创新应用生态，来激励和推动全社会数据开放。这些部门、企业、高校和民间数据等与流动人口数据进行交流融合，通过碰撞磨合产生新的需求点和增长点，作为基础性数据在城市建设规划、公共资源配置等方面都将对经济社会发展产生重要影响，不仅有助于推动流动人口数据的价值挖掘和产业行业应用，而且实现了"以数据促发展"的终极目标，是目前正在探索中的自下而上开放数据的形式。

2. 共享开放机制探索

（1）数据资源管理机制。原始数据清理、汇总、存储等管理，需要一套标准，包括元数据标准、数据标识标准、数据处理标准、数据存储标准、数据服务标准等数据管理办法。自数据共享开放起，已逐步建立了相关数据开放办法、开放规则、开放流程等制度。

（2）数据用户管理机制。明确规定数据开放对象、范围、资质，并建立数据共享开放审核制度。根据申请开放办法实施审核流程，确保数据用户具有数据使用资质和相关权利。建立流动人口数据平台，设置数据用户分级权限管理。根据申请办法，赋予用户相应权限，在权限范围内申请并获得相应数据。

（3）数据安全保密机制。通过书面协议、网上申请和权限设定，对数据分级分类的同时，对用户实施主页自管理自负责，给予用户一定自由度，在主页空间内可自主发布相关信息。平台对其内容设置单独路径，进行个人隐私保护，保证其数据申请记录和数据本体处于隔离保密状态。

（4）数据开发共享激励机制。对数据申请者和使用者采取激励措施：一是数据交换激励，交换数据量越多质量越高，获得流动人口数据数量就越多；二是成果反馈激励，成果反馈越多，获得数据量越多；三是成果评奖激励，通过评选出优秀成果，来激励使用者提交更多的成果参与评奖；四是经验分享激励，通过成果展示会和成果交流论坛，获得其他用户的数据使用体验，为自身的数据应用提供重要信息和研究启发。

（5）数据开发成果共享机制。

通过从事流动人口数据汇集、加工、原创和发布，汇聚流动人口研究专家互联互通、资源共享、研究合作、成果交流和人员互通。借助数据使用者交流论坛和数据共享开放微信群管理，发挥智库平台资源优势，加强流动人口数据开发应用成果在数据使用者之间的共享、传播与拓展。

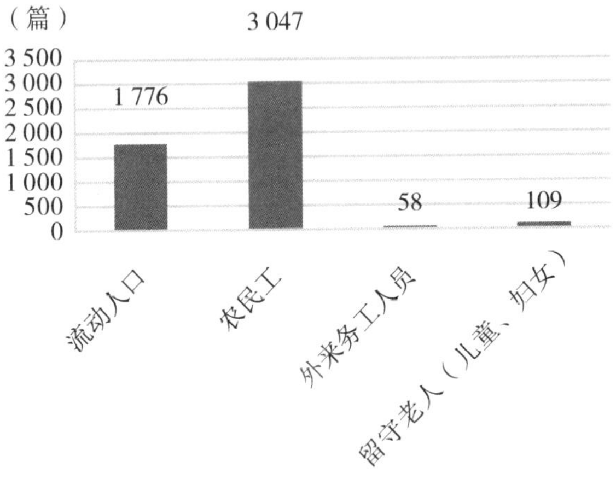

图7　流动人口动态监测数据开发应用成果关注人群分布

图8　知网上流动人口数据应用成果主题关键词词频分析图

三、困难和问题

人口相关的科学数据共享工作主要由国家主导推进。2001年，我国启动科学数据共享工程；2003年，又启动国家科技基础条件平台建设。2010年，国家人口计生委建立运营"人口宏观管理与决策信息系统（PA-DIS）"，截至2017年9月，已汇集卫生健康服务管理过程中卫生计生系统形成的内部人口基本情况、生育、死亡等个案信息13.7亿条和大量卫生计生行政记录数据资源，为加强国家人口发展战略研究，科学制定人口发展政策与规划提供了强有力的信息支持和科学依据。再如，作为国家科技基础条件平台的国家人口与健康科学数据共享平台主要致力于汇聚人口医疗健康等方面的信息，但二者的开放程度并不高，仍需受到数据权属和管理方的各方面限制。同时，各高校及科研院所也搭建了具有行业特色的共享服务网络，如中国社会科学数据共享平台等。目前，尽管我国已经形成了科学数据共享齐头并进、全面建设的局面，但各个数据平台无垂直统一规范管理。

（一）资源共享开放不均衡

截至目前，我国流动人口迁移相关社会科学数据仍然分布在政府部门、课题组、科学家和科研人员手中，部门行业或者单位的数据库之间缺乏交流和沟通，并没有建立数据相互共享开放的机制和途径，只是少数形成面向多元需求的科学数据开放共享。这些调查研究所产生的科学数据，也没有得到有效的管理和利用，利用效率并不高。流动人口相关调查数据所有者分布，包括公共部门、科研机构以及公共财政和科研基金资助研究人员产生的数据。然而，大量研究人员的数据在自己的研究中和之后都没有公开，甚至束之高阁，并未公开，有些数据的科学性值得怀疑。外国要求发表文章必须提交数据的案例值得我们借鉴推广，可进行监督复证，利于研究探讨，验证结论，更重要的是应用于其他领域或题目研究的需要。

（二）以国家主导的组织模式和垂直统一规范管理程度不高

一是跨界合作渠道并不畅通。科学团体、科研机构和数据中心等公共部门是掌握和拥有科学数据的重要主体。由于学科、行业、区域等的条块分割，流动人口数据的共享存在一些壁垒，妨碍了科学数据的增值利用，如一些部门出于本位主义或者自身技术能力有限等原因，产生了信息交流障碍。二是数据平台各行其是，且各科技资源所属单位各自开发软件系统，有些软件开发及服务经常采取外包方式，导致软件开发能力和科技资源管理水平参差不齐，极大地影响了共享服务的效率和水平，更不利于构建全国统一的科学数据共享平台。此外，各科学数据共享平台单独维护其数据资源，建设与服务成本很高，既造成了浪费，又与共享宗旨相悖。

（三）数据共享开放机制尚未建立

一是投入产出比需要进一步平衡。科学数据的开放需要一定的成本，包括在线开放平台的构建和维护成本等，而现有的学术体系中并没有可持续的资金来开展和维持科学研究的开放活动。很多社会科学调查研究普遍缺乏资金支持，且在调查过程中仍存在较多社区抽样、社区入户困难等问题。为此，研究缺乏持续的数据来源，其应用价值也逐渐降低或丧失。二是缺乏学术报偿等激励机制。目前的学术体系对于研究人员公开和交流自己的科学研究过程没有任何激励机制，这点在很大程度上阻碍了开放机制的发展。此外，还缺乏完善的技术支持来确保科学数据流通的信息基础构架和机制。

（四）数据的开发应用程度不高

根据目前流动人口相关口径数据的使用情况来看，尽管流动人口是全社会普遍关心的问题，但是数据多用于政策研究分析，在实际中的产业化应用非常少，人口数据的使用多数还停留在简单的记录或者"化为量"即可。数据的开发应用程度不高，体现在以下五方面：一是学者们进行科学研究中产生的科学数据以及用于支撑最终成果的科学数据没有得到有效的存储和利用。对于这类科学数据的开放存取将对科学研究活动产生重大的作用，可以给其他学者提供借鉴，也可以起到学术监督的作用。二是开放对象不够广泛，还有不少用户分级、时间限制等。三是对数据处理的监督交流不够，对成果开发和实际应用的激励机制不健全。四是对数据的追踪还存在困难，安全保障还没有有效措施。五是知识产权保护还缺乏机制创新。

四、总结与思考

在2016年度"第二届新型城镇化与流动人口社会融合论坛"上，时任国家卫计委副主任王培安提出倡议：发掘数据潜在的价值；加快推进政府部门人口数据的共享，促进公共数据资源开放互通；更有效地释放人口数据红利，深化人口大数据应用，推动城镇化和流动人口社会融合的研究；加强数据开发共享的国际交流。

（一）流动人口科学数据共享开放体系建设

一是要构建流动人口数据资源开放共享体系，健全组织模式、政策制定、标准规范、主体特点、技术服务等，进而从政策法规、标准与管理规范、统一门户、公益性与市场化相结合、提升关键技术、知识产权保护等方面探索完善。二是推进元数据的开放，落实顶层设计与制度保障。《科学数据管理办法》（国办发〔2018〕17 号）第三章要求"第十一条　法人单位及科学数据生产者要按照相关标准规范组织开展科学数据采集生产和加工整理，形成便于使用的数据库或数据集。法人单位应建立科学数据质量控制体系，保证数据的准确性和可用性。第十二条　主管部门应建立科学数据汇交制度，在国家统一政务网络和数据共享交换平台的基础上开展本部门（本地区）的科学数据汇交工作"。三是构建形成适宜于我国的科学数据管理与共享的政策规章制度和法律法规体系，其既包括在数据开放与共享、知识产权与隐私保护、信息安全等方面的法律法规，还应包含科学数据共享实施过程中涉及的财政投入、数据中心建设、资源建设、共享与发布、数据汇交、公益利用等方面的政策等。四是制定共性的管理规范与技术标准，实现数据汇交、整理、加工、利用的快速无缝对接。对建库标准进行科学的规定并在全国普及，才能有效扩大科学数据的整合效率。

（二）数据共享开放服务体系建设

一是构建集中与分散相结合的国家科学数据中心群，形成国家科学数据分级分类共享服务体系；启动科学数据共享工程，并将其作为国家科技创新体系建设的重要内容和科技发展基础条件大平台的重要组成部分。例如，国家人口健康平台等。应将由政府牵头建设人口发展战略研究的基础数据平台作为一项基础工程加以实施，搭建一个专门供交流、交换、分享、交易、转让、成果共享的同一平台。建立数据目录和档案。在知识付费时代，需要将数据的中间成果和数据处理过程性文件保留、公开、发布、共享。这不仅有利于促进学者交流，还推动研究方法的改进完善。

二是督促各部门介入统一平台门户。很有必要进一步扩大资源整合的领域，打通中国科技资源共享网与国家科技平台、地方平台、行业平台数据库的连接，在全国形成统一门户、多个支撑中心的合理布局。尽管人口领域的数据采集已非常丰富，但真正共享开放应用的实践还极少。各个数据源还处于仅仅为该数据用户服务的阶段，缺乏数据之间的融通、交流、共享、开发。数据分享、发布、交汇、公开的环境尚未建立和形成。较大的科学数据比如 CGSS、CNHS、Charls 等都各自建立了数据开放的平台，旨在实现让更多用户使用，而不是分享。建立人口相关科学数据共享试点工程，尝试在地方或部分领域探索人口、卫生、公安等部门数据的共享开放。

（三）探索数据共享开放和增值开发应用的机制

《科学数据管理办法》明确提出凡是财政拨款项目产生的科学数据均需要汇交的要求。因此，科研人员与其将本身采集的数据束之高阁或过期沉淀，不如分享交换，成为活资产，与其他数据汇合、碰撞、对比，重新获得价值。具体措施如下：

一是加大科学数据增值利用的力度，探索公益性与市场化相结合的道路，加强对社会经济发展、企业创新、人才培养的服务。例如，鼓励研究机构、企业和科研人员等积累了大量的非财政投入产出的总量巨大的"私有"科学数据参与，通过推进各个掌握和拥有科学数据的主体加快开放和共享的步伐，探索跨部门、跨学科、跨领域的数据资源整合和共享。

二是通过市场化服务的探索，鼓励各单位将科学数据转化为经济效益，这必将调动其共享积极性。对于公益性的服务，国家可以将共享服务效果纳入对单位的项目申请和评定考核的指标中，并对共享效果突出的单位给予一定的补贴奖励。再如，探索数据出版等多种模式服务，探索更加多元的数据分享方式、数据出版式、成果嵌入式，例如将发表的文章电子版中嵌入数据信息的下载链接，或者在计量文章中做数据处理分析过程的延伸报告共享。

三是应逐步培养科研人员的科学数据管理与共享意识，在科研共同体中形成科学数据管理与共享的氛围。要求研究者在课题结题和发表成果时提交数据目录和申报数据档案，发表时将数据一同发表，提供有偿服务。对于非公项目数据可推广有偿使用和分享，国家社科基金应牵头建立目录。

参考文献

［1］王培安．服务均等、数据共享与新型城镇化［J］．河南社会科学，2016，24（9）：3－5．

［2］肖子华. 习近平流动人口社会融合思想研究［J］. 人口与社会，2016，32（3）：36－50，97.

［3］孙九林. 科学数据资源与共享［J］. 中国基础科学，2003（1）：30－33.

［4］李志芳，邓仲华. 国内开放科学数据的分布及其特点分析［J］. 情报科学，2015，33（3）：45－49.

［5］马宁，刘召. 科学数据资源开放共享体系研究［J］. 中国科技资源导刊，2017，49（5）：1－7.

家庭发展与社会融合

流动人口社会融合对家庭消费的影响

孙文凯[①]　李晓迪[②]　王乙杰[③]

一、引言与文献回顾

快速的城市化进程以及中国特有的户籍制度使得我国出现大量流动人口。根据国家卫健委发布的《中国流动人口发展报告》，2016年我国流动人口规模为2.45亿人，约占全国人口总量的17.7%。2011年以来，流动人口在我国总人口中始终保持着较大比重。随着区域经济一体化的推进，区域间经济联系的加强，地区间人口流动日趋活跃。国家卫健委根据城镇化、工业化进程和城乡人口变动趋势预测，"十三五"时期，人口将继续向沿江、沿海、铁路沿线地区聚集。到2020年，我国流动人口将增长到2.91亿人。

大规模的人口流动迁移所带来的资源重新配置是我国整体劳动生产率不断提高的重要原因。但是，由于受户籍制度限制，很多流动人口没有流入城市地区的社会保障，工作不稳定，岗位和收入受到一定歧视，缺少住房条件，这些因素减弱了流动人口真正融入城市的程度，并可能影响流动人口经济行为（孙文凯，2017）。这涉及两方面的问题，一方面是流动人口的低社会融合问题，另一方面是流动人口低消费问题。目前，学界对这两个问题均已有一定研究。

国内外学者都有进行很多关于移民社会融入问题的研究，主要是研究社会融合现状和影响因素。比如在对国外移民的研究中，Bleakley和Chin（2009）、South等（2005）认为语言能力影响移民的社会融入，且迁入国语言掌握得越好，越能提高国际移民与当地居民的通婚概率，进而影响移民的社会融入程度。Koczan（2016）在研究移民人口身份认同感时，将语

①　中国人民大学经济学院教授，中国人民大学国家发展与战略研究院研究员。
②　银行业理财登记托管中心有限公司职员。
③　山东大学公共治理研究院助理研究员。

言作为身份的工具变量，发现语言能够有力地解释移民人口的少数民族身份。Drinkwater 和 Robinson（2013）认为迁入地对移民者的社会保障政策影响移民群体的社会融入，而迁入国政府较少地为国际移民提供公共财政支持的医疗保险会阻碍国际移民的社会融入。Hamermesh 和 Trejo（2013）、Algan 等（2010）认为经济收入水平和受教育水平影响移民群体的社会融入，较高的收入和良好的教育水平能够促进国际移民对迁移国家的社会融入。在国内的研究方面，秦立建和陈波（2014）和马超等（2017）指出医疗保险等参与对流动人口融入城市具有促进作用。宁光杰和李瑞（2016）发现更大范围内的适度流动，例如省内跨市有利于市民化。张抗私等（2016）发现流动人口从事非正规就业显著降低居民的社会融入程度。潘泽泉和林婷婷（2015）认为农民工的劳动时间影响其社会融入。陈云松和张翼（2015）认为城镇化的不平等效应影响居民社会融入。韩俊强（2013）发现农民工的住房性质、是否单独居住、住房面积等会影响农民工融入城市的程度。晏月平和廖爱娣（2016）认为城市流动人口经济状况和福利水平等影响其社会融入。杨菊华（2016）指出流动人口的人力资本在经济和文化两个方面不同程度地影响其社会融入。王春超和张呈磊（2017）发现越来越多的农民工父母在迁移的过程中选择把子女带在身边，并认为这种家庭迁移会促进流动人口城市融入。

较少有研究将社会融入状况与流动人口消费直接联系起来分析。有研究指出户籍条件这一"硬件"不是导致农民工消费较低的充分证明，并由于流动人口巨大的规模而导致了整体居民消费率的下降（蔡昉，2011；陈斌开等，2010；国务院发展研究中心课题组，2010；Song et al.，2010；Chen et al.，2015；孙文凯、王乙杰，2016；梁文泉，2018）。对社会融合这一心理效应如何影响消费还缺少直接研究。

流动人口社会融合问题涉及身份认同这一重要经济话题。身份认同理论是近十几年来才逐渐发展起来的一种经济学理论，主要研究身份为什么以及怎样影响个体的经济行为。最早提出身份经济学概念的是 Akerlof 和 Kranton（2000）。之后一些研究认为移民国家的外来人口身份认同会对其经济行为产生影响（Sam and Berry，2010；Cleveland et al.，2009；Afridi et al.，2015）。在国内研究中，钱龙等（2015）利用浙江大学 2013 年农民工调查数据，实证分析并得出了农民工身份认同会制约他们在城市的文娱消费的结论。汪丽萍（2013）认为新生代农民工在身份认同上倾向于城市居民，因此更容易产生市民化和炫耀性消费行为。

在以往对于流动人口经济行为影响的研究中，存在两类问题。第一，研究者往往着眼于家庭结构、人力资本或户籍制度等客观因素，从主观因素去探讨影响流动人口经济行为因素的研究较少。而流动人口在城市化发展过程中自我定位模糊，其经济行为与主观意愿有不可忽视的关联。政府一些政策或媒体一些宣传都将流动人口区别于真正城市人口对待，事实上强化了流动人口的"城市外来人"的自我定位。如果这些主观态度影响了流动人口经济行为，这也将给政府政策提供了新的工具，即可以从改变流动人口主观身份认同感着手，进而影响流动人口的经济行为。这可能对国家改善经济结构、促进经济发展起到事半功倍的效果。第二，以往国内对社会融合对经济行为影响的研究相对较少，并且以描述统计和简单回归分析为主，在识别因果性上存在一定问题。

为此，本文采用国家卫健委 2014 年"流动人口社会融合与心理健康专题调查"的调查数据，直接分析流动人口不同身份认知对家庭消费水平和消费结构的影响。我们也尝试结合已有对社会融合影响因素的分析去寻找合理的工具变量，来解决分析社会融合对消费影响中可能存在的内生性问题。

二、数据与模型

（一）数据来源

本文采用国家卫生健康委员会（前卫计委）流动人口司组织的 2014 年"流动人口社会融合与心理健康专题调查"的随机抽样调查数据，这是一次专门针对流动人口社会融合状况的模块调查。调查范围涵盖了北京市朝阳区、浙江省嘉兴市、福建省厦门市、山东省青岛市、河南省郑州市、广东省深圳市和中山市、四川省成都市八个城市（区）。这些城市（区）都是各省内经济发达或较发达区域，有较多流动人口务工。每个城市（区）流动人口调查的样本量为 2 000 人，总样本量为 16 000 人。下文分析中出现了极少数的缺失样本。

本文选取了该调查中涉及流动人口个体和家庭人口学信息、就业与收入支出情况以及社会融合方面的数据，拟合多元线性回归模型，并选取工具变量解决可能的截面数据模型内生性问题，以验证文章中社会融合对流动人口消费的影响。

（二）描述性统计

1. 关键自变量

身份认同感作为一种主观的心理感受，一般是采用询问被调查者是否属于某一类群体来度量。根据图1所示的统计结果，在"认为自己是不是已经是本地人"这一问题中，有22%的流动人口认为自己已经是本地人，而有高达78%的流动人口认为自己并不属于本地人。这与王刘飞和王毅杰（2014）在安徽、江苏、河南三省问卷调查统计的结果相似。可以看出，流动人口中大部分人对于自己的当地人身份还是不认可的，城市之间的社会融合壁垒仍旧存在，并处于一个较高的水平。

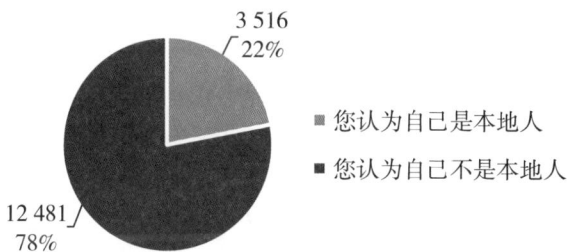

图1　流动人口身份认同感统计

2. 因变量

为了研究流动人口的身份认同感对其消费行为的影响，我们从消费水平和消费结构两个角度比较了不同身份认同感下家庭月均支出和家庭月均食品支出占比（恩格尔系数）数据，如表1所示。从家庭月均支出数据的均值对比看，认为自己是本地人的流动人口家庭月均支出均值为3 517.46元，比认为自己不是本地人的流动人口群体高了15.99%。从家庭月均食品支出占总消费比数据对比看，认为自己是本地人的流动人口群体，其家庭月均食品支出占比平均为44.6%，低于认为自己不是本地人的流动人口群体的45.5%。以上数据体现了两类人群消费结构的差异。考虑到这个消费总量及结构的差异背后可能是其他因素，如家庭收入的影响，因此，下文将进行回归分析控制其他因素，识别身份认同感对流动人口消费的影响。

表 1　消费数据的描述性统计

变量范围	观测值	均值	最大值	最小值	标准差
全部样本					
家庭月均支出	15 997	3 139.059	200 000	20	3 033.97
家庭月均食品支出占比	15 997	0.452	1	0	0.174
认同是本地人					
家庭月均支出	3 516	3 517.46	100 000	1	3 186.03
家庭月均食品支出占比	3 516	0.446	1	0	0.178
不认同是本地人					
家庭月均支出	12 481	3 032.59	200 000	1	2 981.41
家庭月均食品支出占比	12 481	0.455	1	0.02	0.173

（三）基本计量模型与变量含义

本文构建如下的多元线性回归模型作为分析基准：

$$consumption = \beta_0 + \beta_1 Identity + \beta_2 X + \varepsilon \qquad (1)$$

上述表达式中，因变量 $consumption$ 度量了流动人口的消费水平[①]和消费结构，分别用对数月均消费总额和恩格尔系数（家庭月均食品支出占家庭月均支出）代表。主要解释变量 $Identity$ 为一个虚拟变量，表示流动人口对于其流入城市的当地身份认可与否。身份认同感作为一种主观的心理感受，其度量方法并没有统一的规范。在本文的基本模型里我们采用问卷中"你认为自己是不是本地人"这一问题来度量，若认为自己是当地人，则赋值为 1；若认为自己不是当地人，则赋值为 0。在后文稳健性检验中，我们增加替代性的测度。

其余解释变量 X 包括被调查者的人口学特征（性别、年龄、婚姻、民族、教育程度、就业、户口性质）、家庭情况（家庭人数、是否有家属随迁）、经济和社会保障情况（家庭月均收入对数、社会保险覆盖情况）。各个变量的具体含义见表 2 的说明。

---

① 衡量消费水平采用了家庭总消费，采用人均消费结果类似，不再列入正文。

表2 变量名称及相关定义

变量名称		变量定义
个人特征	性别	虚拟变量,男性=1,女性=0
	年龄	
	婚姻	虚拟变量,已婚(含再婚)=1,未婚=0
	民族	虚拟变量,汉族=1,少数民族=0
	教育程度	构建7个虚拟变量表示各教育程度
	户口性质	虚拟变量,农业户口=1,非农业户口=0
	当地人身份认同	虚拟变量,认为是当地人=1,否则=0
家庭特征	家庭人数	在当地同住的家属人数(含本人)
	家属随迁	构建3个虚拟变量,分别表示存在子女、配偶、其他家属随迁
	自有住房	虚拟变量,已购或自建住房=1,其余住房=0
就业与消费特征	就业身份	构建3个虚拟变量,分别表示雇主、雇员、自营职业者
	家庭月均收入	连续变量,取对数
	家庭月均支出	连续变量,取对数
	家庭月均食品支出占比	家庭月均食品支出占家庭月均支出的比例
社会保障	城镇职工养老保险	类别变量,有=1,没有=-1,不清楚=0
	城镇居民养老保险	类别变量,有=1,没有=-1,不清楚=0
	新农保	类别变量,有=1,没有=-1,不清楚=0

(四)内生性问题与工具变量

使用 OLS 模型存在潜在的内生性问题。内生性主要可能来源于以下三个方面:

1. 自变量和因变量互为因果

一方面,流动人口对于自身"当地人"的身份认同感会影响其消费;另一方面,其消费水平的高低和消费结构的变化也可能会影响其融入本地社会环境的能力,从而影响其对于当地人身份的认同感(汪丽萍,2013)。

2. 存在遗漏变量的可能

虽然我们参照已有文献控制了众多变量,但毫无疑问,影响消费及结构的因素很多,使用截面数据难以完全控制,总可能存在影响消费的变量被遗漏。如果遗漏变量与身份意识相关，则会导致估计偏误。

3. 存在测量误差可能

由于本文选取的数据来源于对被调查者本人的问卷式调查，对于社会融入采用了主观回答，消费的测量则来自于被调查者自我估算，难以避免存在测量误差带来的估计偏误。

为了解决模型的可能内生性问题，本文选取受访者"本地话掌握水平"作为工具变量，利用两阶段回归方法来解决内生性问题。根据 Koczan（2016）对于移民人口身份认同感的研究，发现语言对于解释少数民族身份认知是有效的，两者呈现显著的正向相关关系，因此语言可以作为身份认同感的一个工具变量。相似地，Bleakley 和 Chin（2009）、South 等（2005）也认为语言能力会影响移民的社会融入。另外，本地话的掌握水平与消费并没有明显的相关关系，因此可以作为一个逻辑良好的工具变量。

本文构建四个虚拟变量，从听、说两个角度表示流动人口对本地话掌握的四种程度：听得懂也会讲、听得懂也会讲一些、听得懂一些但是不会讲、不懂本地话，分别对应调查问卷问题的四个选项。根据图 2 对工具变量均值的统计可以看出，随着本地话掌握程度的降低，认为自己是本地人的流动人口群体占比逐渐减小。本地话掌握更好的流动人口，其对于本地人的身份认同感更强烈，这说明不存在弱工具变量问题。

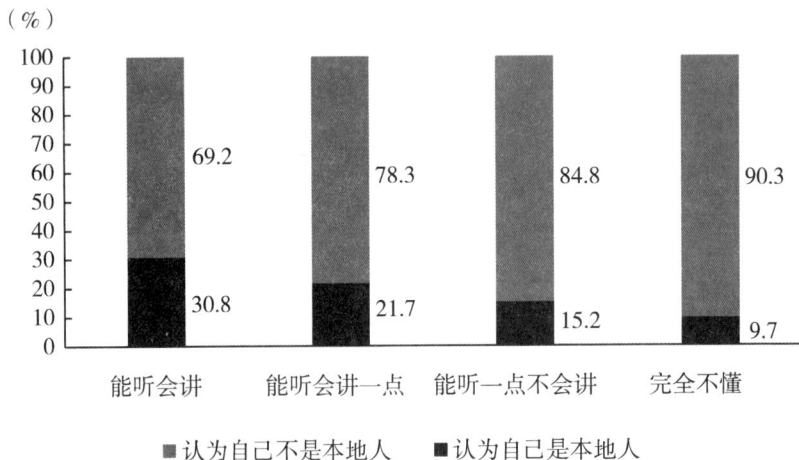

图 2　不同本地话掌握水平的流动人口身份认同感对比

三、实证分析结果

（一）实证结果

我们分别运用 OLS 和 IV 估计方法对（1）式进行多元回归，结果如表3所示：

表3　家庭消费回归结果

因变量	家庭月均支出（对数）		家庭月均食品支出占比	
	OLS	IV	OLS	IV
身份认同	0.012	0.203 ***	− 0.001	− 0.211 ***
	(0.01)	(0.05)	(0.00)	(0.02)
控制变量	控制	控制	控制	控制
样本量	15 655	15 655	15 655	15 655

注：表中数据分别为各个变量估计系数的值和标准误。其中，*** 表示 $p < 0.01$，** 表示 $p < 0.05$。以下各表与上述的含义相同。（1）（3）列 IV 估计的一阶段 F 统计量都是54.75，每个语言变量都是显著的。

根据表3的回归结果，以家庭月均支出为因变量的回归结果如表中前两列所示。可以看出，如果使用普通 OLS 方法，得到的身份认同感对消费影响是不显著的；但采用两阶段 IV 回归下身份认同感在1%的置信水平下显著，且系数均为正。这说明以往采用描述方法或者 OLS 估计的结果可能存在偏误。以上结果也说明如果流动人口在心理上认同自己是迁入城市的"本地人"，则给定收入等其他条件，他所在家庭在当地的月平均支出就会更多，边际影响高达20.3%。这可以由行为经济学和身份经济学的相关理论进行解释，即流动人口在流入一个新的城市后，自我身份认知发生改变，其经济行为也会受到相应价值观影响。对于认为自己是本地人的流动人口而言，他们的消费观会趋向于城市人口的消费水平和消费方式。一般而言，流动人口的平均消费要低于城市人口的平均消费，因此城市人的身份认同感使得流动人口呈现出更高的家庭支出。

消费增长往往意味着消费结构同步变动。根据表 3 中后两列的回归结果，可以发现 OLS 回归条件下身份认同感并不显著影响恩格尔系数，而使用"本地话掌握程度"这一工具变量后的两阶段 OLS 回归条件下呈现 1% 的显著性，且系数为负，即认为自己已经是本地人的流动人口恩格尔系数下降高达 21.1% 。这说明如果流动人口认为自己是"本地人"，则其所在家庭的月平均食品支出占比会更小。在使用工具变量之后呈现与 OLS 不同的结果原因可能是 OLS 方法受到内生性影响。

结合表 3 的几列结果可知，流动人口家庭食品支出占比显著下降应该主要是由于消费总量增加，而且总消费增加主要来自食品之外其他项目消费的增加，这使得食品消费占比下降。这和已有的一些调查描述一致，即流动人口主要消费生活必需品（国务院发展研究中心课题组，2010）。在相同的家庭收入条件下，身份认同感的转变会带动消费观念的变化，让更多流动人口融入本地城市，而这对于促进本地总消费增加和消费质量改进具有积极意义。

（二）稳健性检验

为了确保上述统计分析结论的可靠性，我们进行了以下两个稳健性检验。

1. 身份认同感的另一种度量

考虑到实际生活中，流动人口对于自身的身份认同可能是一个程度连续变化的过程，我们将上文哑变量形式度量的本地人身份认同感这一自变量进行了如下替换：

问卷中还有相关的三个与本地人身份认知相关的问题："您是否同意：我感觉自己是属于这个城市的""您是否同意：我觉得我是这个城市的成员""您是否同意：我把自己看作这个城市的一部分"。每一个问题分为四种程度 1 – 4，分别对应选项的四种情况"1 – 完全不同意、2 – 不同意、3 – 基本同意、4 – 完全同意"。将这三个问题的结果进行加和，得到一个近似连续的本地城市认同感指标，数值越大表示城市身份认同感越强。

使用这个身份认知的替代变量，重复上文分析过程，我们得到的回归结果如表 4 所示：

表4　替代身份认知变量的家庭支出回归结果

因变量	家庭月均支出（对数）		家庭月均食品支出占比	
	OLS	IV	OLS	IV
身份认同（连续）	0.005 **	0.065 ***	− 0.001	− 0.067 ***
	(0.00)	(0.01)	(0.00)	(0.01)
样本量	15 655	15 655	15 655	15 655

注：表中仅列示了身份认同感系数的回归结果。以下各表同。（1）（3）列 IV 估计的一阶段 F 统计量都是 30.28，每个语言变量都是显著的。

根据表 4 的回归结果，以流动人口的家庭消费水平和恩格尔系数为被解释变量，当身份认同感为一个连续变量时，所估计的系数的符号和显著性并没有发生改变。具体来看，在工具变量法的回归结果下，身份认同感对总消费和恩格尔系数的影响系数分别为 0.065 和 − 0.067，均在 1% 的置信水平下显著，与表 3 中的回归结果保持一致。这说明身份认同感能够稳健且显著地影响流动人口的家庭消费水平和改善消费结构。

2. 家庭规模调整

在上文分析中，虽然我们考虑到了随迁人员的差异性（子女、配偶或其他家庭成员），但是在对于"家庭人数"这一变量的衡量中，我们假设了家庭中的每个人是同质的，即每个人对家庭消费水平和家庭消费结构的影响是一致的。实际生活中，家庭内部成员会相互影响，不同人员构成的家庭会具有不同的支出模式（Brown and Deaton，1972）。在对家庭消费进行分析时，由于人口的规模效应和异质性经常需要进行等价规模调整，以使得不同规模家庭间可进行比较（Stone，1945）。我们采用一种简单的做法，将流动人口家庭中的每个子女等价为 0.5 个成年人，对家庭人数进行了调整，并将调整过的家庭规模重新放到每个回归方程中，得到的结果如表 5 所示①：

---

① 我们也采用计算等价人均消费的做法，即用家庭消费除以等价人口规模之后取对数作为被解释变量，得到的系数符号和显著性仍然没有变化。相应结果不再列入正文。

表5　调整家庭规模后的回归结果Ⅰ

因变量	家庭月均支出		家庭月均食品支出占比	
	(1) OLS	(2) IV	(3) OLS	(4) IV
身份认同	0.012	0.216***	-0.001	-0.207***
	(0.01)	(0.05)	(0.00)	(0.02)
家庭人数（调整后）	0.136***	0.135***	0.025***	0.026***
	(0.01)	(0.01)	(0.00)	(0.00)
样本量	15 655	15 655	15 655	15 655

注：表中仅列示了"身份认同"和"家庭人数（调整后）"变量的系数估计结果。

根据表5的回归结果，在采用工具变量的情况下，流动人口身份认同感在1%的置信水平下对家庭月均支出和家庭月均食品支出占比的影响显著为负。可以看出，调整了家庭规模后，模型的回归结果并没有发生变化，一定程度说明上文的结果是稳健的。

（三）异质性检验

我们从流动人口户主年龄以及户口性质四个角度分别对样本进行了异质性检验。

1. 不同年龄阶段的异质性检验

对于不同年龄段的人群而言，身份认同感对消费的影响可能都会出现差别。我们将18～40岁的人群划分为青年人，41～65岁的人群划分为中年人，讨论青年人群和中年人群对于身份认同感影响其经济行为的差异。回归结果如下表所示：

表6　异质性检验：分年龄Ⅰ

因变量	家庭月均支出			
组别	青　年		中　年	
	OLS	IV	OLS	IV
身份认同	0.006	0.148***	0.033**	0.371***
	(0.01)	(0.05)	(0.02)	(0.09)
样本量	12 414	12 414	3 241	3 241

表7　异质性检验：分年龄Ⅱ

因变量	家庭月均食品支出占比			
组别	青　年		中　年	
	OLS	IV	OLS	IV
身份认同	− 0. 001	− 0. 208 ***	− 0. 003	− 0. 208 ***
	(0. 00)	(0. 03)	(0. 01)	(0. 05)
样本量	12 414	12 414	3 241	3 241

　　根据表6和表7的回归结果，在以家庭月均支出为因变量时，中年流动人口的身份认同感影响系数大于青年流动人口群体，说明中年人在消费绝对水平上受到"本地人"身份认同的影响更大；而当以家庭月均食品支出占比为因变量时，青年流动人口群体的身份认同感估计系数绝对值与中年群体大致相同，这说明在家庭消费结构的分析中，青年人与中年人受到身份认同感的影响大致相同。

　　出现以上结果的原因可能是：对于较年长的群体而言，他们的原有身份观念可能较强，因此，当这种观念发生变化时带来的效应也可能较大。已有部分研究也指出了新生代农民工城市认同感更强的特点（张淑华等，2012；丁彩霞、黄岩，2014；杭慧，2014）。

　　2. 户口性质的异质性检验

　　本文的研究对象为全部流动人口，包括城城流动和城乡流动人口，拥有非农户口的样本约占总样本的13%。拥有农业户口和非农业户口的两类流动人口群体，其身份认同感对经济行为的影响程度可能会有不同。一般而言，相比较于城城流动的非农业户口人员，户口在农村的流动人口有更明显的身份认知差异，并且身份认知状况变化也可能带来更大的经济影响。为了进一步研究户口性质差异所造成的影响，我们对不同群体做了表8和表9的分组回归：

表8　异质性检验：是否为农业户口Ⅰ

因变量	家庭月均支出			
组别	农业户口		非农业户口	
	OLS	IV	OLS	IV
身份认同	0. 013	0. 214 ***	0. 004	0. 067
	(0. 01)	(0. 05)	(0. 02)	(0. 10)
样本量	13 647	13 647	2 008	2 008

表9　异质性检验：是否为农业户口Ⅱ

因变量	家庭月均食品支出占比			
组别	农业户口		非农业户口	
	OLS	IV	OLS	IV
身份认同	−0.003	−0.226***	0.010	−0.106**
	(0.00)	(0.03)	(0.01)	(0.04)
样本量	13 647	13 647	2 008	2 008

根据表8的回归结果，以家庭月均支出为因变量时，农业户籍流动人口的身份认同感系数的绝对值和显著性都大于非农业户口，这说明农业户籍的流动人口家庭支出水平确实更容易受到本地城市身份认同的影响。当分析对象为消费结构时，根据表9的回归结果，农业户籍流动人口受到的影响程度也更大。

四、结论

本文采用国家卫健委2014年"流动人口社会融合与心理健康专题调查"的调查数据，研究了流动人口不同的社会身份认同对其家庭消费水平、家庭消费结构的影响。在研究过程中，为了解决内生性问题，我们采用流动人口"本地话掌握水平"为工具变量，拟合多元线性回归模型。我们也进行了替代变量的稳健性检验以及分组回归的异质性检验。我们得到了一些发现：

户籍制度的存在使得流动人口社会融合程度较低。户籍制度的本身虽然是关于户口的登记和管理方面的制度，但是当它与社会福利、社会保障等一系列制度挂钩时，就有了社会排斥的性质，会对流动人口的社会融合造成阻碍。根据本文对流动人口身份认同感的统计分析，全样本中有78%的流动人口认为自己并不属于本地人这一群体，可以看出多数流动人口融合本地城市的程度并不高。

流动人口身份认同感会影响家庭消费水平和消费结构。根据行为经济学理论，人们的消费行为会随环境的改变而出现适应、趋同的倾向，"本地人"的自我身份认知会驱使流动人口的消费行为向迁入地本地人口的消费行为靠近。本文的实证研究结果显示，消费水平方面，相比较于认为自己不是本地人的流动人口群体，认为自己是本地人的流动人口具有更高水平的家庭支出，恩格尔系数也更小，即消费质量较高。

对于不同的流动人口群体，身份认同感对其经济行为的影响程度不同。根据本文对年龄和户籍性质的异质性讨论，我们发现中年人比青年人在家庭消费水平上更容易受到身份认同感影响，而在消费结构上并没有明显差异；对于不同户籍性质的流动人口，农业户籍的流动人口在家庭消费水平和消费结构上都更容易受到身份认同感的影响。

参考文献

［1］蔡昉．农民工市民化与新消费者的成长［J］．中国社会科学院研究生院学报，2011（5）：5－11.

［2］陈斌开，陆铭，钟宁桦．户籍制约下的居民消费［J］．经济研究，2010（S1）：62－71.

［3］陈云松，张翼．城镇化的不平等效应与社会融合［J］．中国社会科学，2015（6）：78－95，206－207.

［4］国务院发展研究中心课题组．2010，流动人口市民化对扩大内需和经济增长的影响［J］．经济研究，2010（6）：4－16，41.

［5］韩俊强．农民工住房与城市融合—来自武汉市的调查［J］．中国人口科学，2013（4）：118－125.

［6］马超，顾海，孙徐辉．城乡医保统筹有助于农业流动人口心理层面的社会融入吗？［J］．中国农村观察，2017（3）：41－53.

［7］宁光杰，李瑞．城乡一体化进程中农民工流动范围与市民化差异［J］．中国人口科学，2016（8）：37－47，126－127.

［8］钱龙，卢海阳，钱文荣．身份认同影响个体消费吗？——以农民工在城文娱消费为例［J］．南京农业大学学报（社会科学版），2015（11）：51－60，138.

［9］秦立建，陈波．医疗保险对农民工城市融入的影响分析［J］．管理世界，2014（10）：91－99.

［10］孙文凯．中国的户籍制度现状、改革阻力与对策［J］．劳动经济研究，2017，5（6）：50－63.

［11］王春超，张呈磊．子女随迁与农民工的城市融入感［J］．社会学研究，2017，32（3）：199－224，245－246.

［12］汪丽萍．融入社会视角下的新生代农民工消费行为——市民化消费和炫耀性消费［J］．农村经济，2013（6）：126－129.

［13］王刘飞，王毅杰．农民工身份意识及其影响因素的实证研究——基于建构论视角和893份调查问卷数据［J］．湖南农业大学学报

（社会科学版），2014，15（12）：70－74.

［14］晏月平，廖爱娣．城市流动人口社会融合状况研究综述［J］．成都大学学报（社会科学版），2016（10）：15－20.

［15］杨菊华．论社会融合［J］．江苏行政学院学报，2016（6）：64－72.

［16］张抗私，丁述磊，刘翠花．非正规就业对居民社会融入的影响——来自中国劳动力动态调查的经验分析［J］．经济学家，2016（12）：20－29.

［17］张淑华，李海莹，刘芳．身份认同研究综述［J］．心理研究，2012，5（1）：21－27.

［18］AKERLOF G, KRANTON R. Economics and identity［J］. The quarterly journal of economics, 2000, 115: pp. 715－753.

［19］BLEAKLEY, HOYT, CHIN, et al. Age at arrival, English proficiency, and social assimilation among U. S. immigrants［C］. Department of economics, University College London, 2009: pp. 165－192.

［20］BROWN, ALAN, DEATON, et al. Surveys in applied economics: models of consumer behavior［J］. The economic journal, 1972, 82（328）: pp. 1145－1236.

［21］DRINKWATER S, ROBINSON C. Welfare participation by immigrants in the UK［J］. International journal of manpower, 2013, 34（2）: pp. 100－112.

［22］HAMERMESH D S, TREJO S J. How do immigrants spend their time? The process of assimilation［J］. Journal of population economics, 2013, 26（2）: pp. 507－530.

［23］KOCZAN Z. Does identity matter?［J］. Migration studies, 2016, 4（1）: pp. 116－145.

［24］SAM D L, BERRY J W. Acculturation: when individuals and groups of different cultural backgrounds meet［J］. Perspectives on psychological science a journal of the association for psychological science, 2010, 5（4）: pp. 472.

［25］STONE R. The analysis of market demand［J］. Journal of the royal statistical society, 1945, 108（3/4）: pp. 286－391.

社会控制理论视角下留守儿童受欺凌问题的实证研究

金小红①　杨　杰②　徐松影③

一、研究背景

近些年来，校园欺凌事件不断发生，引起了社会各界的广泛热议。杨英伟等人调查了 1 742 名中小学生，其中有 40.5% 的学生欺凌过他人，35.4% 的学生遭受过他人的欺凌。国内外相关研究表明，校园欺凌对欺凌者与被欺凌者造成不可想象的负面影响，尤其是被欺凌者，他们遭受身体上的直接欺凌或言语上的间接欺凌，因此面临许多心理、行为等问题，甚至产生自残、自杀等严重后果，这些负面影响甚至可能会伴随他们一生。

鉴于欺凌行为的普遍性和有害后果，了解谁更有可能成为被欺凌的受害者很重要。当前国内外学者从心理学、教育学、社会学、犯罪学等视角对校园欺凌的特征、原因、后果与干预等方面进行了深入研究，认为受欺凌的诱因是多重复杂的，既包括外界欺凌者的挑衅和攻击，也包括个体生理与心理特征，同辈、家庭和校园环境等因素。2017 年 11 月，国家卫计委发布的《中国流动人口发展报告 2017》数据显示，接近 50% 的在校留守儿童遭受过欺凌，经常遭受欺凌的比例为 8.4%，显著高于非留守儿童。王玉香（2016）对农村留守青少年遭受校园欺凌问题进行了质性研究，分析农村留守青少年校园遭受欺凌的类型以及父母缺位、同伴依恋和自我存在感的影响作用。但是，目前对留守儿童这一特殊群体遭受校园欺凌的实证研究还是很少。本文借助赫希的社会控制理论，探讨社会联结因素对受害方的解释，了解什么因素使其成为校园欺凌中的受害者，并分析影响留守儿童与非留守儿童受欺凌行为的共性与差异性因素，使关于留守儿童受欺凌问题的独特性得到实证呈现。

---

①　湖北省社会发展与社会政策重点研究中心研究员，华中师范大学社会学院教授。
②　湖北省社会发展与社会政策重点研究中心助理研究员。
③　湖北省社会发展与社会政策重点研究中心助理研究员。

二、文献综述与研究假设

（一）文献综述

1. 社会控制理论及其对越轨行为的解释

赫希（Hirschi）于 1969 年在《未成年人犯罪的原因》（*Causes of Delinquency*）中提出了社会控制理论（social control theory）。该理论从微观的角度解释个人越轨的原因，强调行为选择在很大程度上取决于人们受传统行为模式约束的强度。社会控制理论的核心观点是，社会约束是节制每个人心中欲望的重要因素。赫希将社会联结纽带（social bond）概括为四大要素，即依恋（attachment）、投入（commitment）、参与（involvement）和信念（belief）。依恋是指个人对家人、亲友、师长等"重要他人"所产生的情感联系，这种情感联系对个人行为产生极大的影响，尤其是青少年与父母的依恋关系最为重要，有依恋感的孩子会考虑他人的感受，为了不使在乎的人伤心失望，他们不会做出越轨行为；投入则是指个体付出时间和精力置身于传统的社会活动，尤其是在教育和职业发展方面的投入，这些使得个体更审慎地对其可能的不良行为做出正确的取舍，那些对未来学业和职业发展投入越多、期待越高的青少年，越不可能越轨；参与指的是个人花费在正当活动上的时间的多寡，一个人花在阅读、做功课、家庭休闲娱乐等活动上的时间越多，就越没有额外的时间胡思乱想、越轨；信念通常指社会的中心价值观及道德标准，青少年如果内化和遵守传统的社会价值观念和规则，会强化个人的自我控制力，减少越轨行为发生。

赫希的社会控制理论不仅通过了自己的实证检验，也被其他学者应用进行实证研究。有学者将社会控制理论应用于校园欺凌领域，关注社会联结因素与校园欺凌之间的关系，研究发现社会控制理论对校园欺凌行为具有一定的预测能力。

2. 发展中的社会控制理论对偏差行为及受欺凌问题的解释

后来，很多学者进一步发展了赫希的社会控制理论，用在解释越轨者与受害者之间的联系。首先是发现越轨者与受害者具有相似的特征。日常活动理论指出越轨行为与被害行为有关，可能的施害人也是潜在的被害人，是被攻击的高危人群，经常从事违法或越轨行为的人越容易暴露于越轨情景，成为适合的被害目标。事实上，就算只是一种越轨生活模式如喝酒，也可能影响被害的发生率。Higgins 在其研究中指出赫希的社会控制理论可以用来解释越轨者与被害者的关系，社会控制理论认为人之所以没有从事越轨是因为社会纽带的约束作用，一旦社会约束被打破或减弱，就很容易发生违法或越轨行为，也可以说，随着依恋、参与、投入和信仰等社会约束的减弱，人们更可能身处危险的生活环境中，更容易参与一种被害的生活方式；反之，如果人们维持较强的社会纽带的约束作用，则可以隔离越轨与受害情景。

其次是国内外对于越轨行为与被害问题的实证研究进一步证实了二者之间的内在关联。有过欺凌他人的经历可以显著预测青少年受欺凌的发生，而刘俊升等人认为内化问题行为（焦虑、抑郁、低自尊等消极情绪）可能是受欺凌的触发因素，外化问题行为（攻击、反抗、偷窃等越轨行为）则更可能是对受欺凌的回应。

再次是另外一些实证研究验证了引发越轨及被害因素之间的相似性。Jennings 等人（2010）通过纵向数据发现，暴力行为的受害者和罪犯之间有相当程度的重叠，那些具有较低自我控制力和低水平的学业期待和父母监督的男性学生更可能是欺凌者和受害者；Jensen 和 Brownfield（1986）研究发现凡可以解释个人越轨的因素也可用来解释个人受害行为，如学校联结、亲社会行为和信仰是预防越轨和受害的重要因素；亲社会联系、社会支持会减少校园欺凌与被害的发生概率。

最后是不同的社会联结关系产生不同的欺凌与被欺凌结果。有人将学校欺凌者、受欺凌者和没有参与者进行比较，发现三者在依恋方面存在显著差异。欺凌者与父/母和学校联结程度低，具有较强的父亲过度保护和父/母专制；相比没有参与的学生，被欺凌的学生仅在学校和教师的依恋程度上显著偏低。Nikiforou 等人（2013）得出父亲在欺凌受害中的作用比母亲强的结果，而另一项研究提出相反发现，母亲依恋而非父亲依恋对欺凌被害方有显著影响，并且在控制父母依恋后，对教师的依恋模式与受害群体成员没有显著相关，他们认为这也许是因为受欺凌的学生并没有把他们的老师视为安全保护的因素，因为他们觉得他们的老师在防止受害方面没有效率。除了对学校和父母的依附外，同伴关系在增加或防止欺凌和受害的可能性方面也发挥了重要作用，Demaray 和 Malecki 指出同伴接纳和社会支持水平低的青年更容易受到欺凌，积极的友谊可以起到有效的缓冲作用，防止欺凌受害。关于社会纽带的参与和承诺因素与欺凌被害的关系也被证实，如学习上学业表现越高，学生经常遭受校园欺凌的机会就越低，因为学业表现好的学生会注重学业并且投入更多时间和精力，从而较少地与同学发生冲突，与得到更多的外部支持有关，Cecen – Celik 等人（2019）

发现参与活动与校园欺凌被害方存在显著正向关系，即参加活动会增加其受害的可能性。Peguero（2009）对参与活动类型进行分类后，结果显示参加与课堂相关的课外活动、社团活动的学生与校园受欺凌增加有关，校际体育活动的参与则可以减少暴力欺负的受害行为。所以，无论何种类型活动，都应该从社会关系的角度来分析对欺凌受害的影响。

3. 本次研究假设

从以上的分析可以看出，基于社会控制理论对校园欺凌的实证研究多集中在国外，国内很少有研究以理论和数据为基础来探讨校园欺凌和受害行为，而且研究对象多集中在一般青少年儿童欺凌行为，对留守儿童校园欺凌的实证研究几乎空白，社会控制理论是否适用于认识留守儿童校园欺凌中被害行为有待检验。因此，提出本文的研究假设：

（1）依恋程度越高，留守儿童与非留守儿童校园受欺凌行为越少；

（2）承诺程度越高，留守儿童与非留守儿童校园受欺凌行为越少；

（3）参与程度越高，留守儿童与非留守儿童校园受欺凌行为越少；

（4）信念程度越高，留守儿童与非留守儿童校园受欺凌行为越少；

（5）偏差行为越严重，留守儿童与非留守儿童校园受欺凌行为越严重。

三、数据收集及变量测量

（一）调查抽样及数据收集

本次问卷调查主要采取经验分层与非严格随机抽样方法进行样本选择。具体调查步骤为：在湖北省内抽取了武汉、潜江与天门这三座城市；随后在这三座城市中经验性选取了江夏、新洲、后湖镇和张港镇四个区域；在这四个区域各随机选取一所小学和一所中学，形成了四所小学和四所中学的抽样框；最后选择小学的五、六年级和中学的初一、初二年级的班级，总共16个班级为抽样单位进行整群抽样（考虑到小学一到四年级的学生难以独立完成问卷和初三学生忙于学业，没有将其列入此次调查范围）。采用自填式问卷收集数据，共发放了1 100份问卷，有效回收1 044份问卷，有效回收率94.9%，其中留守儿童612人，非留守儿童427人，缺失值5个。调查样本的基本情况如表1所示：

表 1　样本基本情况

变量	具体指标	频次	百分比（%）
性别	男	540	51.8
	女	503	48.2
年级	五年级	287	27.5
	六年级	278	26.7
	初一	219	21.0
	初二	259	24.8
留守与否	留守	612	58.9
	非留守	427	41.1
现监护人	爸爸妈妈	427	41.3
	爸爸	62	6.0
	妈妈	166	16.0
	其他亲戚	380	36.7

（二）因变量

本研究主要将受欺凌作为因变量，具体操作为调查对象在过去 6 个月内是否遭受过欺凌。为科学合理地检验自变量和因变量之间的关系，纳入了常见的性别、年级等人口学变量作为控制变量，主要自变量为依恋、投入、参与及信念等，分别操作化为亲子关系、师生关系、同学关系、课外学习时间、日常家务、参加团体活动以及积极认知。同时，为了进一步验证越轨行为与被害行为之间的关系，将偏差行为也纳入模型中。相关变量的测量情况参见表 2。

表 2　变量测量一览表

变量	变量名称	问题设置	赋值情况
因变量	受欺凌	在学校有被他人欺负吗？	1 = 从不，2 = 偶尔，3 = 经常，4 = 总是
自变量	亲子关系	你认为自己与父母的关系如何？	1 = 比较差，2 = 一般，3 = 比较好，4 = 非常好

（续上表）

变量	变量名称	问题设置	赋值情况
自变量	同学关系	你觉得你和你的同学之间的关系怎么样？	1 = 比较差，2 = 一般，3 = 比较好，4 = 非常好
	师生关系	在当前就读的学校，你觉得有多少老师比较亲切？	1 = 没有，2 = 很少，3 = 大部分，4 = 全部
	课外学习时间	平时你每天除了上课时间会花多少时间在学习上？	1 = 少于半小时，2 = 半小时到1小时，3 = 1~2小时，4 = 2小时以上
	日常家务	你在家经常打扫卫生、做家务吗？	1 = 从不，2 = 偶尔，3 = 经常，4 = 总是
	参加团体活动	对于团体组织活动，你一般是	1 = 从不参加，2 = 偶尔参加，3 = 经常参加，4 = 主动参加并积极活动
偏差行为	积极认知	我觉得任何事情都有其积极的一面	1 = 完全不符合，2 = 比较不符合，3 = 比较符合，4 = 完全符合
		这半学期以来你有过说粗话或者打架的现象吗？	1 = 从不，2 = 偶尔，3 = 经常，4 = 总是
控制变量	性别	你的性别是？	0 = 女，1 = 男
	年级	你正在读几年级？	0 = 小学，1 = 中学
	是否留守	现在主要是和谁生活在一起？	0 = 爸爸妈妈两个人，1 = 妈妈，2 = 爸爸，3 = 爷爷奶奶或是外公外婆，4 = 其他

四、研究结果

由于受欺凌行为数据分布呈现明显的偏态性，不符合 OLS（Ordinary Least Squares）要求的正态分布条件，如果使用 OLS 回归可能导致不一致甚至是有偏差的估计值，所以本研究使用二项逻辑回归（Binary Logistic

Regression）模型进行分析，在进行分析时，本研究将遭受到欺凌的行为赋值为1，没有赋值为0。

（一）受欺凌、社会联结因素与偏差行为的关系

1. 受欺凌模型

人口学变量性别和年级对儿童受欺凌均不呈现预测力，总样本模型和留守儿童、非留守儿童模型的 Nagelkerke R^2 伪决定系数值分别是 0.068、0.062 与 0.092。数据结果显示，本研究只有假设1得到了部分支持，假设3参与因素作用与数据显示的影响方向相反，假设2和4不成立。

表3是以受欺凌为因变量，偏差行为和社会控制变量为自变量的二项逻辑回归模型。总样本模型中，偏差行为、同学关系、师生关系和参加日常家务对儿童受欺凌经历存在显著性影响，偏差行为对儿童受欺凌产生正向影响；在其他条件不变的情况下，存在偏差行为的学生受欺凌行为发生比率是没有偏差行为的学生的1.81倍；儿童与同学和老师之间关系越好，遭受欺凌可能性越小，与同学之间的亲密程度每上升一个单位，青少年受欺凌发生概率将下降17.1%；同理，师生关系的亲切感每上升一个单位，青少年受欺凌发生概率将下降21.5%；而参与元素影响作用与原本研究假设相反，参加日常家务频率对受欺凌并不呈现显著负向影响，而是显著正向影响，即做家务频率上升时，儿童遭受校园欺凌的相对风险也会增加，做家务的频率每提高一个单位，受欺凌的发生比率随之增加23.3%；其他社会控制变量对儿童受欺凌经历不存在显著影响作用。

留守儿童模型中，偏差行为、同学关系和参与日常家务变量对留守儿童受欺凌经历具有显著作用。具体而言，偏差行为对留守儿童受欺凌产生显著正向影响，存在偏差行为的学生受欺凌行为发生比率是没有偏差行为的学生的1.737倍；同学关系对留守儿童受欺凌呈现显著负向影响，同学之间亲密程度每提高一个单位，青少年受欺凌发生比率将下降21.9%；做家务的频率每提高一个单位，受欺凌的发生比率随之增加31.2%。

与留守儿童不同，非留守儿童中仅偏差行为和师生关系能够显著预测非留守儿童受欺凌行为的发生，其发生比率随偏差行为发生的频率的增加而增加，偏差行为每增加一个单位，儿童遭受欺凌比率将下降93.6%；师生之间亲密感每提高一个单位，受欺凌发生比率将上升36.4%。

表3　受欺凌的二项逻辑回归

变量	总样本 ($n = 1\,044$)		留守儿童 ($n = 612$)		非留守儿童 ($n = 427$)	
	B	Exp (B)	B	Exp (B)	B	Exp (B)
截距	0.934	2.546	0.730	2.076	1.517	20.474
偏差行为	0.594 ***	1.810	0.552 **	1.737	0.661 **	1.936
亲子关系	0.037	1.038	0.012	1.012	0.052	1.054
同学关系	− 0.187 *	0.829	− 0.247 *	0.781	− 0.115	0.891
师生关系	− 0.242 *	0.785	− 0.099	0.906	− 0.452 **	0.636
课外学习时间	0.035	1.036	0.005	1.005	0.045	1.046
日常家务	0.209 *	1.233	0.272 *	1.312	0.105	1.111
参加团体活动	− 0.122	0.885	− 0.123	0.884	− 0.105	0.900
积极认知	0.001	1.001	0.003	1.003	− 0.010	0.990
性别	0.122	1.130	0.187	1.205	0.029	1.030
年级	− 0.188	0.829	− 0.227	0.797	− 0.175	0.840
Nagelkerke R^2	0.068		0.062		0.092	

注：***、**、* 分别表示1%、5%和10%的显著性水平，下同。

2. 偏差行为模型

表4是以偏差行为为因变量的二项逻辑回归模型。可以看出，无论是总样本还是留守儿童和非留守儿童样本，受欺凌行为对偏差行为呈现显著正向影响，即相比没有遭受欺凌的儿童，遭受过欺凌行为的儿童发生偏差行为的可能性较高。假设5得到证实。其他社会联结因素，尤其是家庭及师生依恋因素对留守儿童的偏差行为具有较强的解释力。

表4　偏差行为的二项逻辑回归

变量	总样本 ($n = 1\,044$)		留守儿童 ($n = 612$)		非留守儿童 ($n = 427$)	
	B	Exp (B)	B	Exp (B)	B	Exp (B)
截距	2.005 ***	7.426	0.730 ***	11.934	1.354	3.874
受欺凌	0.605 ***	1.831	0.578 **	1.782	0.662 **	1.938
亲子关系	− 0.219 **	0.803	− 0.344 **	0.709	− 0.043	0.957
同学关系	− 0.183 *	0.833	− 0.159	0.853	− 0.218	0.804
师生关系	− 0.398 ***	0.672	− 0.492 ***	0.612	− 0.277	0.758

（续上表）

变量	总样本 ($n = 1\,044$)		留守儿童 ($n = 612$)		非留守儿童 ($n = 427$)	
	B	Exp (B)	B	Exp (B)	B	Exp (B)
课外学习时间	-0.131	0.877	-0.182	0.833	-0.089	0.915
日常家务	-.049	0.952	-0.065	0.937	-0.011	0.989
参加团体活动	0.031	1.031	0.038	1.039	-0.013	0.987
积极认知	-0.208*	0.812	-0.180	0.835	-0.235	0.790
性别	0.980***	2.664	1.163***	3.200	0.827***	2.286
年级	0.384**	1.468	0.549**	1.732	0.164	1.179
Nagelkerke R^2	0.199		0.247		0.153	

五、结论与讨论

（一）留守儿童的受欺凌行为和偏差行为并没有显著高于非留守儿童，仅在积极认知方面存在显著差异

描述性统计结果显示，与国家卫计委调查结果不同，留守儿童受欺凌行为并没有显著高于非留守儿童，两者在受欺凌行为和偏差行为上并不存在显著性差异。其次，留守儿童的积极认知程度显著低于非留守儿童，相比非留守儿童，留守儿童一部分是由其父亲或母亲单方照顾（37.2%），其中母亲单亲照顾的留守家庭较多（27.2%），她们对留守儿童的生活照顾比其他监护方式要好得多。然而，单亲监护人往往面临的是超重的劳动负荷和艰苦的生活，这种身心的压力再加上自身的文化素质偏低，势必会影响到儿童身心的健康发展。除此之外，隔代监护更是留守家庭中最常见也是最普遍的一种形式，样本中55.7%的留守儿童是由其爷爷奶奶或外公外婆隔代照顾。隔代监护人的文化素质水平较低，精力有限，教养方式和观念较落后，无法胜任相应的监护职责，对儿童教育质量较差，会影响孩子树立正确的人生观、价值观，而且，隔代监护人的安全保护意识较低，留守儿童越轨、被侵害风险较大。

（二）偏差行为与受欺凌行为之间存在正向相关关系

本研究使用的是横向数据，对于偏差行为与受欺凌之间关系的讨论缺

乏纵向排序，对某一时期，受欺凌导致偏差行为还是偏差行为导致受欺凌的问题无法解答。因此，本文主要探讨两者之间的相关关系，根据变量相关关系分析可以看出，偏差行为和受欺凌行为呈现显著正向相关关系，相关系数为0.166，后来，为进一步理清两者的关系，分别建立受欺凌和偏差行为作为因变量的二项逻辑回归模型，通过回归模型证实，两者之间确实是正向影响的，假设5得到证实。

（三）依恋因素是留守儿童与非留守儿童受欺凌的共同因素，但同辈关系和参与日常家务对留守儿童受欺凌经历的解释具有独特性

首先，从表3的回归模型可以看出，社会联结四个因素在总样本中只有依恋和参与因素对儿童受欺凌存在显著影响作用。将儿童分为留守儿童与非留守儿童后发现，双方又存在差别。三种依恋关系中，留守儿童受欺凌的经历仅与同学关系较为敏感，同学关系对留守儿童受欺凌存在显著负向影响。受欺凌与同学关系的结果与以往研究相同，留守儿童受欺凌概率随着同学之间亲密关系程度的增高而降低。儿童进入学校生活后，同伴成为学生时代的重要他人，同伴对儿童行为的影响有时甚至超过父母的影响，在亲密、安全和互助关系中的青少年可以很容易地学会必要的社交技巧来解决冲突而不使用攻击，减少个体成为受欺负者的可能性；被排斥或不良同伴关系则易使其成为受欺负者，良好的同学关系是避免留守儿童受欺凌的保护因素。

其次，参与因素（做家务）对留守儿童的受欺凌呈现正向影响，参与家务活动越频繁，留守儿童受欺凌的可能性就越大。Clark（2011）发现课外活动为学生提供了发展社会技能和建立支持且积极关系的机会，参与活动可以促进相互支持的关系，增强依恋关系的力量。本研究参与变量呈现的不同作用方向可能与参与的活动类型有关，儿童参与家务活动可能无法为其建立积极和睦的同学关系提供更多机会。

最后，社会联结因素中的投入和信念因素未对留守儿童受欺凌产生显著影响。这与以往研究结果有所不同，具体原因还有待深入研究。

参考文献

［1］杨英伟，星一. 农村中小学生校园欺侮现状分析［J］. 中国学校卫生，2012，33（8）：963 - 966.

［2］KIM Y S, KOH Y J & LEVENTHAL B. School bullying and suicidal risk in Korean Middle School students［J］. Pediatrics，2005，115：pp. 357 -

363.

［3］王玉香. 农村留守青少年校园欺凌问题的质性研究［J］. 中国青年研究，2016（12）：70－72.

［4］HIRSCHI, TRAVIS. Causes of delinquency［J］. British medical journal, 1969.

［5］CECEN－CELIK H, KEITH S. Analyzing predictors of bullying victimization with routine activity and social bond perspectives［J］. Journal of interpersonal violence, 2019（8）.

［6］JENNINGS W G, HIGGINS G E, TEWKSBURY R, et al. A longitudinal assessment of the victim－offender overlap［J］. Journal of interpersonal violence, 2010, 25（12）：pp. 2147.

［7］JENSEN G F, BROWNFIELD D. Gender, lifestyle, and victimization：beyond routine activity［J］. Violence and victims, 1986（1）：pp. 85－99.

［8］HIGGINS G E, KHEY D N, DAWSON－EDWARDS B C, et al. Examining the link between being a victim of bullying and delinquency trajectories among an African American sample［J］. International criminal justice review, 2012, 22（2）：pp. 110－122.

［9］NIKIFOROU, MILITSA, GEORGIOU, et al. Attachment to parents and peers as a parameter of bullying and victimization［J］. Journal of criminology, 2013（4）.

［10］CLARK S L. Factors related to school violence victimization：The role of extra curricular activities（Doctoral dissertation）. Available from University of Iowa These and Dissertation database, 2011. Retvieued from http：// ir. uiowa. edu/etd/268711.

［11］刘俊升，赵燕. 童年中期受欺负与问题行为之关系：一项两年纵向研究［J］. 心理科学，2013, 3（3）.

［12］PEGUERO A A. Opportunity, involvement, and student exposure to school violence. Youth violence & juvenile justice, 2009, 7（4），pp：299－312.

城市化的代价

——基于就地城镇化与城乡二元社会融合视角研究
农村留守儿童的困境与出路

苏华山[①]　吕文慧[②]　黄姗姗[③]

一、引　言

近年来，伴随着我国城市化进程的加速，大量农村劳动力涌向城市工作，由此产生了两类特殊的群体：农民工和农村留守儿童，二者相伴而生。前者虽然已迁移到城市工作，却并未被城市完全接纳，"农民工"这个特殊的称呼即表明这个群体在身份上所处的尴尬地位。本文研究发现，这种境况表明的是从传统的城乡二元社会结构向一元化社会融合的过程中，出现了二元社会冲突，导致城乡一元化融合无法顺利实现。而大量的农村留守儿童正是城市化过程中二元社会冲突所导致的阶段性社会问题：农民工自身未能实现城市化，因而更无能力实现其子女的城市化，只能无奈地将其遗留在落后的农村，使其陷入了"准孤儿"的艰难境地。

据统计，目前我国农村留守儿童存量超过 4 000 万，约占农村儿童总数的 30%（联合国儿童基金会，2017），如此规模庞大的农村留守儿童群体引起了社会各界的广泛关注。这些农村留守儿童由于缺乏父母的照料，其身心、能力和教育发展都受到了明显的负面影响，部分儿童陷入极度困境。儿童的综合素质决定了国家未来的发展状况，长期而言，农村留守儿童的困境影响未来劳动供给的质量、经济发展的动力以及社会的幸福与和谐。因此，认识并解决农村留守儿童问题刻不容缓。

迄今为止，已有一些研究从不同角度探讨了留守儿童的问题，主要包括留守儿童的身体健康与营养状况（孙文凯、王乙杰，2016；苏华山等，2017；丁继红、徐宁吟，2018；边慧敏等，2018）、心理健康（卢利亚，2016；朱斯琴，2016；范兴华等，2017；刘红艳等，2017）、受教育与学业

状况（陶然、周敏慧，2012；李云森，2013；段成荣等，2013；潘璐、叶敬忠，2014；吕利丹，2014；赵玉菡等，2017）等方面，由于缺少父母的照料、监管和辅导，留守儿童在上述各方面的状况普遍劣于非留守儿童。现有研究提出的解决农村留守儿童问题的主要思路是创造条件使农民工外出时携带子女一同迁移，并加强对现有的农村留守儿童的关爱与帮扶（邬志辉、李静美，2015；吴霓，2015；刘永春等，2017）。

本研究发现，现有文献的结论虽然有助于对农村留守儿童困境的认识，所提建议也在一定程度上能够缓解其困境。然而，由于未能发现农村留守儿童的根源在于城市化过程中发生的二元社会冲突，因而，也未能提出从根本上解决农村留守儿童问题的出路。与此不同是，本文认为当前的城市化模式是导致二元社会冲突、产生大量农村留守儿童的根源。若要解决这一问题，需要尽快改弦更张，采用就地城镇化的模式，一方面限制大城市的规模，使高技能农村劳动力迁移之后能够彻底实现整个家庭的城市化；另一方面通过城市生产要素下乡，与农村生产要素融合，实现农村的产业升级和城市化，避免大规模人口迁移，从而避免了农村留守儿童问题的发生。以上研究视角和结论具有新意，对我国经济改革和农村留守儿童问题的解决具有政策参考价值。

二、农村留守儿童的生存困境与不良影响

由于缺乏父母的照料，农村留守儿童在物质、身体、精神、教育、社会交往等诸多方面遭遇了多维困境，使他们在原本应该健康、快乐成长的阶段，过早地尝尽了人世的艰难险阻，对其发展产生了长期的负面影响。儿童是国家经济、社会未来发展的一个决定性因素，大量农村留守儿童问题如果不尽快解决，将不利于我国的高质量均衡发展与和谐社会建设目标的实现。接下来，本文详细分析农村留守儿童面临的各种具体的生存困境及其在不同层面产生的负面影响。

（一）农村留守儿童的生存困境

1. 物质生活的贫困与身体健康的损害

与普通儿童相比，农村留守儿童在物质生活方面普遍更为贫困。由于父母的缺位，照料留守儿童的大多是老人，这些代理监护职责的老人由于身体衰弱、精力不足、知识匮乏等原因，难以很好地管理家庭和照料留守儿童，导致这些家庭在衣、食、住、行各种商品的购置方面往往捉襟见

肘，家用设施损坏后无法及时维修，甚至一日三餐都不能及时满足，生活缺乏规律，有些儿童生病了也不能及时就医。部分留守儿童还不得不帮助代理监护人从事繁重的家务和农务。尽管有些外出的父母会定期向家中汇款，但是，由于家庭缺乏有效的管理者，这些资金并不能有效地改善留守儿童的家庭生活，汇款资金要么被闲置，要么被无计划地挥霍一空。而更多的农村留守儿童家庭并不能定期收到父母的汇款，其状况更为糟糕。

由于家庭物质生活的贫困，必然导致农村留守儿童的身体健康受到损害，具体表现包括营养不良、肥胖、身高低于同龄人、眼睛近视、容易受到意外伤害、疾病治疗不及时导致后遗症等。甚至出现因负责监护的老人猝死无人发现，导致家中的低龄留守儿童被饿死的情形。留守儿童年龄越小，则其自我照料、自我控制能力越差，越缺少生活的必备常识，留守状态对其健康的负面影响也就越明显，而且，这种影响一般是累积性、不可逆的，随着留守时间的增加而递增。

2. 精神损害

与物质贫困和身体健康的损害相比，父母的缺位对农村留守儿童的精神损害有过之而无不及，具体表现是多方面的：①价值观念缺失。由于缺少父母的教导，很多农村留守儿童无法建立起正常的世界观和价值观，不能正确地看待和评判外界的人、事、物，无法与人进行正常的情感和社会交流，对于从幼年就开始留守的儿童影响更大。②孤独。儿童与父母的亲情是无可替代的天然情感，父母外出导致农村留守儿童陷入长期的无边无际的孤独之中。少数父母偶尔会给儿童打电话或回来看望，但也只是杯水车薪，只能暂时缓解儿童的孤独感。更多父母甚至因节约资金，与留守儿童之间连电话联系都没有，使这些儿童处于"准孤儿"的境地。③抑郁和焦虑。长期的孤独无助，很容易诱发农村留守儿童的抑郁和焦虑情绪，最终不断恶化，陷入绝望，甚至发生自残、自杀等严重后果。④部分留守儿童行为失范。由于精神世界的孤独无助，且缺乏足够的管教，部分农村留守儿童成了"问题儿童"，沾染了沉迷网络游戏、酗酒、斗殴、赌博等恶习，甚至走上违法犯罪的道路。

3. 教育困境

教育是一种具有主观能动性的活动。虽然大部分农村留守儿童能够入学接受教育，但是，由于其精神世界的无助、贫乏或扭曲，使得他们失去了学习的兴趣和目标。此外，在现代教育中，家庭的课外辅导所占的比重越来越大，而农村留守儿童由于缺少家庭辅导，在学习中处于劣势地位，学习成绩必然比普通学生更差，甚至因此受到他人的歧视和嘲讽，这进一步打击了农村留守儿童学习的信心，产生恶性循环效应。有些留守儿童无法坚持学习，不得不辍学。所以，农村留守儿童受教育水平普遍更低，学习效果更差，很少能够接受高等教育，从而导致他们在教育方面处于劣势地位。

4. 社会交往方面的困境

农村留守儿童在社会交往方面也存在障碍。①由于情感世界的贫乏，很多留守儿童缺乏与人交往的意愿。与普通儿童的热情、活泼、好动相比，很多农村留守儿童通常只是眼神空洞地呆坐着，只有他人与其说话时才会被动地有所交流。②缺乏交流的能力。与人交往也是一种长期培养起来的能力，由于自幼缺乏这方面的训练，导致农村留守儿童缺乏与人交往的能力，即使愿意与人交流，也往往因害羞、紧张而无法进行。③缺少社交机会和渠道。儿童的社会交往大多是由成年人主导的，而农村留守儿童除了上学时与师生交往之外，只能孤独地待在家里，缺乏访亲拜友的机会，社交范围狭小。以上各方面因素导致农村留守儿童在社会交往方面障碍重重。

（二）农村留守儿童生存困境的影响

1. 无法实现人的全面发展

如上文所述，农村留守儿童早期的成长经历，导致他们在人力资本和社会资本方面，陷入全面的劣势地位，这导致其成年之后，在就业机会、就业质量和晋升机会方面平均低于非留守儿童，甚至对其婚姻和家庭也会产生负面影响。所以，从微观个人和家庭层面来讲，农村留守儿童早期的留守经历很可能限制其终生的发展，使其成年后在心理、生理、婚姻、收入、社会地位、幸福感等方面仍然处于劣势地位，陷入长期的多维贫困的境地，无法实现人的全面发展的目标。

2. 加剧社会阶层固化和不平等

农村留守儿童的家庭本来就处于社会的底层，这些家庭通过外出务工仅仅只能缓解其经济困境，并不能改变其社会阶层。对这些家庭而言，唯一实现向上代际流动的机会就是通过加大健康和教育方面的投资，提高其子女的人力资本水平，使其成年后通过就业或婚姻进入更高的社会阶层。然而，根据上文的分析，长期的留守经历使得这些儿童无法获得良好的发展，因而，他们只能和自己的父辈一样，停留在社会的底层，从而降低了社会的代际流动，导致阶层固化，使得整个社会的不平等状况不断延续。

3. 不利于经济的高质量发展

新时代我国提出了经济高质量发展的目标，对人力资源的数量和质量提出了更高的要求。在人口老龄化日益严重、劳动力短缺凸显的背景下，年青一代劳动力质量的提升尤为重要，这要求通过健康投资和教育投资提高青少年的人力资本，以便为经济发展提供长远的有力支撑。然而，大量农村留守儿童的存在恰恰与此背道而驰。由于这些留守儿童自身发展受限，成年后无法满足我国高质量发展技能的要求和知识要求，从而限制了我国产业结构的优化升级和创新性经济体系的构建。

三、农村留守儿童问题的内在原因：二元社会冲突

根据上文的分析，大量的农村留守儿童对其个人发展、家庭幸福、社会不平等和我国高质量发展战略等诸多层面都产生了持久的负面影响，因此，必须引起高度的重视，并采取措施尽快减少和消除这个不良的社会现象。迄今为止，尽管有较多研究认识到了农村留守儿童问题的负面影响和重要性，但是对这一现象的根源认识尚不清晰，因此，所提出的解决方案缺乏现实性和可行性。本文从历史唯物主义的视角分析发现，我国农村留守儿童现象的根源在于城市化过程中产生的城乡二元社会冲突。只有通过就地城镇化的方式化解这种冲突，优化经济和社会结构，才能从根本上自然而然地解决农村留守儿童的困境。

我国自中华人民共和国成立以来即形成了典型的城乡二元社会结构，通过户籍制度，将广大农民束缚在农村，导致了农村和城市处于相对隔绝的两个世界。改革开放之后，随着经济的发展和市场化程度的提高，人们日益要求打破原有的城乡二元社会结构。城镇经济快速发展需要大量的劳动力，同时，产能的扩大也迫切需要更大的市场需求，而广大农村恰好能够提供这些要素和市场。在此背景下，前所未有的人口大流动开始了，产生了一个特殊的群体"农民工"，他们既非农民也非市民，他们源源不断地为城镇提供价格低廉的劳动力。然而，与此同时，由于高昂的生活成本、教育资源和社会保障的匮乏，他们不得不将其儿童留在农村的家乡。所以，可以看出，二元社会结构在彻底隔绝的情况下，不会产生农村留守儿童；与此相反，如果彻底实现二元社会结构的融合，农民彻底市民化，也不会产生农村留守儿童。正是二元社会结构试图努力向一元社会融合的过程中，产生了难以缓和的社会冲突，导致了农村留守儿童的现象。

（一）城市化的可选路径

从国际经验来看，现代经济的发展必然导致第二和第三产业规模扩

大，第一产业在经济发展中的地位和份额必然日益下降。产业结构日益升级的过程，必然导致城市化的增强和农村的退缩；而对资源配置效率提升的要求也必将打破城乡二元社会经济结构，实现城乡资源和市场的一体化。简言之，城市化与一元化社会结构是发展的最终目标。尽管如此，实现这一目标的可选路径却并非唯一的，可以归纳为三种路径。

1. 城市规模扩张型路径

这种路径的思路是农村居民不断向城市迁移，导致城市规模不断扩大，人口不断增加；与此相反，广大农村随着人口不断迁出，日益萎缩，最终消失，实现了城市化。目前，我国的城市化就是主要选择这一路径。所产生的结果就是超大城市的产生和广大农村的凋敝并存。例如，目前上海市人口超过 2 400 万，北京市人口超过了 2 000 多万，深圳市人口达到了1 250 万，全国特大城市规模和数量位居世界前列。

2. 城乡独立发展型路径

这种路径就是城乡各自发展，农村产业结构转变达到城镇水平之后，也就实现了城镇化。但是，由于在发展中城乡相对隔绝，无法对城乡资源进行统一的优化配置，所以发展必然是低效率的。二十年前，我国鼓励乡镇企业发展即属于这种模式的城镇化，然而，这一模式除了在少数地区获得成功之外，在大部分地区都以失败告终。原因在于，在市场化之后，原来的二元社会结构无法维持，必然产生城乡要素流动和劳动力迁移。农村因人才流失，经济发展举步维艰。所以，这种路径的内在动力不足，缺陷明显，实现难度较大。

3. 就地城镇化路径

在这种路径中，城市和农村各自发挥其生产要素的优势，通过城乡要素双向"对流"，实现广大农村地区的就地城镇化。一方面，通过政府的鼓励政策，促使城市的资金、技术和管理要素向农村地区流动，与农村地区的劳动力、土地要素相结合，迅速推动农村的城镇化。在这种模式中，政府的鼓励性优惠政策和配套服务是关键因素，否则，城市的生产要素缺少向农村流动的积极性。另一方面，农村少量高技能、高素质劳动力仍有动力向城市流动，以寻求更高的报酬。所以，就地城镇化是一种城乡要素双向流动、资源重新优化配置的城市化路径。

（二）路径选择偏误、二元社会冲突与农村留守儿童问题

尽管城市化存在三种可行的路径，然而，最终所产生的结果却截然不同。我国正是因为选择了第一条路径，通过城市规模的不断扩张，吸引大

量农村劳动力向城市迁移，以提高其城市化，促进经济发展。然而，在经济方面取得成功的同时，这一选择也导致了社会的割裂与冲突，未能实现经济与社会的同步发展。所以，城市规模扩张型路径是一种城市化路径选择的偏误，正是这种偏误导致二元社会没有充分融合，其内在割裂和矛盾仍然存在，大量农村留守儿童的出现就是这种矛盾的一个具体表现。接下来，深入分析为何当前这种城市化路径必然导致二元社会冲突和农村留守儿童问题的出现。

1. 城市规模的扩大与无法承受的生活成本

选择第一条城市化路径，必然导致城市规模的不断扩张。2017年，我国人口超过千万的特大型城市已经超过了13个。城市在规模扩张的初期，由于资源的聚集能够产生规模经济效应，降低生产和生活的成本，然而，达到一定规模之后，城市继续扩张必然会导致规模经济效应下降，且由于土地的约束，城市地理范围无法无限扩张，最终生产与生活的效率都会大幅下降。具体表现为生产要素价格和生活成本均快速上升，其中，越稀缺的要素和产品价格越高，这是由经济学最基础的供求规律所决定的。

在此背景下，广大农民工进城务工赚取的是劳动力报酬，同时需要支付住房、医疗、教育等生活成本。然而，由于农民工的人力资本很低，供给丰富，其工资水平虽然绝对数额远高于农村水平，但在大城市中仍处于最底层。与此相反，大城市中的土地资源和高端服务业等资源因人口规模庞大而变得非常稀缺，导致农民工需要的住房、医疗和教育等产品的价格非常高昂，这是他们微薄的工资所无法承担的。因而，他们无法承担子女随迁的住房、教育等方面的支出，这导致他们不得不放弃对这些产品的购买，通过尽可能压缩支出，将赚取的工资节省下来，以便于未来回到农村的家乡消费。以上就是导致大量农村留守儿童问题存在的经济根源。所以，现有研究所建议的子女随迁思路在农民工经济承受能力方面就无法实现，因而，只能沦为空谈。

2. 资源约束下城市居民与外来人口的社会冲突

除了生活成本方面的因素，农民工与市民的社会对立与冲突也是导致农村留守儿童问题存在的重要原因。农民工为城市的经济发展提供了大量的价格低廉的劳动力，但是，壁垒森严的户籍制度，使得他们无法成为真正的城市居民。而城市地方政府和当地居民作为城市化过程中的受益者，在城市教育和医疗资源日益稀缺的情况下，出于自身利益的考虑，并不愿意使农民工顺利地转换为当地市民。除了在社会保障方面对农民工给予不平等待遇之外，最典型的对农民工的排斥就是对教育资源的争夺。一些城市曾经尝试实现外来务工人员异地参加本城市的中考、高考等升学考试，但是，当地市民以挤占了本地生源的名额为由，强烈反对这一变革。同时，当地政府也不愿意为农民工子女的教育投入额外的教育资金。

可以说，城市和市民只接纳农民工提供的劳动要素，支付其低廉的工资，却排斥农民工享受同等的市民权利。近年来，这方面状况虽有所改善，但根本问题仍未解决，从而导致农民工即使能够承受生活成本，但因子女无法在城市接受教育，而无法顺利携带子女随迁。所以，这种模式的城市化，是以城市对农民工的剥夺来实现的，最终既无法实现城乡经济的融合，也不能消除二元社会冲突，而大量农村留守儿童的困境成了这种二元社会冲突的代价。

3. 生活困顿导致父母与子女亲情冷漠

亲情的维系需要一定的经济基础。农民工在城市陷入收入低与社会地位低的双重困境，承受艰辛繁重的工作，且与子女天各一方，这使得他们对子女的亲情变得冷漠。他们中许多人不再重视子女的照料和教育，认为子女只要有老人照看着，能够维持生活就足够了，不愿为他们的成长付出太多。这种亲情冷漠给农村留守儿童的境况雪上加霜，因为他们的父母即使在有能力携带他们随迁的时候，也不愿承担额外的成本。最终，农民工与留守儿童之间亲情冷漠往往成为常态。可见，这种城市化路径最终破坏了农村家庭的社会功能，造成大量亲子分离的不良后果，不利于家庭的幸福和社会的和谐。

四、解决农村留守儿童问题的根本出路：就地城镇化

当前，需要调整城市化的方向，通过就地城镇化，加大对新农村建设的支持力度，优化产业结构，引导城市生产要素向农村转移，实现城乡均衡发展、齐头并进，融合城乡二元结构，这是解决农村留守儿童问题的根本出路。

（一）就地城镇化过程中农村生产要素的循环与农村儿童的发展

1. 农村的劳动要素

劳动是农民拥有的最原始的生产要素。在就地城镇化的过程中，随着农村经济规模的扩大和结构优化，对劳动的需求逐渐增加，这使得从事非农工作的农民工资不断提升。由于大量农民从农业中解放出来，可以实现农业生产的规模化、现代化，使得从事农业生产的农民的收入也同步提

升。最终，在实现了就地城镇化的新农村中，各个行业的劳动者工资水平都获得提升。由于不用承担大城市高昂的生活成本，农民的生活压力较小，幸福感得到提升。最终，大部分农民失去了向城市转移的动力，成为农村城镇化之后的新市民。仅有少数高素质、高技能农民仍有动力向城市转移，以寻求更高的劳动报酬。

2. 农村的土地要素

除了劳动要素之外，在就地城镇化模式中，农民的土地要素充分参与了城镇化进程，其要素价值获得大幅提升。如果以城市扩张为主导实施城市化，那么农民的土地处于半荒芜状态，未得到充分利用，加剧了农民在经济方面的劣势，上述情形也是导致农民无力承担子女随迁成本的原因之一。而在就地城镇化模式中，土地成为农民除劳动之外的第二种宝贵生产要素，通过参与现代化生产，获取相应的土地租金报酬。在形式上，应当坚持土地的集体所有制和农民对土地的承包权和经营权，在此限定下，允许土地承包权和经营权市场化流转。最终，农民可以以出租或者入股的形式，使土地在就地城镇化过程中参与生产，最终获取租金或者分红报酬。

3. 农村儿童的发展

在就地城镇化模式下，广大农民在当地就业，就地实现了农民向市民的转变，他们无须外迁，因而，从根本上解决了农村留守儿童的问题。同时，由于农民拥有工资和土地报酬，且生活成本远低于大城市，所以，生活水平得到真正的提升。此时，农村儿童不但能够得到父母的照料，而且其家庭经济状况的改善促进了农村儿童的成长。此外，随着农村经济的就地城镇化发展，当地政府财力提升，能够增加对当地教育和医疗的投入，这也进一步从宏观层面改善儿童的受教育水平、身体健康和成长状况。此外，由于就地城镇化限制了城市的规模，缓和了城市资源供不应求下各方争夺的"囚笼效应"，这使得少量向城市转移的高素质、高技能农民能够实现全家的市民化，无须将子女留在农村，因而，也不会产生农村留守儿童问题。

由上可以看出，农村的就地城镇化提高了农民收入，使儿童得到良好照料，解决了留守儿童问题。而农村留守儿童的健康成长为当地经济发展提供优质的劳动力，进一步促进当地的城镇化建设，实现人、家庭、经济和社会的同步发展，形成良性循环体系。

（二）就地城镇化过程中城市生产要素的转移

1. 就地城镇化需要城市生产要素的支持

农村地区拥有大量的劳动力和土地资源，但是，在资金、技术和管理经验方面却是严重匮乏的。此时需要城市的要素所有者将资金、技术和管理经验转移到农村，与农村的劳动力和土地相结合，才能够形成具有竞争力的产业。所以，就地城镇化不是农村独立的城镇化，其中能否吸引和充分利用城市的先进生产力，是就地城镇化能否成功的关键。

2. 城市生产要素具有向农村转移的动力

在就地城镇化过程中，广大农村对城市要素具有吸引力。一些土地密集型或者劳动密集型产业，转移到农村发展能够获得成本优势，从而获取更高的利润率。此外，在某些拥有独特自然禀赋的地区，发展旅游业、特色农业等产业可以获取超额利润。同时，农村还具有广大的市场，对消费产品有大量需求。

（三）通过就地城镇化解决留守儿童问题过程中政府的作用

1. 政府需要助推就地城镇化的起步

就地城镇化的前景美好，能够解决农村留守儿童问题，实现农村经济的良好发展。然而，这一模式起步阶段必然会遇到很多困难，政府需要做好宣传工作，向农民和城市要素所有者充分解释就地城镇化的运作模式、发展前景和对解决农村留守儿童问题的作用，推动就地城镇化的起步。

2. 加强农村基础设施和配套设施建设

基础设施落后、生活配套设施不全是阻碍城镇生产要素下乡的主要原因之一。为此，政府需要加大对农村各项基础设施和配套设施建设的力度，为就地城镇化准备好相应的硬件基础，使下乡的城市要素所有者能够在农村获得不低于城市的生活质量和便利条件，减少他们下乡发展的顾虑。

3. 加强引导和制度设计

在城市生产要素和农村生产要素对接的过程中，需要以恰当的契约形式，约定要素的结合和报酬的分配方式。在此过程中，政府应当促进双方科学地设计相应的机制，保证效率和公平。同时，对于当地产业发展，应当因地制宜，加强引导和规划，促进就地城镇化有序地、顺利地进行。

参考文献

［1］联合国儿童基金会 . 2015 年中国儿童人口状况——事实与数据［R］. 联合国儿童基金会研究报告，2017.

［2］孙文凯，王乙杰 . 父母外出务工对留守儿童健康的影响——基于微观面板数据的再考察［J］. 经济学（季刊），2016, 15（4）：963-988.

［3］丁继红，徐宁吟.父母外出务工对留守儿童健康与教育的影响［J］.人口研究，2018，42（1）：76-89.

［4］边慧敏，崔佳春，唐代盛.中国欠发达地区农村留守儿童健康水平及其治理思考［J］.社会科学研究，2018（3）：114-124.

［5］苏华山，吕文慧，黄姗姗.父母外出对留守儿童健康的影响——来自中国家庭追踪调查的证据［J］.经济科学，2017（12）：102-114.

［6］朱斯琴.父母外出对农村留守儿童心理健康的影响——基于四省农户的实证研究［J］.暨南学报（哲学社会科学版），2016，38（1）：84-94.

流入地特征会影响流动家庭的
亲子居住分离吗？

许庆红①　王英琦②　李龙飞③

一、问题的提出

伴随中国的城镇化进程，人口流动浪潮从个体化迁移向家庭化迁移转变的趋势日趋凸显。其中流动儿童数量持续快速增长，已经成为移民潮中的重要组成部分。据统计，2015 年全国义务教育阶段在校生中进城务工人员随迁子女达 1 367.10 万人，农村留守儿童共 2 019.24 万人，相比 2010 年，进城务工人员随迁子女数（1 167.17 万人）增长了 17.13%，而农村留守儿童数相比 2010 年（2 271.51 万人）则减少了 11.10%。这表明 2015 年仅义务教育阶段全国就有大约 40% 的进城务工人员子女随迁并在城市接受教育，夫妻外出打工的同时将未成年子女也带入城市的比例日益增大。我国流动人口的家庭化迁移已进入第二阶段，即从夫妻团聚向父母与子女团聚的阶段过渡。

家庭团聚是一项基本人权，对流动人口本人的生存发展，对其家庭的和睦稳定，对整体社会的和谐凝聚都有重要的作用。而居住分离既是中国城乡人口流动的主要特征之一，也是其社会后果之一。流动人口的直系家人，特别是未成年子女跟随父母流动到城镇，有利于儿童的身心健康成长，但同时也给家庭带来更高的生活成本，以及教育、医疗等相关社会服务资源的需求。未成年子女是否随迁一方面可能是家庭经济效用最大化的一种策略选择；另一方面也折射出流入地公共政策的包容和接纳程度。那么，当前我国流动家庭对其未成年子女的居住安排是如何决策的，是留守还是随迁？未成年子女未能与父母随迁主要受到哪些因素的制约？

本研究利用 2015 年全国流动人口动态监测调查数据（以下简称"监

---

① 云南大学理论经济学博士后流动站博士后，云南大学发展研究院副研究员。
② 云南大学发展研究院人口学硕士生。
③ 云南大学发展研究院经济学硕士生。

测数据"），描述流动家庭的亲子居住分离状况和主要特点，从流入地特征角度探索导致流动家庭亲子居住分离的相关因素，并对如何促进家庭未成年子女与父母家庭团聚提出政策建议。本文将家庭界定为核心家庭，亲子居住分离界定为 18 岁以下未成年子女与父母（或父母其中一方）未共同居住在流入地的情况。

二、文献回顾与研究假设

（一）文献回顾

2000 年以来，家庭化流动成为人口流动的新趋势，研究者就流动人口家庭化迁移规模、过程与特征进行了研究。在流动人口家庭化迁移规模方面，周皓（2004）根据"五普"数据计算，2000 年户主和配偶均为迁移人口的纯外户比例高达 47%。李强（2014）根据 2005 年国家统计局数据估计，全国有 1/4 的外出者是举家外出，而在北京、武汉、苏州、深圳和上海，有 1/3 的农民工以家庭形式居住在一起。盛亦男（2013）基于 2010 年全国流动人口动态监测数据计算，外出人口中 2 人户到 4 人户合计占 70%。杨菊华等（2013）基于 2011 年全国流动人口动态监测数据计算出近 2/3 的核心家庭实现了完整家庭式流动。韩淑娟（2016）利用 2015 年流动人口动态监测数据得出山西有 72.26% 的流动家庭已经实现了举家迁移。尽管上述研究的数据和统计口径未必相互可比，但都指出了核心家庭举家迁移这一重要的人口流动趋势。

对影响流动家庭迁移行为的因素主要有三种理论解释。

一是新迁移经济学理论。新迁移经济学充分考虑到家庭在迁移过程中的作用。迁移流动不仅是为了达到预期收入最大化，同时也是为了使家庭承受的风险降低到最小。已有研究发现，迁移家庭的基本特征，包括家庭规模、家庭成员的就业状况、家庭的经济状况等，是影响家庭做出迁移决策的重要因素。如家庭规模越小、户内结构越简单、家庭化流动越易发生；农村流动人口携带子女流动时具有明显的"男孩偏好"，女孩处于明显的劣势；同时，学龄前流动人口子女随迁的可能性显著高于小学在校和初中在校的流动人口子女。流动家庭在流入地城市的月收入越高，流动家庭举家迁移的可能性越高；而往老家汇款金额越多，流动家庭的完整程度越低；先行迁移者的外出经历，是促使家庭成员后继迁移的主要因素。

二是家庭生命周期理论。它被广泛应用于考察家庭特别是核心家庭一系列的社会行为的时间选择问题。在家庭生命周期理论中，结婚和生育是两个重要的事件并以此作为划分家庭生命周期的标志。家庭所处的生命周期的阶段对家庭迁居方式的决策有着密切关系，家庭迁居的方式会随着家庭生命周期的变化而变化。例如婚姻会提高举家迁移的可能性，但子女数量的增多可能会增大流动家庭分居的可能性。而有关非劳动年龄家庭成员是否会阻碍流动人口家庭化流动尚存争议：有的研究发现孩子和老人会降低夫妻外出的可能性；但另外的研究得出有学龄前及学龄期的子女更可能推动夫妻参与外出，仅当子女还是婴儿时，妻子更可能会单方留守。

三是制度性与结构性壁垒。制度性壁垒主要指由户籍制度导致的城乡差异，它将中国人分为农村人和城镇人，形成两种不同的社会身份。户籍制度也将流动人口分为乡—城流动人口和城—城流动人口。同样作为外来人口，乡—城流动人口始终不能摆脱农民的身份，具有作为农村人和外来人的双重劣势。已有研究发现，乡—城流动人口比城—城流动人口更可能与核心家庭成员分离居住，而且流动人口与家庭成员分离居住的比例随流动跨越的行政区域的加大而增高，即市内跨县流动、省内跨市流动、跨省流动的比例依次递增。这表明流动模式不仅受制于户籍性质，还受制于户籍地点，以及制度和结构制约的程度。结构性壁垒主要体现在中国地区间发展的巨大差距，主要体现在沿海与内地、东部与西部、中心城市与边缘地区的差异。在中部地区和跨县流动者中，完整家庭式流动的比例最高，家庭成员团聚的批次较少、间隔较短；而在经济发达和欠发达之地，完整家庭式流动的比例都低。

此外，在流入地特征方面，第五次、第六次全国人口普查的数据显示，我国人口流动主要集中在东部地区，该地区流动人口占全国流动人口的比重维持在2/3左右。同时，流动人口向特大城市聚集的态势还在加强。与早期研究认为的经济利益始终是人口自主迁移的最根本因素不同，近期研究发现，相比2000年，2010年经济发展水平对吸纳外来劳动力的作用在减弱。劳动力选择流向某个城市不仅是为了获得该城市更高的工资水平和更高的就业率，而且也是为了享受该城市的基础教育和医疗服务等公共服务。但从变量标准化后的回归结果看，公共服务影响劳动力流向的作用系数仍然小于工资对劳动力流向的影响。张耀军等（2014）认为第三产业的发展和较高的职工工资是城市吸引省内和省外流动人口的重要因素，社会公共资源对省内人口流入影响较大，而就业率和城市化水平对省外人口流入影响较大。流入地的产业结构（第三产业与第二产业的产值比）、公共服务对流动人口的流入地选择具有显著影响。另一些研究比较了流动人口聚集的大城市对流动人口的包容性和公平性方面的差异，如北京一直致力于加强创新管理和服务，并将流动人口纳入顶层设计，制订了功能区和产业发展建设规划，引领流动人口实现合理有序的流动；而深圳是一个典型的年轻化移民城市，非户籍人口服务管理面临严峻挑战，比如非户籍人口信息统计难度大、基本公共服务资源短缺、社会治安管理形势严峻、管理法规体制不完善、教育程度较低且多元文化碰撞等。这些特点在某种程度上可能会造成流动人口的家庭化迁移出现不同的结果。

综上所述，尽管目前对流动人口家庭化迁移的研究取得了一定成果，但依旧存在以下不足：①家庭有单身、核心家庭、扩展家庭等多种形式。尽管绝大多数流动家庭的研究将流动家庭界定为核心家庭，通常采取将所有扩展家庭都分解为多个核心家庭的做法，却没有严格区分核心家庭中子代的年龄与是否婚育（如李代、张春泥，2016）。而事实上，如果一个扩展家庭（分为父辈、儿辈和孙辈）中儿辈已经成家，父辈很有可能已经单独居住，我们更关心的是儿辈与其未成年的孙辈是否同住。②个体或家庭特征如何影响个体迁移已经积累了丰富的成果。但对家庭化迁移而言，流入地特征比如平均工资收入、居住成本、公共服务等对家庭成员能否流动的影响更为重要。目前有关流入地特征的研究主要涉及经济发展水平差异、就业机会多寡等，缺乏整体的分析。

本文将分析流入地特征对流动家庭的亲子居住分离的影响，有助于学界对流动家庭未成年子女的随迁状况的全面认识，为政府部门制定和完善流动儿童相关福利政策提供参考意见。

（二）研究假设

城市人均 GDP 反映了城市的经济发展水平和就业机会。已有研究发现区域经济发展水平对半家庭式及家庭式迁移具有显著的促进作用，即经济发展水平越高的地区，流动人口家庭式迁移的发生比越高。本文对此进行检验，得到假设 1a：城市人均 GDP 越高，流动家庭的亲子居住分离的可能性越小。

流动人口往往趋向于向就业机会多和工资收入高的城市聚集。那么，城市平均工资越高，同样也能促进流动家庭的家庭化迁移。因此，得到假设 1b：城市平均工资越高，流动家庭的亲子居住分离的可能性越小。

同时，伴随近年来产业结构转型升级，第二产业吸纳流动人口的能力在降低，而第三产业占 GDP 比重与第二产业占 GDP 比重之比高的城市吸纳流动人口的能力在增强，从而能够为流动家庭的家庭成员提供更多的就业机会，得到假设 1c：城市第三产业占 GDP 比重与第二产业占 GDP 比重的比值越高，流动家庭的亲子居住分离的可能性越小。

此外，人口选择流向某个城市，不仅为了获得该城市更高的工资水平和就业机会，而且还为了享受该城市的基础教育和医疗服务等公共服务。而对于未成年子女而言，父母可能更多地考虑其基础教育的享有机会和质量。得到假设 2：城市的基础教育越好，流动家庭的亲子居住分离的可能性越小。

同时，对流动家庭而言，有足够的支付能力去买房或租房才能增加其家庭举家迁移的可能性。一般房价较高的城市，通常房屋租金也较高。因此，高房价是抑制人口流入和流动家庭亲子团聚的重要因素。因此得到假设 3：城市平均房价越高，流动家庭的亲子居住分离的可能性越大。

三、数据、变量与方法

（一）数据来源

本文个体和家庭层面数据来自 2015 年全国流动人口动态监测调查数据。该调查由国家卫生计生委流动人口服务管理司组织协调，中国人口与发展研究中心具体实施调查。样本的抽样以 31 个省、区、市和新疆生产建设兵团 2012 年全员流动人口年报数据为基本抽样框，采取分层、多阶段、与规模成比例的 PPS 抽样。抽样总体为调查前一个月来本地居住、非本区（县、市）户口且年龄在 15 周岁以上的流动人口（市辖区内人户分离除外）。实际调查的有效样本为 20.62 万人。城市层面数据基于 2014 年《中国城市统计年鉴》和《中国区域经济统计年鉴》计算得出。本文选择已婚、有配偶且目前育有未成年子女（子女年龄为 0~17 岁）的流动家庭样本。将个体和家庭层面数据与城市层面数据匹配后，获得 109 915 个样本为本文的分析对象。

（二）变量界定

1. 因变量

以往依据家庭功能的完整程度划分为四种流动模式，依次为举家迁移、夫妻与子女分居、夫妻一方携子女流动与夫妻一方独自流动。本文重点考察亲子之间的居住分离，因此将因变量分为三类，一是亲子团聚型，二是亲子部分分离型（具体包括夫妻二人和部分未成年子女、夫妻一方和全部未成年子女、夫妻一方和部分未成年子女），三是亲子分离型（具体包括夫妻二人和夫妻一人两种流动类型）。

2. 自变量

涉及家庭社会经济地位和流入地特征两组变量。其一，家庭社会经济地位包括两个变量，即家庭在本地的人均月收入和夫妻平均受教育程度。其二，流入地特征包括如下变量：①人均 GDP：流入地的人均 GDP 由各城市 GDP 除以 2014 年的常住人口计算得到，单位为"元/人"，用来衡量城市的经济发展水平。②工资：用各城市 2014 年职工年平均工资来测量。③产业结构：2014 年各城市第三产业占 GDP 比重与第二产业占 GDP 比重的比值。④基础教育：用 2014 年各城市 100 名小学生中的小学教师数来表示。⑤房价：2014 年各省平均房价。

3. 控制变量

已有研究发现，流动人口与家庭成员分离居住的比例随流动跨越的行政区域的加大而增高，即跨省流动、省内跨市流动、市内跨县流动的比例依次递减。同时，随着家庭中孩子数量的（15 岁以下家庭成员）增加，家庭式迁移的发生比显著提高。因此，本文将家庭迁移范围和子女数作为控制变量纳入模型分析。

（三）研究方法

本文利用全国流动人口动态监测的数据匹配地级市或省级的城市特征数据，采用定序 Logit 模型（Ordered Logit Model）来检验流入地特征对流动家庭亲子居住分离的影响。同时，流入地特征对乡—城流动家庭和城—城流动家庭的亲子居住安排的作用机制可能存在差异，因此下文将对乡—城流动家庭和城—城流动家庭两个子样本进行比较分析。变量的基本特征描述参见表 1。

表 1 变量基本特征描述

变量名称		变量描述		
因变量		乡—城流动家庭样本	城—城流动家庭样本	全部流动家庭样本
流动家庭类型（%）	1 = 亲子分离	29.75	24.82	29.07
	2 = 亲子部分分离	5.27	3.80	5.06
	3 = 亲子团聚	64.98	71.38	65.87

（续上表）

变量名称		变量描述		
自变量				
城市人均 GDP	均值	11.06	11.10	11.06
（元，ln）	标准差	0.51	0.49	0.51
城市年工资	均值	10.96	11.02	10.97
（元，ln）	标准差	0.23	0.27	0.24
产业结构	均值	1.10	1.38	1.14
	标准差	0.71	0.97	0.76
基础教育	均值	5.88	5.91	5.88
	标准差	1.07	1.01	1.06
房价	均值	8.78	8.89	8.80
（元/平方米，ln）	标准差	0.40	0.48	0.41
控制变量				
家庭年收入	均值	10.10	10.36	10.14
（元，log）	标准差	0.59	0.65	0.61
夫妻平均受	均值	9.46	12.34	9.86
教育年限（年）	标准差	2.22	2.85	2.53
迁移范围	1 = 跨省迁移	50.85	48.08	50.47
	0 = 省内迁移	49.15	51.92	49.53
子女数（个）	均值	1.52	1.25	1.48
	标准差	0.63	0.48	0.61
样本量		94 563	15 352	109 915

四、数据分析结果

表 2 是家庭社会经济地位和流入地特征对流动家庭亲子居住分离影响的定序 Logit 模型分析结果。数据的聚类可能给分析结果带来偏差，为此使用稳健标准误对参数估计予以修正。

表2　流动家庭亲子居住分离影响因素的定序 Logit 模型

变量	模型1：全部流动家庭		模型2：乡—城流动家庭		模型3：城—城流动家庭	
	系数	稳健标准误	系数	稳健标准误	系数	稳健标准误
人均 GDP	0.426 ***	(0.019)	0.399 ***	(0.020)	0.721 ***	(0.056)
工资	-0.478	(0.052)	-0.482	(0.055)	-0.765	(0.149)
产业结构	0.380 ***	(0.011)	0.344 ***	(0.012)	0.471 ***	(0.029)
基础教育	0.186 ***	(0.007)	0.180 ***	(0.007)	0.203 ***	(0.019)
房价	-0.739 ***	(0.024)	-0.804 ***	(0.026)	-0.320 ***	(0.073)
家庭纯收入	0.432 ***	(0.014)	0.382 ***	(0.015)	0.565 ***	(0.042)
父母受教育年限	0.023 ***	(0.003)	0.015 ***	(0.003)	0.024 ***	(0.007)
迁移范围	-0.511 ***	(0.015)	-0.514 ***	(0.016)	-0.451 ***	(0.042)
子女数	-0.120 ***	(0.011)	-0.127 ***	(0.011)	-0.108 **	(0.037)
截距1	-1.853	(0.393)	-3.464	(0.431)	3.752	(1.045)
截距2	-1.605	(0393)	-3.210	(0.431)	3.960	(1.045)
Log Pseudo likelihood	-83 132.585		-72 498.070		-10 399.328	
Pseudo R^2	0.037		0.037		0.047	
n	109 915		94 563		15 352	

注：①$N = 2\ 766$；② *** 、 ** 分别表示通过 1% 、5% 显著性水平的统计检验。

在表2中，模型1首先考察了全部流动家庭的亲子居住分离的影响因素。系数的含义是从亲子分离向亲子部分分离、从亲子部分分离向亲子团聚转换的概率。在家庭社会经济地位方面，父母平均受教育年限每增加1年，其转换的概率提高 17.35% （$e^{0.16} - 1$），且影响都非常显著（*sig.* < 0.001）。这说明受教育水平越高的家庭，亲子分离的可能性越小。但意外的是，家庭人均年收入越高，其亲子分离的可能性却越大。

在流入地特征方面，城市的人均 GDP 对流动家庭亲子团聚转换的概率也具显著影响。具体而言，在控制其他变量的条件下，城市人均 GDP 每提高1个单位，流动家庭从亲子分离向亲子部分分离、从亲子部分分离向亲子团聚转换的概率提高 63% （$e^{0.13} - 1$），这验证了假设 1a。但城市平均工资对流动家庭的亲子居住分离却没有显著影响，假设 1b 没有得到证实。这可能由于工资高的地方其生活成本也越高，对流动家庭的亲子团聚起到抑制作用。同时，城市的产业结构每提高 1 个单位，其转换的概率提高 33.64%（$e^{0.29}-1$），这验证了假设 1c。

此外，基础教育服务越好的城市，流动家庭亲子分离的可能性越小，证实了假设 2。而房价对流动人口的亲子团聚具有显著的抑制作用。在控制其他变量的条件下，城市房价每提高 1 个单位，流动家庭转换的概率降低 13%（$1-e^{0.13}$）。在控制变量方面，家庭迁移范围和子女数对流动家庭的亲子团聚起到抑制作用。这说明跨省迁移和子女数较多的家庭，其亲子分离的可能性越大。

为了进一步考察流动特征与亲子居住分离之间的关系，模型 2 和模型 3 分别对乡—城流动家庭和城—城流动家庭进行分析。家庭社会经济地位对城—城流动家庭的积极影响要大于乡—城流动家庭。就流入地特征来看，不管是城市人均 GDP、产业结构还是基础教育，乡—城流动家庭转换的概率都要低于城—城流动家庭。而且，与乡—城流动家庭相比，城市平均工资对城—城流动家庭亲子团聚不存在显著的抑制作用；而且高房价反而对城—城流动家庭亲子团聚有着显著的积极影响。

在控制变量方面，相比乡—城流动家庭，家庭迁移范围和子女数对城—城流动家庭的亲子团聚的抑制作用较小。

五、结论与讨论

本文使用 2015 年全国流动人口动态监测数据与地级市的城市特征数据，研究了流入地特征对流动家庭亲子居住分离的影响，并比较了乡—城流动家庭和城—城流动家庭的差异。

估计结果显示，在家庭特征方面，父母的受教育水平对流动家庭实现亲子团聚有显著影响。较高的家庭人力资本能够显著促进家庭的亲子团聚。

其次，在流入地特征方面，流动家庭选择流向某个城市不仅因为该城市的经济发展水平较高、第三产业占 GDP 的比重较大，从而可以获得更高的就业率，而且还为了享受该城市的基础教育服务。基础教育服务越好的城市，流动家庭亲子分离的可能性也越小。

但是，一些因素对乡—城流动家庭与城—城流动家庭的影响存在差异。其一，不管是城市人均 GDP、产业结构还是基础教育，乡—城流动家庭亲子团聚的概率都要低于城—城流动家庭。其二，城市平均工资对城—城流动家庭亲子团聚不存在显著的抑制作用；高房价反而对城—城流动家庭亲子团聚有着显著的积极影响。这预示着城—城流动家庭更容易实现亲子团聚。

基于上述实证发现，公共服务均等化政策可以在一定程度上缓解人口向公共服务水平好且工资水平高的大城市集聚的状况，能够缓解大城市的公共服务供给压力。伴随流动人口家庭化迁移浪潮，政策制定者应正视流动家庭的现实需求，一方面要有效改善保障房供给，为流动家庭，特别是乡—城流动家庭保障房建设提供一定的倾斜性政策；另一方面要将流动家庭的公共服务需求如基础教育需求、医疗服务需求等予以更多的重视，将流动人口纳入城市内公共服务均等化的范围，改善流动家庭在城市的生活条件。

参考文献

[1] 杨菊华. 人口流动与居住分离：经济理性抑或制度制约？[J]. 人口学刊，2015（1）：26－40.

[2] 周皓. 中国人口迁移的家庭化趋势及影响因素分析 [J]. 人口研究，2004，28（11）：60－69.

[3] 李强. 农民工举家迁移决策的理论分析及检验 [J]. 中国人口资源与环境，2014（6）：65－70.

[4] 盛亦男. 中国流动人口家庭化迁居 [J]. 人口研究，2013，37（7）：66－79.

[5] 杨菊华，陈传波. 流动人口家庭化的现状与特点：流动过程特征分析 [J]. 人口与发展，2013，19（3）：2－13.

[6] 韩淑娟. 流动人口家庭化迁居模式及其特征：以山西省为例 [J]. 山西师大学报（社会科学版），2016（7）：24－30.

[7] 盛亦男. 流动人口家庭化迁居水平与迁居行为决策的影响因素研究 [J]. 人口学刊，2014，36（3）：71－84.

[8] 李代，张春泥. 外出还是留守：农村夫妻外出安排的经验研究 [J]. 社会学研究，2016（5）：139－163.

[9] 张耀军，岑俏. 中国人口空间流动格局与省际流动影响因素研究 [J]. 人口研究，2014，38（9）：54－71.

[10] 陆铭，陈钊，朱希伟，等. 中国区域经济发展：回顾与展望. 格致出版社，上海人民出版社，2011.

中国劳动力流动的经济机制探析

——基于 2012 年中国劳动力动态调查数据的实证研究

曹薇娜①

一、问题的提出

在对我国劳动力流动的研究中，大部分是从社会学或经济学视角出发分析劳动力流动的动力机制、影响因素，现在的问题是：流动前的经济地位是否会影响劳动力的流动行为？同时，随着劳动力的流动，参照群体改变，由与来源地劳动力收入平均水平进行比较，转换为与现居地劳动力平均水平进行比较，经济地位是否会表现出新的特征？参照群体的变化引起的社会地位的变化是否会影响劳动力的流动状态？对于处于流动状态中的劳动力，其流动在经济上的动力机制究竟是绝对收益还是相对位置亦或二者同时并存？② 在劳动力流动模式日益多样化的今天，流动规模和速度也在日趋扩大，那么劳动力的流动行为的动力机制在经济上是如何体现的呢？本研究尝试在相对剥夺理论的指导下，对中国劳动力流动在经济层面的动力机制上进行研究，对当前劳动力流动及经济地位流动的现状及其规律进行细致描述，并基于在经济上的绝对收益和相对位置，探究我国劳动力流动的动力机制。

二、研究假设

自从劳动力流动开始出现，相关理论研究也迅速发展。关于流动的界定，相关文献研究根据人们做出流动的决定是不是自愿选择、是不是政治行为、是否离开居住地以及是否符合相关法律法规等，总结了一个比较全面的定义，即完全出自内心且不受到任何外界政治限制的合法的离开之前居住地（来源地，以行政管辖边界为界）到其他地区工作生活的行为（王

---

① 中山大学社会学与人类学学院博士研究生。
② 参照群体的改变是因为本文将按照地缘的标准作为参照群体的设定依据。

宁，2014）。本文主要研究城乡劳动力的流动对经济地位的影响及差异，进而研究城乡劳动力流动的机制差异。

中国城乡二元结构的存在，导致城市劳动力与农村劳动力的流动方式并不相同。城市劳动力与农村劳动力二者并不具有可比性，他们一出生就面临着完全不同的社会环境、社会资源和评价标准，置于一起进行比较是不合适的，因而需要分开进行分析。同样，在分析劳动力流动的影响效果时，不能只看到他们在现居地的收入变化，而同样需要考虑到在来源地时原收入的变化。既然城市劳动力和农村劳动力的流动方式完全不同，那么研究其在经济上的动力机制时，二者必须要分开分析，因为不同的流动意愿形成不同的流动方式，不同的流动方式从而形成不同的经济地位流动。

中国的二元劳动力市场是否会对劳动力流动的动力机制产生影响呢？文章依据相对剥夺理论，围绕劳动力流动行为及经济地位的变动状况，分析以上问题。通过将不同流动方式劳动力（非流动、城—乡流动、城—城流动、乡—城流动、乡—乡流动）① 的收入分别与来源地和现居地劳动力的平均收入进行比较，得到本文定义的经济上的相对位置（相对剥夺增强时，意味着劳动力经济上的相对位置下降；反之，则相对位置提升）。按照推拉理论的视角，劳动力流动是理性的选择，是为了经济上的绝对收益，那么就意味着劳动力流动是为了获得比来源地更高的经济收益。据此，本文做出如下假设：

假设 1：流动劳动力较来源地的非流动劳动力，经济上的绝对收益更高。

依据地域差距说、政策倾斜说等流动相关的理论，人们通过流动，即从下一级的中小发展城市流动到发达城市，来获得较来源地更高的经济地位（王宁，2014）。相对剥夺理论是将劳动力作为某种特殊群体置于整个社会结构之中，他们的一切行为活动受到社会结构的影响。将社会比较的对象选择过程嵌入于人们的社会网络之中，人们之间社会互动越强、越频

———————

① 对于劳动力的流动状态按照问卷中的两个问题进行判断：出生地和现居地。如果劳动力的出生地与现居地一致，那么判定该劳动力处于非流动状态中，对于其他处于流动状态之中的劳动力，即出生与现居地不同的，将根据其来源地（出生地）、现居地、出生时户口类型是农村还是城镇和现在居住地是在农村还是城镇来进行判断，从而确定其流动方向是城—乡、城—城、乡—城或乡—乡，具体判断方法为：如果其出生时为农村户口且出生在农村而现在居住在城市则为乡—城的流动类型，同理类推其他三种流动类型。划分劳动力的流动状态所使用的分类是由郝令昕教授、王进教授、张东博士、张桂金博士共同完成的劳动力流动状态分类表，在此致谢，其中有 30 多种流动方式。由于本文中的流动状态仅仅考虑劳动力城乡流动的现状，因而对其进行了整合，合并为 5 种，其中包括非流动、城—乡流动、城—城流动、乡—乡流动、乡—城流动。

繁、越复杂，就越可能互相比较。在中国并未形成以阶层、宗教、种族和意识形态为基础的群体社会，仍保持着差序格局的社会组织方式，人们所处的社会关系通常是以"自我"为中心，以血缘、地缘和业缘等为依据。基于此，本文在量化相对剥夺时采用的是地缘的方式，最基本的参照单位就是调查者所在省市。劳动力在流动前将来源地劳动力的经济地位作为参照对象，而他们选择流动实际上是为了获得较来源地劳动力更高的相对经济地位。据此本研究得出如下假设：

假设2：城—城流动和乡—城流动劳动力与来源地非流动劳动力相比，经济上相对位置的剥夺及强度更低。

随着劳动力流动到现居地，根据业缘标准选择参照对象，他们将与现居地劳动力的经济地位进行比较来获取目前的相对经济地位。按照双重劳动力市场理论，城—城流动劳动力大部分所进入的仍然是初级劳动力市场，而乡—城流动劳动力大部分所进入的是次级劳动力市场，劳动者工作条件差、工资水平低等，导致劳动力市场层级化和收入差距扩大化（程诚、边燕杰，2014；吴晓刚、张卓妮，2014；郑冰岛、吴晓刚，2013；王美艳，2005）。据此，本文做出如下假设：

假设3：与现居地相比，乡—城流动劳动力经济上相对位置的剥夺及强度较来源地非流动劳动力强。

三、数据来源、变量及模型介绍

（一）数据来源与介绍

在目前众多的调查数据中，笔者选定中山大学社会科学调查中心开展的"2012年中国劳动力动态调查"（CLDS2012）所得的数据资料，该数据是目前最新的全国劳动力调查数据，具有十分详细的劳动者信息，权威性较高、通用面较广，对于反映中国劳动力的基本状况来说代表性最大。本文运用2012年全国187个县区的劳动力进行分析，原数据中共有16 253个劳动力的观测值。由于研究对象限制，因此目前仅有工作者进入了数据框。

（二）变量操作化及其测量

劳动力的经济地位主要考虑该劳动力经济上的绝对收益和相对位置，

其中绝对收益是将劳动力的绝对收入①和调整收入②作为标准，而相对位置则将劳动力的相对经济地位剥夺③及其强度④作为评价标准。其中关键自变量劳动力的流动状态，主要是乡—城流动和城—城流动与非流动劳动力之间的对比研究。

1. 因变量操作化指标

a. 绝对收入对数。

绝对收入可以说是经济地位最直接的指标，较高的收入代表着更多的资源、更高的消费能力和财富积累，因此，绝对收入是研究流动最重要的变量。绝对收入，即劳动力的纯收入，此处使用的是个人卷中调查对象报告的去年一年的总收入⑤。在 CLDS2012 的个人卷中，I3a_6 为去年一年的

---

① 即劳动力的前一年一整年的纯收入，本文统一称其为绝对收入。

② 不同的生活水平要求使得生活必需品水平也存在差异性，因此目前不存在更为合适的净收入计算方式（谢立中，2013）。至于该如何对跨区域收入进行调整，学者们有过较多的争论（郝大海、李路路，2006；Greenwood，1997）。本文考虑到住房支出可能是迄今为止最大的家庭支出，同时房价在不同地区价格差异也非常大，因此住房成本要在评估迁移的盈利影响时予以考虑（Flippen，2013）。具体来说，本文中调整收入是通过测量跨地区租金价格差异指数，对劳动力收入进行调整，从而得出实际剩余收入。文章使用房租租金的概念来对劳动力的绝对收入进行调整，这一调整方式简单、易操作，虽然没有将该城市的消费水平置于影响因素中，但实际上已经将消费水平涵盖其中，并不会产生较大误差。

③ 本文中将相对经济地位剥夺定义为参照群体中比其工资更高的人的比例。

④ 本文之所以使用该变量是由于单一的相对经济地位剥夺 RSD 变量不足以反映相对位置，因而将相对经济地位剥夺的强度加入其中，那么得到的不仅仅是有多少人比调查对象收入高，而且还有这些高收入群体比调查对象 i 高多少。举例来说，如果总体为 5 人，案例 1 中调查对象 i 在区域 j_1 收入 100，其他 4 人的都是 1 000；案例 2 调查对象 i 在区域 j_2 中其他 4 人的都是 200，那么两个案例中调查对象 i 的相对经济地位剥夺 RSD 均为 4/5＝0.8，而相对经济地位剥夺强度 RED 则分别为 0.8×1 000＝800 和 0.8×200＝160。可以发现，通过 RED 可以得知调查对象在 j_1 地区的相对经济地位剥夺的强度明显高于 j_2 地区，如果只有变量 RSD 则不能体现出调查对象相对剥夺的强烈程度。

⑤ 参见 Flippen，2014。收入采用前一年一整年的年收入，可能会出现劳动力在 2011 年未流动，2012 年上半年处于流动状态达半年以上，这种状态比较符合笔者预期。但是难免出现劳动力从 2011 年至今一直处于流动之中，只是由于这样的情况并不会影响本文的分析，因而本文并没有将其做删除处理。同时，可能会有人质疑说劳动力可能并没有在 2011 年一年都是有工作的状态，而有可能只工作了几个月，当然问卷中也是有这一问题的（参见问卷问题 I3a_5），之所以采用现在的年收入作处理，而不是用年收入除以工作时间得出平均月收入，是因为一个人选择流动与否并不是单纯依据平均月收入的，而是依据这一年中能挣得的总收入，其中涵盖了失业的风险等，这样估算可能会产生一定的偏差，但是笔者认为这是有必要的。

年收入①，单位是万元，其中过去一年无工作者将会是缺失值。

b. 调整收入对数。

流动与经济地位流动产生的大背景即社会是分层的。人们通过流动，获取地方级差（王宁，2015；谢桂华，2012；李春玲，2006），因而根据地区间经济发展水平对劳动力的绝对收入进行调整。调整收入是通过测量跨本地区租金差异的指数进行调整，消费物价指数依赖于租金，而不是房屋价值的价格比较，因为租金更直接捕捉的是住房成本，也就是说，居住单位是提供给居住者服务，而不是视住房为资本投资（Flippen，2013）。本文依据房价、房租对收入进行调整。房价是各个县区的平均房价（平均到每平方米），房租也是当地的平均房租（平均到每平方米）。计算公式如下：

$$H_{\text{index}} = \left[\left(\frac{Avg\_rent}{Avg\_rent_i}\right) \times p\_renters_i\right] + \left[\left(\frac{Avg\_eq\_rent}{Avg\_eq\_rent_i}\right) \times p\_owners_i\right] \quad (1)②$$

租金的计算既包括由租房者支付的租金又包括业主等价租金，业主等价租金代表着如果业主在租着自己的房子那么他应付的租金。其中 Avg_rent 和 Avg_eq_rent 是所有人的租金和业主等价租金平均值，在所有局部区域中，Avg_rent_i 和 $Avg\_eq\_rent_i$ 分别是在局部区域的平均租金和业主等价租金。该指数是通过在局部区域的租房者和业主来计算的，按照 $P\_renters_i$ 和 P_owners_i 分别所占的比例得出。业主等价租金计算假设每月租金等于房屋价值的0.9%。因此，在租金比当地整个地区的平均较高的地区，该指数小于1，相对适用于在租金比平均低的地区。由于通过数据统计发现租金大约占租房者收入的25%，因此本文中也使用25%作为计算比例。那么调整收入则为：

---

① 由于本文在定义劳动力的流动状态时采用的是劳动力是否流动半年以上，调查时间为2012年7月左右，而收入为2011年的年收入，这样可以确定此处的年收入为劳动力流动状态确定之前的收入，即劳动力在2011年可能处于流动状态中，也可能并没有处于流动状态，此处收入相当于其原收入；此时有劳动力现今的流动状态，笔者认为劳动力的原收入是会影响其现在流动状态的。虽然难免会出现偏差（对于那些一直处于流动状态中的人结果可能会有偏差），但是考虑到这些人之所以选择继续保持现有的流动状态也是与现在收入与来源地收入之间的差距有关的，因而文章又将那些流动不足一年的劳动力剔除出去做了同样的模型分析，笔者发现是否删除流动不足一年的劳动力对本文的结果影响不大，因而没有将那些调查样本做删除处理，但出现偏差依然在所难免，笔者在日后的研究中会进一步完善。

② 公式（1）（2）（3）均参见 Flippen，2014。

$$Y_{\mathrm{adj}} = （Y×0.75） + \big[（Y×0.75） ×H_{\mathrm{index}} \big] \tag{2}$$

c. 相对经济地位剥夺（Relative Standing Deprivation）。

相对经济地位剥夺定义为当地人中比其工资更高的人的比例[①]（任国强，2015；Flippen，2013；Runciman，1966）。本文相对经济地位的指标构建依据 Runciman 的理论，影响这个指标大小的因素主要有两个，分别是局部区域的参照组和收入分布（Flippen，2013；Runciman，1966）。按照此概念，本文将相对经济地位剥夺的计算公式表述如下：

$$RSD_{ij} = prob(Y_{rj} > Y_{ij}) \tag{3}$$

其中 RSD_{ij} 和 Y_{ij} 分别是个体 i 在 j 区域相对经济地位剥夺和个人收入，即 RSD_{ij} 计算的是在 j 区域比调查对象 i 收入高的人的比例。相对经济地位剥夺 RSD 假定个体的剥夺会随着局部区域比自己收入高的人的比例增大而增强。

d. 相对经济地位剥夺强度（Relative Earnings Deprivation）。

相对经济地位剥夺的强度是测量相对剥夺的另一个重要指标（Flippen，2013；Yitzhaki，1979），不仅仅是个人在收入分配中所处的位置，还是个人与更高收入者的收入差距。按照该指标的特征，计算公式如公式（4）所示，其中，$\big[E（Y_{rj}） | Y_{rj} > Y_{ij} \big]$ 代表高于个体 i 的收入的人的收入的平均值。直观地说，当更多的人有更高的工资时，那么个体将会感到相对经济地位被剥夺，尤其当调查对象 i 与高收入群体[②]之间的工资差距较大时。

$$RED_{ij} = prob(Y_{rj} > Y_{ij}) × \big[E(Y_{rj}) | Y_{rj} > Y_{ij} \big] \tag{4}[③]$$

2. 自变量操作化指标

本文的关键自变量是劳动力来源地与现居地的流动状态。主要是城—城流动和城—乡流动，参照群体是非流动群体。划分标准主要是看该劳动力是否处于流动状态之中。如果现居地与来源地完全相同，则认为其处于

[①] 计算相对剥夺的方法主要有两种，一种是对比参照群体的均值，另一种则是对比更好的。本文 RSD 和 RED 所采用的都是第二种测量方式，即对比参照群体中收入情况更好的劳动力。

[②] 此处高收入群体是指收入高于调查对象 i 的群体。

[③] 参见 Flippen，2014。

非流动状态。如果现居地与来源地不同，则对其流动状态进行判断，如果来源地是农村而现居地是城市，那么该劳动力则为乡—城流动；同理，如果来源地是城市而现居地仍为城市的，则为城—城流动。

劳动力的人力资本包括性别、年龄、教育程度、户口、健康程度等，这不仅仅影响着劳动力的经济地位，同时在很大程度上也影响着劳动力是否流动以及其流动决策（赵耀辉，1999；Brandt and Li，2000）。因此，劳动力的人力资本变量必须加以控制，同时包括来源地均值变量和现居地均值变量①。这是为了在主体模型中控制劳动力的来源地和现居地省份，来源地均值变量的最主要作用是在主体的回归模型中（主要是分析来源地RSD 和 RED 时），流动状态劳动力的参照组非流动状态劳动力只包含来源地省份相同的劳动力，不包括其他非流动劳动力；同样，现居地均值变量也是为了在分析现居地劳动力的 RSD 和 RED 时不与那些非本地的劳动力进行对比。另外推拉理论指出，来源地与现居地的经济水平实质上也影响着劳动力是否决定流动，因而来源地均值变量和现居地均值变量也放入选择模型进行分析。

（三）模型介绍

1. 实证模型所使用的基础模型即多元线性回归

使用最常见的最小二乘法的方法进行估计，模型公式如下：

$$Y = \alpha M + \beta I + \gamma C + \varepsilon \tag{5}$$

其中 Y 代表因变量，M 代表劳动力的流动状态，作为关键自变量进行分析，α 是说明移民身份和现居地的迁移特征向量（本文中主要就是劳动力城乡流动的方向）的参数，I 和 C 分别是调查对象的个人资本变量和控制变量，β 和 γ 分别为个人资本变量（主要是教育程度）和控制变量（主要是年龄、性别、婚姻状况等）的参数。

2. 采用两步法

现有的文献主要是研究劳动力流动行为与收入之间的关系，但现有研究在样本选取时，直接将流动和非流动的调查对象进行对比，没有考虑到劳动力的自我选择问题（谢桂华，2012），因此会产生有偏估计。为了克

---

① 这两个变量主要是为了控制劳动力的来源地和现居地情况，比如当分析乡—城流动状态劳动力与没有流动劳动力之间的绝对收益和相对收益时，不能将乡—城流动与全部非流动进行对比。本文通过控制变量中加入来源地均值，这样就保证来源地相同时进行因变量的比较了。

服现有研究的不足，本研究运用样本选择模型的两步法①，分为两个阶段，第一阶段：运用 Probit 模型，考察劳动力是否会发生流动行为；第二阶段：进一步考察该劳动力的流动行为对其经济地位流动的影响。由于流动行为是一个自我选择的过程，可以写成标准的 Probit 估计式，具体模型如下：

$$Probit(mig_i) = \beta I_i + \gamma C_i + \varepsilon_1 \tag{6}$$

$$Y = \alpha M_i + \beta I_i + \gamma C_i + \eta_i + \varepsilon_2 \tag{7}$$

公式（6）为 Heckman 第一阶段的 Probit 选择模型，$Probit（mig_i）$表示被调查者 i 流动的概率。若（6）> 0，则 $mig_i = 1$；若（6）< 0，则 $mig_i = 0$。公式（7）为 Heckman 第二阶段的模型，与普通最小二乘方法的不同之处在于该方程中加入了米尔斯比率 η_i，从而克服了样本的选择性偏差。如果 η_i 不为零且在统计上显著，表明样本选择性偏差是存在的②。

四、结果分析

（一）调查对象的基本情况描述

表 1 是描述性统计分析结果，分为流动人口和非流动人口、现居城市和现居农村进行比较。

---

① 通过似然估计法获得的模型参数结果是最好的，但是由于其对参数估计的初始值要求比较高，而半参数两步估计法对分布假设的限制较小，同时也由于两步法的稳健性优势，特别是针对大样本资料，会很稳定地给出初步的结果，容易收敛，故而本文采用半参数两步估计法对劳动力的流动行为进行估计（刘健，2012；陈云松、范晓光，2011；陈云松、范晓光，2010；张磊、王彤，2010）。

② 在样本选择模型的结果中都有所体现，结果是否有偏差对本研究实际上有比较重要的影响。如果研究结果显示劳动力的流动状态与文中的人力资本变量等无关，那么是否就表明劳动力的流动决策并不是受到这些因素影响的呢？已有的研究表明劳动力的人力资本变量、社会资本变量对其流动决策是有着显著影响的，那么则意味着本文的样本选择模型中的米尔斯比率的值一定不等于 0 且显著的。

表 1　相关变量的描述性统计

		流动劳动力		非流动劳动力	
		现居城市 （1 126）	现居农村 （1 446）	现居城市 （1 487）	现居农村 （6 555）
因变量					
绝对收入		4.770 （7.897）	2.718 （5.157）	3.375 （3.439）	1.908 （9.935）
绝对收入对数		1.011 （1.413）	0.235 （1.774）	0.789 （1.266）	−0.299 （1.874）
调整收入		3.926 （6.277）	2.323 （4.266）	2.865 （2.852）	1.563 （7.764）
调整收入对数		0.824 （1.389）	0.082 （1.758）	0.622 （1.258）	−0.495 （1.843）
来源地相对剥夺		0.298 （0.254）	0.423 （0.286）	0.357 （0.265）	0.554 （0.275）
来源地相对 剥夺距离		1.120 （1.057）	1.388 （0.914）	1.300 （1.088）	1.697 （0.855）
现居地相对剥夺		0.410 （0.285）	0.494 （0.288）	0.409 （0.291）	0.466 （0.288）
现居地相对 剥夺距离		2.600 （1.782）	2.917 （1.681）	2.543 （1.815）	2.550 （1.618）
自变量					
教育程度	小学	0.108	0.477	0.130	0.614
	初中	0.174	0.322	0.211	0.275
	高中	0.282	0.146	0.346	0.092
	大学	0.436	0.055	0.313	0.019
年龄		39.563 （9.953）	37.750 （11.797）	41.652 （10.998）	45.425 （12.991）
性别（参照：女）		0.505	0.446	0.582	0.552
健康程度		3.779	3.763	3.784	3.515
伴侣 （参照：无伴侣）		0.851	0.839	0.837	0.879

注：括号内为标准差。

从变量的统计性描述结果中可以看出，城市中的非流动状态劳动力，教育程度为小学和初中的明显低于流动状态劳动力，相反的是教育程度为高中和大学的却明显高于城市中流动状态的劳动力。由表 1 可以看出，现居城市的流动劳动力约占全部流动者的 4/5，也就是说大部分的流动者是流动到了城市。无论是农村还是城市，非流动状态劳动力的平均年龄都大于 40 岁，而流动状态中的劳动力的平均年龄均处于 36 岁左右，说明劳动力的流动状态与年龄息息相关，随着劳动力年龄的增大，其流动意愿降低，逐渐趋于非流动的状态。

（二）流动与经济上的绝对收益

表 2　样本选择模型结果

	绝对收入对数	调整收入对数	来源地 RSD	来源地 RED	现居地 RSD	现居地 RED
年龄	0.031 ***	0.027 ***	− 0.002 *	0.007 *	− 0.008 ***	− 0.047 ***
性别（参照组为女）	1.021 ***	0.997 ***	− 0.202 ***	− 0.435 ***	− 0.276 ***	− 1.634 ***
健康程度	0.098 **	0.095 **	− 0.021 ***	− 0.083 ***	− 0.019 *	− 0.086
初中	− 0.036	− 0.030	0.000	− 0.061	0.043 *	0.389 **
高中	0.158	0.170	− 0.049 ***	− 0.268 ***	0.000	0.152
大学	0.293 *	0.287 **	− 0.104 ***	− 0.515 ***	− 0.057	− 0.267
户口（参照组为农村）	0.594 ***	0.532 ***	− 0.079 **	0.055	− 0.282 ***	− 1.768 ***
来源地/现居地均值	0.062 ***	0.071 **	− 0.007 *	− 0.058 ***	0.057 ***	0.400 ***
城—城	0.207 *	0.238 **	− 0.041 **	− 0.147 **	0.005	0.122
城—乡	0.370	0.384	0.012	0.396	− 0.114	− 0.290
乡—城	0.395 ***	0.437 ***	− 0.099 ***	− 0.360 ***	0.033 **	0.276 ***
乡—乡	0.219	0.249 *	− 0.006	− 0.090	− 0.029	− 0.138
常数	0.390	0.138	0.416	2.130	0.270 ***	1.203 **
R^2 / mills lambda	− 2.353 ***	− 2.155 ***	0.317 ***	− 0.074	0.646 ***	3.817 ***

注：*** 表示 $p < 0.01$，** 表示 $p < 0.05$，* 表示 $p < 0.1$。

表 2 是样本选择模型的结果，可以发现，无论劳动力的流动方向是哪种，因变量是绝对收入对数还是调整收入对数，与非流动劳动力比较而言，系数都是正的，也就是说，绝对收入对数和调整收入对数都较高，说明劳动力的流动状态实际上源于劳动力经济上较高的绝对收益，尤其是对于城—城流动和乡—城流动劳动力而言，十分显著。其中城—城流动劳动力与来源地相同的劳动力相比，绝对收入对数高出了 0.207，调整收入显著高出了 0.238，对于城—城流动劳动力而言，绝对经济地位是明显高于非流动劳动力的，同时，对于乡—城流动劳动力而言，与相同来源地的非流动劳动力相比，绝对收入显著提高 0.395，调整收入显著提高 0.437，其绝对经济地位也是较高的，数据结果说明劳动力的地理流动与其经济上的绝对收益（即绝对收入和调整收入）是显著相关的，而且支持了文章的假设 1。

人力资本和人口特征变量对于绝对收入和调整收入对数的影响，也都是在预期的正面影响方向上。结果显示，拥有更高教育程度的劳动力会拥有更高的绝对收入对数和调整收入对数，即劳动力的教育程度是会通过影响劳动力的流动状态来影响其收入的（类似工具变量的概念）。变量健康程度系数为 0.098 和 0.095，显著影响劳动力的绝对收入对数和调整收入对数，而且系数为正，说明健康程度越好的劳动力其绝对收入和调整收入都会越高。选择模型的系数 mills lambda 分别为 −2.353、−2.155，显著水平都比较高，说明在对不同流动状态劳动力的收益进行分析时，使用样本选择模型是必需的，而且是必要的，这样才能够避免产生有偏估计。

（三）流动与经济上的相对位置

通过分析与来源地劳动力进行比较的模型可以发现，乡—城流动和城—城流动劳动力与来源地劳动力相比，都拥有较高的经济上的相对位置。乡—城流动劳动力的相对经济地位剥夺 RSD 及其强度 RED 系数分别是 −0.099 和 −0.360，都是负值，说明乡—城流动状态劳动力相对经济地位剥夺及其强度是较低的，也就意味着劳动力从农村流动到城市，实际上是拥有了较来源地劳动力更高的经济上的社会位置，也就是说与来源地非流动劳动力相比，流动劳动力在经济上收益更大。另外，关于城—城流动，这是既有研究关注比较少的一部分，也是本文关键的研究内容，城—城流动状态中的劳动力与来源地劳动力相比，经济上的相对位置较高。

从结果中可以看到，流动状态劳动力的相对经济地位剥夺 RSD 的系数

家庭发展与社会融合

都是负值，也就是说流动状态劳动力的经济上的相对位置剥夺及其强度都是较低的。这就意味着，流动劳动力的地理流动是为了获得与现居地劳动力相比更低的相对剥夺，也就是经济上相对位置的提高，最终实现经济上相对位置的提高，假设 2 得到数据支持。

由表 2 可知文章假设 3 也得到了数据结果的支持，其中乡—城流动劳动力在现居地的相对经济地位剥夺 RSD 及其强度 RED 分别为 0.033 和 0.276，而且都比较显著，说明从农村流动到城市的劳动力跟现居地劳动力相比较，经济上相对位置的相对剥夺较高。也就是说，乡—城流动反而让劳动力感受到在现居地经济上相对位置更低。同时可以发现，城—城流动劳动力在现居地的相对经济地位剥夺 RSD 及其强度 RED 都是不显著的。对于城—城流动劳动力，他们与来源地相比相对剥夺是较低的，即经济上的相对位置相对较高，与现居地劳动力相比，结果显示是否流动并没有显著区别，这就说明对城—城流动劳动力而言，流动的前提是比来源地劳动力经济上相对位置较高，与现居地劳动力相比的经济上的相对位置反而不是重要的影响因素，因而他们在现居地的经济上的相对剥夺并不强烈。

五、结论与讨论

在劳动力流动趋势日益多样化的今天，对于劳动力的流动在经济层面（绝对收益和相对位置）的动力机制进行探析是非常有必要的。根据统计结果，本文得到如下几个主要结论：结果支持假设 1，流动劳动力经济上的绝对收益相对非流动劳动力而言较高。结果支持假设 2，流动劳动力与来源地劳动力比较，经济上的相对位置剥夺及强度均较低，说明他们有更高的经济上的相对位置。假设 3 也得到了数据的支持，与现居地劳动力相比，乡—城流动劳动力在经济上的相对位置剥夺及其强度变动较强，即经济上的相对位置降低。

本文主要将劳动力流动状态分为乡—城流动与城—城流动，与非流动劳动力进行对比，来分析两种流动方式的不同动力机制。结果表明乡—城流动与城—城流动之间的动力机制是存在区别的，对于乡—城流动劳动力而言，在经济上更高的绝对收益和与来源地相比更高的相对位置是其流动的最直接原因，即使流动结果是在现居地的经济上相对位置的降低。而对于城—城流动劳动力而言，流动是经济上更高的绝对收益，而在现居地经济上的相对位置方面并没有显著影响。

本文研究结果表明，城—乡流动劳动力的流动在经济上的最直接体现便是相对位置的提高，那么是否就暗示着劳动力会为了提高自己经济上的相对位置而不断流动①，从而导致劳动力的流动性逐渐增强，同时伴随着一个长期的经济地位流动的大潮？如果是这样，那么是否可以从改革开放以来的流动事实中得到支持呢？在之后的研究中笔者也将继续探索。此外，既有研究都是按照劳动力在城—乡之间的流动来进行划分，这样划分确实是有依据的，毕竟大部分农村的经济水平是低于城市的，只是如果按照劳动力来源地和现居地的经济发展水平将劳动力进行划分来研究可能会有更多的发现。

本研究还存在一些不足，需要进一步改进。对于研究对象即处于流动状态中的劳动力，笔者没有细致划分为曾经流动过现在也处于流动状态中、从未流动过但现在处于流动状态中，而是简单划分为流动与非流动两种。对于那些曾经流动过但现在已经回到来源地的劳动力而言，他们通过流动可能已经获得了经验和见闻，从而有了更高的社会地位。

参考文献

[1] 程诚，边燕杰. 社会资本与不平等的再生产——以农民工与城市职工的收入差距为例 [J]. 社会，2014 (4).

[2] 陈云松，范晓光. 社会学定量分析中的内生性问题——测估社会互动的因果效应研究综述 [J]. 社会，2010 (4).

[3] 陈云松，范晓光. 社会资本的劳动力市场效应估算——关于内生性问题的文献回溯和研究策略 [J]. 社会学研究，2011 (1).

[4] 郝大海，李路路. 区域差异改革中的国家垄断与收入不平等——基于 2003 年全国综合社会调查资料 [J]. 中国社会科学，2006 (2).

[5] 李春玲. 当前中国人的社会分层意识 [J]. 湖南社会科学，2003 (5).

[6] 李春玲. 流动人口地位获得的非制度途径：流动劳动力与非流动劳动力之比较 [J]. 社会学研究，2006 (5).

[7] 刘健. 制度水平与双边股权资本流动——基于 Heckman 两阶段模型的分析 [J]. 投资研究，2012 (2).

[8] 王美艳. 城市劳动力市场上的就业机会与工资差异——外来劳动就业与报酬研究 [J]. 中国社会科学，2005 (5).

---

① 此处指，当居住地劳动力逐渐向外流动时，非流动劳动力会逐渐感受到相对经济地位剥夺的增强，即经济地位的相对位置实际上是在下降，那么他们为了回到原来的位置或者为了进一步提升自己的位置，他们也会通过流动来实现，从而推动着非流动状态劳动力也进入到流动大潮中。

［9］王宁. 消费流动：人才流动的又一动因——"地理流动与社会流动"的理论探究之一［J］. 学术研究，2014（10）.

［10］王宁. 地方分层、人才流动与城市人才吸引力——"地理流动与社会流动"理论探究之二［J］. 同济大学学报（社会科学版），2014（6）.

［11］王宁. 城市舒适物与社会不平等［J］. 西北师大学报（社会科学版），2010（5）.

［12］吴晓刚，张卓妮. 户口、职业隔离与中国城镇的收入不平等［J］. 中国社会科学，2014（6）.

［13］谢桂华. 中国流动人口的人力资本回报与社会融合［J］. 中国社会科学，2012（4）.

［14］谢立中. 唯一"真实"的基尼系数是否可得？［J］社会学研究，2013（5）.

［15］郑冰岛，吴晓刚. 户口、"农转非"与中国城市居民中的收入不平等［J］. 社会学研究，2013（1）.

［16］HECKMAN J J. Sample selection bias as a specification error［J］. Econometrica，1979，47（1）：pp. 153 – 161.

［17］GESCHWENDER J A. Relative deprivation and social justice：a study of attitudes to social inequality in twentieth-century England［M］. University of California Press，1966.

［18］YITZHAKI S. Relative deprivation and economic welfare［J］. Eueopean economic review，1982（17）：pp. 99 – 113.

新生代农业转移人口的就业身份选择

——基于 2016 年全国流动人口动态监测数据的分析

张启春①　冀红梅②

一、问题提出与文献综述

新生代农业转移人口是我国劳动力市场的重要组成部分。据第六次人口普查数据，新生代农业转移人口已经超过全部农业转移人口的一半。新生代主要是指 1980 年以后出生、在城市务工经商的农业转移人口群体，相较于"60 后""70 后"老一代农业转移人口，新生代中大部分人几乎很少从事农业生产，对农村和土地感情不那么强烈。新生代农业转移人口受教育程度逐渐提高，有机会利用发达的互联网获取信息，能够很快地学习新事物，对职业发展亦有较高的期望。因此，在加快农业转移人口市民化进程中，充分关注新生代农业转移人口的城镇就业问题具有重要意义。

党的十九大报告明确指出要"实现更高质量和更充分就业"。但从当前农业转移人口的就业实际情况来看，农业转移人口与城市居民相比就业质量不高、就业稳定性低。农业转移人口在城市劳动力市场中仍受歧视。由于双重劳动力市场和拥挤效应同时存在，农业转移人口在城市劳动力市场普遍受到就业隔离，存在进入歧视。在争取报酬高、福利好、就业稳定的工作机会的竞争中，农村进城劳动力仍处于弱势地位，这就意味着农村劳动力未必都会以雇员的身份在城市寻求就业机会，灵活就业、自营劳动、自主创业等多种就业状态都会成为其谋求收入的选择。国际劳工组织和联合国将就业状态细分为雇员、无酬家庭帮工、雇主（雇佣一个或多个雇员）和自营劳动者（不雇佣任何雇员）四类，并将后两类合并为自我雇佣。本文将就业身份划分为两类，一类是受雇获取工资的雇员形式，一类是在非农产业部门、不受雇于他人的自我雇佣形式。

国外大量研究证实自我雇佣是流动人口主要的就业形式，自我雇佣对

家庭发展与社会融合

---

① 华中师范大学公共管理学院、湖北地方政府治理与地方发展研究中心教授、博士生导师。

② 华中师范大学公共管理学院讲师。

提高收入、促进就业均有重要作用。Borjas（1986）运用美国1970—1980年的移民统计数据研究发现，移民的自我雇佣率超过本地居民。Lofstrom（2002）运用美国1980年和1990年的人口普查数据研究发现，自我雇佣的移民比工薪移民收入高。Bradley和Roberts（2004）提出，自我雇佣相对于其他就业形式，能够带来更高的工作满足感。Nopo和Valenzuela（2007）发现，劳动者从工薪就业转向自主创业，其收入有显著的正向增加。Lofstrom（2013）利用1996年、2001年、2004年的收入和项目参与调查数据（Survey of Income and Program Participation，SIPP）研究发现，自雇就业能为低技术水平劳动力带来较大收益。Blanchflower（2000）运用1966—1996年23个国家的面板数据，验证了大多数国家自我雇佣率与失业率之间存在负相关关系，随着自我雇佣率的上升，失业率会下降，且自我雇佣就业满意度高。上述文献主要是关于跨国移民自我雇佣的研究，我国农业转移人口的迁移与国际移民行为虽然存在差异，但是仍有很多相似之处。

国内大量的研究也表明，农业转移人口的就业身份与收入具有密切的联系，自我雇佣就业有利于提高收入水平。刘云平、王翠娥（2013）利用"中国老年人健康长寿影响因素调查"（CLHLS）数据分析了我国城市外来务工人员自我雇佣决定机制的性别差异，研究发现外来务工人员自我雇佣部门的收入要显著高于工资性部门，自我雇佣与工资部门的收入差距是推动外来务工人员选择自我雇佣的重要因素。董志勇、高雅（2018）以中国居民收入调查项目（2008）中的流动人口调查数据为基础，对农民工的就业选择进行Logit模型分析，结果表明目前中国农民工自雇者选择自我雇佣是为了追寻更高的金钱价值收益，而非劳动自由度收益，在已从事自我雇佣的劳动力中，绝大多数人员不考虑在将来转换工作性质为他人打工。李中建（2013）基于北京市流动人口的调查数据进行多元回归分析，结果表明就业身份是造成农村劳动力收入差异的主要因素，雇主、自我雇佣者、管理者的收入普遍高于务工者。

关于农业转移人口自雇就业身份选择的影响因素的探讨，学者们关注了个体特征、人力资本特征、社会资本特征、流动特征、地理区位等相关变量。很多学者优先考虑了个体特征在自雇就业选择模型中的作用。在性别方面，男性自我雇佣比例高于女性这一结论已被大多数学者证实。年龄对自我雇佣选择的影响呈现随着年龄增长先上升后下降的倒U形关系，拐点为39岁。通常情况下，已婚者选择自我雇佣的概率大于未婚者，家庭支持越多越有可能成为雇主和自营劳动者。人力资本也是研究者们关注的重点。有研究表明更高学历的农业转移人口更可能从事工资性工作，特别是长期工资性工作。也有研究证明了成为雇主和自营劳动者的可能性在受教育年限上呈现倒 U 形分布。在自雇前的工作经历方面，成为自雇者之前处于工资雇佣的个体，具有较高的人力资本和经验，这些会增加自雇的持续期，但是，较高的人力资本也使得相比于自雇更有利的工作成为首选。大量文献提到社会网络对自我雇佣的重要作用。丰富的社会资本对农业转移人口从事自我雇佣有显著的正向影响，提高了农业转移人口自我雇佣的可能性。迁移的时间和范围也会影响自我雇佣的选择。跨省流动的农业转移人口比省内流动的农业转移人口选择自雇就业的概率高，随着在流入地居留时间的增加，选择自雇就业的概率增加。地理区位和宏观经济环境因素同样受到了研究者的关注，一般认为，经济发展水平越高、商业氛围越浓厚的地区从事自我雇佣比例也会越高。但是有研究发现，农业转移人口在宏观经济发达的城市却偏向于选择工资性就业，东部比西部和中部的自我雇佣概率要低。

　　综上所述，学术界关于农业转移人口自雇就业选择的研究广泛采用了数据统计和实证分析方法，从个体特征、人力资本特征、社会网络特征、流动特征、地理区位和宏观环境等多方面探讨了农业转移人口选择自雇就业的影响因素，研究结论普遍认同的是自我雇佣的就业效果较好，不仅有利于增加农业转移人口收入，而且有利于扩大就业规模和提高就业质量。梳理已有的研究成果，为我们进一步探讨新生代农业转移人口就业身份选择提供了丰富的基础。本文基于全国流动人口动态监测数据，从个体特征、所属行业特征、流入地基本公共服务三个方面研究新生代农业转移人口的就业身份选择，以期对相关政策制定和引导新生代农业转移人口就业提供参考。

二、新生代农业转移人口就业身份的统计分析

　　本文的数据来源于 2016 年国家卫生和计划生育委员会全国流动人口动态监测调查数据。2016 年调查的总样本量为 16.9 万人，涉及的流动人口家庭成员共计约 45 万人。调查覆盖全国 31 个省（市、区）和新疆建设兵团。该调查采用分层、多阶段、与规模成比例的 PPS 方法进行抽样，调查对象是在流入地居住一个月以上、非本区（县、市）户口且年龄在 15 周岁以上的流入人口。调查个人问卷内容包括流动人口的家庭成员与收支情况、流动和就业、居留和落户意愿、婚育和卫生计生服务四大类。本文从中筛选了新生代农业转移人口的有关数据，并利用 SPSS19.0 进行了数据处理。

数据显示，新生代农业转移人口样本量为 58 975 个，其中自我雇佣就业 21 516 个，受雇就业 37 459 个，自我雇佣比率为 36.5%。该值高于宁光杰（2012）利用成都、武汉、南京、上海等 15 个城市调查数据进行分析研究得出的结果。数据还表明，新生代农业转移人口自雇就业的月均收入为 4 852.02 元，受雇就业的月均收入为 3 570.98 元，前者比后者高出 35% 左右，独立样本 t 检验表明收入差异在 0.001 的水平显著（见表1）。从事自我雇佣的收入高于受雇就业的收入属于较普遍的现象，这与已有研究结论一致。

表1　新生代农业转移人口自雇就业与受雇就业的收入差距

（单位：元）

自雇就业收入		受雇就业收入		t 检验
均值	标准差	均值	标准差	
4 852.02	4 559.551	3 570.98	2 055.536	38.994 ***

注：*** 表示 $p < 0.001$。

在调查问卷中提取有用的变量指标，并对样本的数据进行分类整理。具体包括：第一，将就业身份指标的雇主与自营劳动者合并为自雇就业；第二，将婚姻状况指标的未婚、离婚、丧偶合并为未婚，将初婚、再婚、同居合并为已婚；第三，将父母外出务工/经商经历指标的父母均有、父亲有母亲没有、母亲有父亲没有、本人出生就流动合并为父母有外出务工/经商经历，将父母均没有、记不清合并为父母没有外出务工/经商经历；第四，所属行业指标的采矿、制造、电煤水热生产供应、建筑合并为第二产业，将批发零售、交通运输、仓储邮政、住宿餐饮、租赁和商务服务等合并为第三产业；第五，将住房性质中的政府提供廉租房/公租房合并为一类，将自建房、自购住房合并为一类，将租住单位/雇主房、租住私房合并为个人租房，将借住房、就业场所、其他非正规居所合并为其他住房性质。新生代农业转移人口的就业身份统计分析如下：

（一）个人特征

从性别来看，新生代农业转移人口中男性多于女性，男性选择自雇就业的比重高于女性。新生代农业转移人口男性样本量 32 920 个，占比 55.8%；女性样本量 26 055 个，占比 44.2%。男性选择自雇就业的占比 38.0%，女性选择自雇就业的占比 34.5%。从婚姻状况来看，已婚的新生代农业转移人口多于未婚者，已婚者选择自雇就业的比重远远高于未婚者。新生代农业转移人口已婚的样本量 42 429 个，占比 72.0%；未婚的样本量 16 540 个，占比 28.0%。已婚的选择自雇就业占比 44.9%，未婚的选择自雇就业占比 14.8%。从教育程度来看，随着教育程度的提升，选择自雇就业的比重逐渐下降，尤其是大学及以上教育层次的新生代农业转移人口自雇就业的占比普遍较低。其中，未上过学的新生代农业转移人口样本量 214 个，占比 0.4%；小学学历者的样本量 3 096 个，占比 5.2%；初中学历者的样本量 29 740 个，占比 50.4%；高中/中专学历者的样本量 16 483 个，占比 27.9%；大学专科学历者的样本量 6 643 个，占比 11.3%；大学本科学历者的样本量 2 709 个，占比 4.6%；研究生学历者的样本量 90 个，占比 0.2%。未上过学、小学、初中、高中/中专、大学专科、大学本科、研究生选择自雇就业的比例分别是 47.7%、43.8%、42.0%、34.9%、21.2%、14.9%、3.3%。从城市定居意愿来看，城市定居意愿越强，自雇就业的倾向越大。打算在流入地长期居住的样本量 32 610 个，占比 55.3%；没想好是否长期定居的样本量 20 345 个，占比 34.5%；打算继续流动的样本量 2 266 个，占比 3.8%；打算返乡的样本量 3 754 个，占比 6.4%。打算长期居住、没想好是否长期定居、打算继续流动、打算返乡的新生代农业转移人口选择自雇就业的比重分别是 40.8%、32.6%、30.1%、24.2%。从父母外出务工/经商经历来看，新生代农业转移人口首次外出流动前父母没有外出务工/经商经历的比例高，父母的外出务工/经商经历没有提高新生代选择自雇就业的比重。其中，父母有外出务工/经商经历的样本量 16 682 个，占比 28.3%；父母没有外出务工/经商经历的样本量 42 293 个，占比 71.7%。父母有外出务工/经商经历的新生代农业转移人口选择自雇就业的比重是 33.4%，父母没有外出务工/经商经历的新生代农业转移人口选择自雇就业的比重是 37.7%（见表 2）。

表 2　新生代农业转移人口的个体特征与就业身份选择（$N = 58\ 975$）

描述项	频数	百分比（%）	雇员		自雇就业	
			频数	百分比（%）	频数	百分比（%）
性别						
男	32 920	55.8	20 396	62.0	12 524	38.0
女	26 055	44.2	17 063	65.5	8 992	34.5

（续上表）

描述项	频数	百分比 （％）	雇员		自雇就业	
			频数	百分比 （％）	频数	百分比 （％）
婚姻状况*						
已婚	42 429	72.0	23 360	55.1	19 069	44.9
未婚	16 540	28.0	14 099	85.2	2 441	14.8
教育程度						
未上过学	214	0.4	112	52.3	102	47.7
小学	3 096	5.2	1 739	56.2	1 357	43.8
初中	29 740	50.4	17 247	58.0	12 493	42.0
高中/中专	16 483	27.9	10 730	65.1	5 753	34.9
大学专科	6 643	11.3	5 238	78.8	1 405	21.2
大学本科	2 709	4.6	2 306	85.1	403	14.9
研究生	90	0.2	87	96.7	3	3.3
是否打算在流入地长期居住 （5 年以上）						
打算	32 610	55.3	19 317	59.2	13 293	40.8
没想好	20 345	34.5	13 711	67.4	6 634	32.6
继续流动	2 266	3.8	1 584	69.9	682	30.1
返乡	3 754	6.4	2 847	75.8	907	24.2
父母是否有外出务工/经商经历						
有	16 682	28.3	11 107	66.6	7 775	33.4
无	42 293	71.7	26 352	62.3	15 941	37.7

注：＊表示缺省值为6。

（二）所属行业特征

从所属行业来看，新生代农业转移人口就业以第三产业为主，且在第三产业选择自雇就业的比重最高。其中，在第一产业从业的样本量716个，占比1.2%；在第二产业从业的样本量16 875个，占比28.6%；在第三产业从业的样本量41 384个，占比70.2%。第一、二、三产业选择自雇就业的比重分别是37.2%、11.0%、46.8%。第三产业中从事批发零售、住宿餐饮、居民服务和修理的新生代农业转移人口占比分别是22.8%、16.1%、15.1%，选择自雇就业的占比分别是70.1%、45.7%、44.9%（见表3）。

表3　新生代农业转移人口所属行业特征与就业身份选择（$N = 58\,975$）

描述项	频数	百分比（%）	雇员		自雇就业	
			频数	百分比（%）	频数	百分比（%）
第一产业	716	1.2	449	62.7	267	37.2
第二产业	16 875	28.6	15 012	89.0	1 863	11.0
第三产业	41 384	70.2	21 998	53.2	19 386	46.8
批发零售	13 469	22.8	4 025	29.9	9 444	70.1
住宿餐饮	9 502	16.1	5 160	54.3	4 342	45.7
居民服务和修理	8 882	15.1	4 896	55.1	3 986	44.9

（三）享有的公共服务特征

从是否参加养老保险（含新型农村社会养老保险、养老金等）来看，新生代农业转移人口参保比例高，养老保险提高了这一群体受雇就业的比重。参加养老保险的样本量31 013个，占比52.6%；未参加养老保险的样本量26 998个，占比45.8%；不清楚是否参加养老保险的样本量964个，占比1.6%。参加养老保险、未参加养老保险、不清楚是否参加养老保险的新生代农业转移人口选择自雇就业的比重分别是30.9%、43.1%、32.8%。从是否参加城镇居民医疗保险来看，新生代农业转移人口纳入城镇居民医疗保险体系的比重低，但是参保城镇居民医疗保险提高了自雇就业的比重。参加城镇居民医疗保险的样本量1 094个，占比1.9%；未参加城镇居民医疗保险的样本量57 000个，占比96.7%；不清楚是否参加城镇居民医疗保险的样本量881个，占比1.5%。参加城镇居民医疗保险、未参加城镇居民医疗保险、不清楚是否参加城镇居民医疗保险的新生代农业转移人口选择自雇就业的比重分别是45.0%、36.7%、14.5%。从是否参加住房公积金来看，住房公积金覆盖面小，参加住房公积金者选择自雇就业的比重低。参加住房公积金的样本量6 092个，占比10.3%；未参加住房公积金的样本量 52 883 个，占比 89.7%。参加住房公积金、未参加住房公积金的新生代农业转移人口选择自雇就业的比重分别是 3.1%、40.3%。从住房性质来看，享受政府提供的廉租房/公租房比重低，自购/自建房比重高，个人租房选择自雇就业的比重高。享受政府提供的廉租房/公租房的样本量 326 个，占比仅为 0.6%；个人租房的样本量 9 186 个，占比15.6%；自购/自建房的样本量 40 564 个，占比 68.8%；其他性质住房的样本量 8 899 个，占比 15.1%。享受政府提供的廉租房/公租房、个人租房、自购/自建房、其他性质住房的新生代农业转移人口选择自雇就业的比重分别是 15.6%、42.3%、40.7%、12.0%（见表4）。

表4　新生代农业转移人口享有的公共服务特征与就业身份选择（$N = 58\ 975$）

描述项	频数	百分比（%）	雇员		自雇就业	
			频数	百分比（%）	频数	百分比（%）
是否参加养老保险						
是	31 013	52.6	21 436	69.1	9 577	30.9
否	26 998	45.8	15 375	56.9	11 623	43.1
不清楚	964	1.6	648	67.2	316	32.8
是否参加城镇居民医疗保险						
是	1 094	1.9	602	55.0	492	45.0
否	57 000	96.7	36 104	63.3	20 896	36.7
不清楚	881	1.5	753	85.5	128	14.5
是否参加住房公积金						
是	6 092	10.3	5 901	96.9	191	3.1
否	52 883	89.7	31 558	59.7	21 325	40.3
住房性质						
政府廉租房/公租房	326	0.6	275	84.4	51	15.6
个人租房	9 186	15.6	5 304	57.7	3 882	42.3
自购/自建房	40 564	68.8	24 047	59.3	16 517	40.7
其他住房性质	8 899	15.1	7 833	88.0	1 066	12.0

三、新生代农业转移人口就业身份选择的影响因素分析

（一）模型选择

依据变量的特点，构建 Binary Logistic 回归模型：

$$\log \left[p/(1-p) \right] = c + \beta_1 x_1 + \beta_2 x_2 + \cdots + \beta_n x_n + u$$

p 表示就业身份为自雇就业的概率，$1-p$ 为就业身份为雇员的概率，$x_1, x_2, \cdots, x_n$ 表示解释变量，c 表示常数项，$\beta_1, \beta_2, \cdots, \beta_n$ 表示解释变量的待估计系数，u 表示误差项。Exp (B) 是优势比 OR，表示自雇就业发生概率与受雇就业发生概率的比值，在既定参照水平下，优势比大于1，意味着分类变量可以提高新生代农业转移人口自雇就业的概率水平。考虑多分类变量共有一个参照组，不同分类变量之间也可以通过计算优势比的比值来进行比较。

（二）变量定义及赋值

以新生代农业转移人口的就业身份选择为因变量，就业身份分为自雇就业（包括雇主和自营劳动者）和受雇就业，自雇就业赋值为"1"，受雇就业赋值为"0"。性别、婚姻情况、教育程度、定居意愿、父母外出务工/经商经历、就业行业、是否参加养老保险（含新农保、养老金等）、是否参加城镇居民医疗保险、是否参加公积金、住房性质为解释变量。解释变量定义及赋值见表5。

表5 解释变量定义及赋值

解释变量	赋值	最小值	最大值	均值	标准差
性别	女=1；男=2	1	2	1.44	0.5
婚姻情况	已婚=1；未婚=2	1	2	0.72	0.45
教育程度	研究生=1；大学本科=2；大学专科=3；高中/中专=4；初中=5；小学=6；未上过学=7	1	7	4.41	0.94

（续上表）

解释变量	赋值	最小值	最大值	均值	标准差
定居意愿	打算 = 1；返乡 = 2；继续流动 = 3；没想好 = 4	1	4	2.18	1.39
父母外出务工/经商经历	有 = 1；无 = 2	1	2	1.72	0.45
就业行业	第三产业 = 1；第二产业 = 2；第一产业 = 3	1	3	1.31	0.49
养老保险	参保 = 1；未参保 = 2	1	2	1.47	0.50
城镇居民医疗保险	参保 = 1；未参保 = 2	1	2	1.98	0.13
公积金	参加 = 1；未参加 = 2	1	2	1.90	0.30
住房性质	政府廉租房/公租房 = 1；个人租房 = 2；自购/自建房 = 3；其他住房性质 = 4	1	4	2.98	0.57

（三）就业身份选择的回归分析

表 6 是新生代农业转移人口就业身份选择 Binary Logistic 回归分析模型的结果。模型一的解释变量包括性别、婚姻情况、教育程度、定居意愿、父母外出务工/经商经历，模型二在模型一的基础上增加了所属行业变量，模型三在模型二的基础上增加了享受的公共服务变量，包括是否参加养老保险（含新农保、养老金等）、是否参加城镇居民医疗保险、是否参加公积金、住房性质。伪决定系数是判断模型效果的指标之一，表 6 统计了三个模型的 Cox & Snell R^2 和 Nagelkerke R^2。三个模型的 Cox & Snell R^2 值分别是 0.109、0.233、0.283，Nagelkerke R^2 值分别是 0.149、0.319、0.387。三个模型的拟合系数均呈上升趋势，说明增加解释变量后模型的拟合优度越来越好。

表6 新生代农业转移人口就业身份选择回归分析结果

解释变量	模型一			模型二			模型三		
	B	S.E.	Exp(B)	B	S.E.	Exp(B)	B	S.E.	Exp(B)
性别（男）	-0.143***	0.018	0.867	-0.360***	0.020	0.697	-0.378***	0.021	0.686
婚姻情况（未婚）	1.426***	0.025	4.164	1.620***	0.026	5.051	1.566***	0.027	4.787
教育程度（未上过学）	0.369***	0.010	1.447	0.490***	0.011	1.632	0.328***	0.012	1.388
定居意愿（没想好）									
打算	0.230***	0.020	1.259	0.119***	0.022	1.127	0.167***	0.023	1.182
返乡	-0.507***	0.043	0.602	-0.381***	0.047	0.683	-0.314***	0.048	0.731
继续流动	-0.079	0.051	0.924	-0.048	0.055	0.953	0.010	0.057	1.010
父母外出务工/经商经历（无）	0.009	0.021	1.009	-0.081	0.022	0.922	-0.077	0.023	0.926
就业行业（第一产业）									
第三产业				0.886***	0.083	2.426	0.789***	0.086	2.201
第二产业				-1.377***	0.086	0.252	-1.331***	0.089	0.264
养老保险（未参保）							0.229***	0.021	1.257
城镇居民医疗保险（未参保）							0.879***	0.131	2.408
公积金（未参加）							2.736***	0.077	15.427
住房性质（无房）									

（续上表）

解释变量	模型一			模型二			模型三		
	B	S. E.	Exp (B)	B	S. E.	Exp (B)	B	S. E.	Exp (B)
政府廉租房/公租房							-0.215	0.171	0.806
个人租房							1.064***	0.045	2.897
自购/自建房							1.126***	0.038	3.082
常量	-3.217	0.068	0.040	-3.753	0.113	0.023	-10.386	0.220	0.000
Cox & Snell R^2	0.109			0.233			0.283		
Nagelkerke R^2	0.149			0.319			0.387		

注：各变量括号内为参照组；*** 表示 $p < 0.001$。

模型一主要是对新生代农业转移人口群体自身因素的分析，包括性别、婚姻情况、教育程度、定居意愿、父母外出务工/经商经历五个因素。从模型回归结果可以看出，性别、婚姻情况、教育程度、定居意愿均是新生代农业转移人口就业身份选择的显著性影响因素，而父母外出务工/经商经历对新生代农业转移人口就业身份选择的影响不显著。在性别方面，女性就业身份为自雇就业的概率低于男性。一方面，中国传统家庭劳动力分工"男主外女主内"，女性承担更多的家务劳动，且新生代群体正逢生育年龄，抚育子女的任务更多由女性承担；另一方面，女性相比于男性，身体素质、风险的承受能力往往较弱，这决定女性更倾向于选择受雇就业。已婚的新生代农业转移人口成为雇主或自营劳动者的可能性明显高于未婚者，已婚的新生代农业转移人口自雇就业的可能性是未婚者的 4.164 倍。已婚者能够从家庭获得更多的支持和帮助，有更大的动力去提升家庭经济收入，成为雇主和自营劳动者的可能性较高。在新生代农业转移人口中，随着教育程度的提高，选择自雇就业的意愿上升。受教育程度较高往往社会网络关系较广，处理社会关系能力也较为突出，且具有较好的学习和接受新事物的能力，善于发现市场中谋求经济利益的机会，这有助于其选择自雇就业。新生代农业转移人口城市定居意愿越强，选择自雇就业的可能性越大。打算在城市定居者，选择自雇就业的可能性是没想好是否定居于城市者的 1.259 倍。一方面，定居意愿越强，越愿意投入时间、精力、财力进行长远职业规划，摸索创业，以获得稳定的收入来源；另一方面，在劳动力市场依然存在城乡分割，在垄断性较强的公有单位依然存在进入歧视、非公有单位受雇又不稳定的情况下，新生代农业转移人口若要实现在城市立足，自我雇佣可能是较好的就业选择。定居意愿较强且有稳定收入来源的这一群体，也是加快农业转移人口市民化的核心群体。返乡意愿越强的群体，选择自雇就业的可能性越低，其进入城市的目的是获取短期的收入，为了避免返乡时自雇就业而产生的沉没成本，其更倾向于选择受雇就业。继续流动在模型回归结果中不具备统计学意义，这可能是打算继续流动者仍在流动中寻找有利的机会，对自身的职业规划还不确定。父母外出务工/经商的经历在模型中不具备统计学意义，这可能是因为新生代与父母之间职业选择的代际传递性较低。

模型二是在模型一的解释变量基础上增加了所属行业特征因素，从模型回归结果可以看出，所属行业是新生代农业转移人口就业身份选择的显著影响因素。相对于第一产业，第三产业从业促进了新生代农业转移人口选择自雇就业。第三产业创业大多规模小、见效快，且对初始投资额及流动性要求较低，是新生代农业转移人口选择创业的首选。第三产业是吸纳农业转移人口就业的"蓄水池"，同时也为农业转移人口创业提供了更多机会。第二产业从业则不利于新生代农业转移人口选择自雇就业，第二产业大多存在进入规模壁垒，资本薄弱的新生代农业转移人口很难在第二产业创业。

模型三是在模型二的解释变量基础上增加了享有的公共服务变量，参加养老保险（含城市职工养老保险、城镇居民养老保险、新农保等）、参加城镇居民医疗保险、参加公积金以及住房性质中个人租房、自购/自建房均对新生代农业转移人口就业身份选择有显著影响，而政府提供廉租房/公租房这一分类变量在模型中不具有统计学意义。参加养老保险显著提升了新生代农业转移人口选择自雇就业的可能性，参保者选择自雇就业的可能性是未参保者的 1.257 倍。新生代农业转移人口同社会上其他群体一样都要考虑老年风险的预防问题，参加社会养老保险，年老后可获得稳定可靠的经济收入，保障老年的基本生活水平，这将大大降低新生代农业转移人口对老年"无处安放"的忧虑，能够提高其选择不确定性和收益均较高的自雇就业的概率。参加城镇居民医疗保险也显著提高了新生代农业转移人口选择自雇就业的可能性，参保者选择自雇就业的可能性是未参保者的 2.408 倍。农业转移人口离开户籍所在地，原有的新农村合作医疗保险较难满足这一流动群体的医疗保障需求。从农业转移人口现实需求角度来看，新生代农业转移人口参加流入地的城镇居民医疗保险，不仅带来就地就医的便利，而且大大缓解了就医的经济压力。同时，参加城市居民医疗保险可被视为是否享受城镇基本社会保障的一项衡量指标。参加公积金是影响新生代农业转移人口选择自雇就业的显著变量，是进入模型中系数最大、优势比最高的变量，参加公积金者选择自雇就业的可能性是未参加者的 15.427 倍。住房公积金具有住房保障功能，是解决住房问题的一种政策性融资渠道。住房公积金是长期的住房储备金，一方面增加了用于住房的经济来源；另一方面缴存人可以申请公积金贷款购房，目前五年期以上公积金贷款利率 3.25%，五年期以上商业银行贷款利率 4.9%，相比之下，公积金贷款能够大幅降低购房成本。住房类型中政府提供的廉租房/公租房在模型回归结果中不具有显著性，结合前文的统计结果来看，住房类型为政府廉租房/公租房的样本量很少，仅有 326 个，占总样本量的 0.6%，普及面窄，可能是造成该变量在模型中不具备统计学意义的原因。个人租房和自有住房均显著提高了新生代农业转移人口选择自雇就业的概率，个人租房者选择自雇就业的可能性是无房者的 2.897 倍，自有住房者选择自雇就业的可能性是无房者的 3.082 倍，有稳定的住所显著提升了新生代农业转移人口选择自雇就业的概率。"老有所养、病有所医、住有所居"的社会保障政策，能够有效地提高新生代农业转移人口创业的热情。

四、研究结论

本文利用 2016 年流动人口动态监测数据，在对新生代农业转移人口个体特征、所属行业特征、享有的城市公共服务情况进行描述性分析的基础上，运用 Binary Logistic 模型考察了个体特征、所属行业特征、享有的城市公共服务等指标对新生代农业转移人口就业身份选择的影响。主要的研究结论有：①新生代农业转移人口具有较高的自我雇佣率，高达 36.5%；②新生代农业转移人口自雇就业收入高于受雇就业，月均收入高出约 35%；③从回归结果来看，性别、婚姻状况、教育程度、定居意愿、就业行业、享有的公共服务等多个因素对新生代农业转移人口的就业身份选择具有显著影响，其中已婚，教育程度高，打算长期定居，从事第三产业，参加了养老保险、城镇居民医疗保险、公积金，个人租房，自购/自建房的新生代农业转移人口选择自雇就业的比例更高，女性、具有返乡意愿、第二产业从业的新生代农业转移人口更倾向于选择受雇就业，而继续流动、父母外出务工/经商经历、政府提供廉租房/公租房对新生代农业转移人口就业身份的选择影响不显著。为提高新生代农业转移人口自雇就业的数量与质量，加快人口市民化，政府应优化产业结构，加快发展第三产业，以及完善就业公共服务，构建以创业促就业为导向的农业转移人口基本公共服务体系。

参考文献

［1］ BORJAS G J. The self – employment experience of immigrant ［J］. The Journal of human resources, 1986, 21（4）: pp. 485 – 560.

［2］ LOFSTROM M. Labor market assimilation and the self – employment decision of immigrant entrepreneurs ［J］. Journal of population economics, 2002, 15（1）: pp. 83 – 114.

［3］ BRADLEY D E, ROBERTS J A. Self – employment and job satisfaction: investigating the role of self – efficacy, depression and seniority ［J］. Journal of small business management, 2004, 42（1）: pp. 37 – 58.

［4］ NOPO H, VALENZUELA P. Becoming an Entrepreneur ［J］. IZA Discussion Paper, 2007, No. 2716.

［5］ LOFSTROM M. Does self – employment increase the economic well – being of low – skilled workers? ［J］ Small business economy, 2013（40）: pp. 933 – 952.

［6］ BLANCHFLOWER D G. Self – employment in OECD countries ［J］. Labour economics, 2000, No. 7486.

［7］ 刘云平, 王翠娥. 外来务工人员自我雇佣决定机制的性别差异［J］. 人口与经济, 2013（4）.

［8］ 董志勇, 高雅. 社会融合与农民工自我雇佣选择 ［J］. 经济与管理研究, 2018（1）.

［9］ 李中建. 农村迁移劳动力的就业身份与收入差异——基于对北京市流动人口的调查 ［J］. 经济经纬, 2013（5）.

［10］ 宁光杰. 自我雇佣还是成为工资获得者? ——中国农村外出劳动力的就业选择和收入差异 ［J］. 管理世界, 2012（7）.

卫生健康服务

中国流动人口及家庭
ZHONG GUO LIU DONG REN KOU
JI JIA TING FA ZHAN BAO GAO
发展报告
156

流动人口健康研究的热点、趋势与前沿

李红娟　　徐　乐①

2016 年 10 月 25 日，中共中央国务院印发《“健康中国 2030” 规划纲要》。党的十九大报告明确指出 “实施健康中国战略”。规模庞大的流动人口健康问题不仅影响到流动者自身的健康素质，而且影响到流动人口的家庭发展以及健康中国的建设。因此，系统梳理并把握我国流动人口健康研究的发展变动趋势、研究热点及研究前沿就显得极为重要。

以 Citespace V 为分析工具，对 CNKI 数据库中 2008—2017 年间有关流动人口健康研究的文献进行定量的、可视化分析，以期为后续研究提供更有价值的借鉴。

一、数据来源与研究方法

本文数据来源于中国知网知识发现网络平台（CNKI）。具体数据处理方法如下：以流动人口健康或农民工健康为主题，文献发表时间为 2008 年 1 月 1 日至 2017 年 10 月 31 日，共获得 973 篇文献。剔除掉广告、会议综述、会议通知后，得到有效的文献题录 957 篇。将这 957 篇文献导出，采用 Citespace V 软件自动转换工具，将数据转换成软件可以识别的格式。设置参数如下：时区分割设置为 2008—2017；单个时间分区的长度设置为 1 年；节点类型选择了作者、机构、关键词；阈值选择每年前 50 个高频词。

二、发文时间

从发文时间上看，2013 年为重要的节点，2008—2013 年流动人口健康研究文献呈现出波动中上升的趋势，从 2008 年的 99 篇，上升到 2012 年的

---

① 国家卫生健康委流动人口服务中心调查评估处工作人员。

112篇。2013年流动人口健康研究文献达到峰值，发文达到119篇。2014年相关研究开始回落，仅有87篇。2015—2016年发文量虽然较2014年有所上升，但均不足百篇。2017年，截至文献搜索时间（10月31日），已有流动人口健康研究文献63篇（见图1）。随着《"健康中国2030"规划纲要》的发布以及健康中国建设进程的不断推进，流动人口的健康将会受到各学科研究的更大关注，发文量还将不断增长。

（篇）

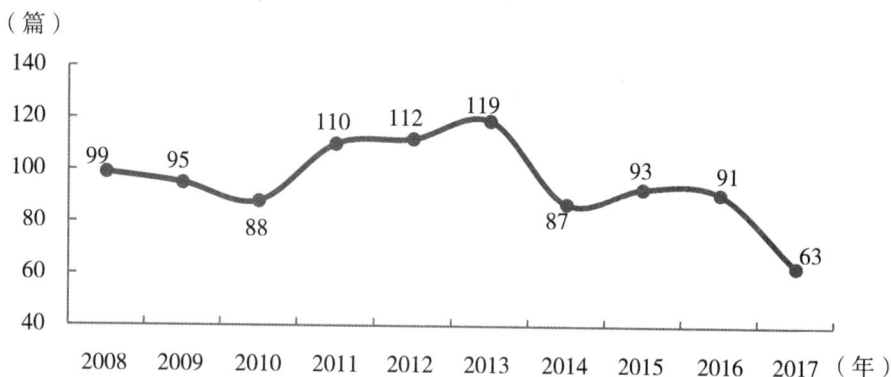

图1　2008—2017年有关流动人口健康研究的发文数量

三、热点研究内容

具体分析步骤如下：来源选择为文献标题、摘要、作者关键词、增补关键词、术语选择突现词。在分析数据阀值方面设置为前中后三个时间段（c、cc、ccv），即被引或出现的频次，共被引或共现频次，共被引率或共现率，三个时间段（c、cc、ccv）分别设置为（2、2、20；2、2、20；4、3、20）。选取每个时间切片共引频次在前50的数据，得到关键词节点173个，连线473条，可视化分析结果见图2。我们又进一步导出2008—2017年流动人口健康研究高频关键词，见表1。根据图2和表1的分析结果以及对前沿文献的梳理，可以得出近10年来，流动人口健康研究的热点内容。

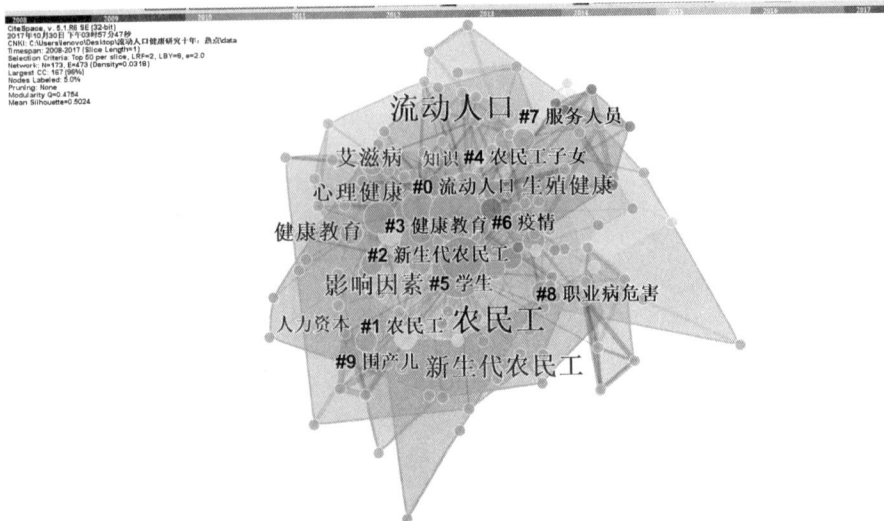

图 2　流动人口健康研究关键词示意图

表 1　2008—2017 年有关流动人口健康的文献高频关键词

年份	关键词	频次	中心性
2008	农民工	217	0.67
2008	流动人口	207	0.85
2010	新生代农民工	75	0.13
2008	影响因素	64	0.12
2008	心理健康	47	0.12
2008	生殖健康	45	0.15
2008	艾滋病	41	0.03
2008	健康教育	40	0.05
2010	人力资本	19	0.03

（一）心理健康

心理健康问题是移民社会融入后果的重要关注点（聂伟、风笑天，2013）。农民工的心理健康状况总体不佳，抑郁、自卑、孤独、紧张、焦虑、彷徨、压抑、怨恨、人际敏感、心理失衡、精神压力大、缺乏安全感和归属感等问题均在该群体身上有所体现（梁卓欣，2014）。

（二）身体健康

流动人口性行为态度和避孕套的使用态度存在较为严重的问题（王瑾等，2016）。流动人口中的产孕妇保健状况落后，流动人口性传播疾病高发（邱红、李晶华、刘红军，2011），他们已经成为具有婚前性行为、常发生意外怀孕的高发群体（黄丽，2014），且女性比男性更容易受到伤害（宋月萍、李龙，2015）。

流动人口是传染病、职业病的高发人群（殷晴、徐华宇、李常竹，2013），在各类慢性疾病及意外伤害方面存在较大风险（邓颖等，2015）。

（三）健康教育

流动人口缺少基本的生殖保健态度，缺乏艾滋病相关知识和保护自己避免受到感染的技能（张昱等，2010）。健康知识获取主要集中在优生优育、健康保健等方面，对各种疾病防治方面的知识获得不足（李红娟、徐水源，2017）。流动人口想要获得的健康知识从高到低依次为传染病防治、职业健康、慢病防治和心理健康、生育与避孕（郑韵婷等，2017）。可见，流动人口健康教育的供给与流动人口健康知识的需求之间存在一定的错位。

（四）影响因素

流动人口的健康受到多种因素的影响，归纳起来主要可分为宏观的制度因素，中观的家庭因素、社会支持因素以及微观的个体因素。

我国流动人口公共服务体系不健全，尤其是流动人口公共健康服务供给不足，且质量不高，不少地区既没有明确的关于流动人口的公共服务项目，也没有相关的服务经费在预算中体现（吴丽丽，2013）。

良好的家庭环境有助于缓解歧视对新生代农民工心理健康的消极影响（刘杨、陈舒洁、林丹华，2013）。相关研究显示，家庭规模越大，流动人口的个人健康状况越好（雷阳阳，2015）。

良好的社会支持不仅可以满足流动人口人际交往的需要，而且有利于帮助流动者获得周围以及与自身利益相关的各种信息，有利于平衡心理冲突（甄月桥、张圆、朱茹华，2015）。

年龄、性别、教育水平（程菲、李树苗、悦中山，2015）、收入水平显著影响流动者的个人健康状况。

（五）研究对象

农民工是健康研究关注的重点群体，农民工作为主题词出现的频次是217次。其次是流动人口，其作为主题词出现的频次是207次。从代际视角来看，新生代农民工是仅次于农民工、流动人口之外的第三大重点关注群体（见图2）。

四、热点时间分布

如图3所示，2008—2017年流动人口健康研究中前10个关键词分别为：医疗保障、生殖健康、农民工子女、人工流产、知识、监测、新生代农民工、流动儿童、城镇化、农民工市民化。从突发性关键词出现的时间来看，这10个关键词出现的年份分别为2008年、2009年、2010年、2011年、2012年、2013年。通过对关键词共现、关键词的突现率以及时区视图的综合分析。流动人口健康研究大致可以划分为以下三个不同的阶段。

第一个阶段是（2008—2010年），这一阶段流动人口健康研究关注的重点是流动人口的生殖健康状况及医疗保障情况。在新医改的大背景下，这一阶段的流动人口健康研究一方面关注流动人口的生殖健康相关问题，另一方面关注流动人口的医疗保险、医疗保障的参与状况以及医疗保险的转移接续以及报销等问题。

第二个阶段是（2011—2012年），这一阶段流动人口健康相关研究在研究对象方面发生了明显的变化。新生代农民工、流动儿童是流动人口相关研究中关注的重点研究对象。

第三个阶段是（2013—2017年），这一阶段有关新型城镇化、农民工市民化的政策相继出台。因此，以新型城镇化、农民工市民化为背景的流动人口健康研究成为这一阶段研究的重要关切及前沿。

Keywords	Year	Strength	Begin	End	2008—2017年
医疗保障	2008	2.6961	2009	2009	
生殖健康	2008	4.4345	2009	2010	
农民工子女	2008	2.3995	2009	2011	
人工流产	2008	2.8407	2009	2010	
知识	2008	2.7708	2009	2011	
监测	2008	2.5907	2009	2011	
新生代农民工	2008	6.9831	2009	2013	
流动儿童	2008	2.6997	2009	2015	
城镇化	2008	3.2772	2009	2017	
农民工市民化	2008	3.1986	2009	2015	

图3 2008—2017年流动人口健康突发性关键词

五、结论与讨论

本文通过 Citespace V 软件对中国知网 2008—2017 年以流动人口健康、农民工健康为主题的 957 篇文章进行了可视化分析。研究结果显示，流动人口健康研究在 2008—2013 年呈现出波动中上升的趋势。流动人口的身体健康、心理健康、健康知识与健康教育以及流动人口健康的相关影响因素等都是流动人口健康研究的热点。随着流动人口健康研究的不断发展与深化，流动人口健康研究由关注医疗保障及生殖健康状况开始逐步转向研究对象的变化。随着新型城镇化、健康中国建设的不断推进，在这一背景下的流动人口健康研究将出现新的特点及趋势。

流动人口健康相关研究中：一是要关注流动人口群体内部的分化；二是要考虑流动人口主观需求以及公共服务供给之间的平衡；三是要考虑新型城镇化、农民工市民化背景下，流动人口健康面临的新情况与新问题。

参考文献

［1］聂伟，风笑天．农民工的城市融入与精神健康——基于珠三角外来农民工的实证调查［J］．南京农业大学学报（社会科学版），2013（5）：32－40.

［2］梁卓欣．新生代农民工心理健康现状及教育研究——基于佛山市用工单位调查的思考［J］．中国成人教育，2014（24）：133－135.

［3］王瑾，汤真清，苏晨，等．上海市浦东新区建筑工人生殖健康管理模式研究［J］．健康教育与健康促进，2016（2）：90－94．

［4］邱红，李晶华，刘红军．流动人口生殖健康现状分析及对策研究［J］．医学与社会，2011（4）：29－31．

［5］黄丽．对流动人口性与生殖健康现状的分析［J］．当代医药论丛，2014（18）：3－4．

［6］宋月萍，李龙．新生代农民工婚恋及生殖健康问题探析［J］．中州学刊，2015（1）：79－83．

［7］殷晴，徐华宇，李常竹．流动人口健康隐患及传染病风险分析［J］．城市与减灾，2013（6）：20－21．

［8］邓颖，曾晶，季奎，等．2012年四川省流动人口高血压患病情况分析［J］．中国慢性病预防与控制，2015（1）：27－30．

［9］张昱，么鸿雁，孙谨芳，等．深圳市新生代农民工艾滋病知信行现况研究［J］．中国计划生育学杂志，2010，18（11）：667－670．

［10］李红娟，徐水源．流动人口健康素养及健康知识获取分析［J］．卫生经济研究，2017（10）：37－42．

［11］郑韵婷，常春，纪颖，等．流动人口健康知识现状及主观需求情况［J］．中国健康教育，2017，33（6）：509－511，515．

［12］吴丽丽．流动人口公共健康服务发展现状及优化建议［J］．人民论坛，2013（32）：159－161．

［13］刘杨，陈舒洁，林丹华．歧视与新生代农民工心理健康：家庭环境的调节作用［J］．中国临床心理学杂志，2013（5）：807－810．

［14］雷阳阳．流动人口健康状况与影响因素分析［J］．调研世界，2015（12）：18－21．

［15］程菲，李树茁，悦中山．文化适应对新老农民工心理健康的影响［J］．城市问题，2015（6）：95－103．

［16］甄月桥，张圆，朱茹华．社会支持对新生代农民工心理健康的影响——以杭州新生代农民工调查为例［J］．发展研究，2015（6）：93－97．

老年流动人口社会支持与基本公共卫生服务利用的相关性研究

柳京伯 云青萍 常 春 纪 颖①

一、背景

20 世纪 80 年代，中国农村推行家庭承包责任制，同时进行农村管理体制改革。农村出现大量剩余劳动力，他们不再以务农为主，转而进入城市务工。自此之后，随着中国经济社会的快速发展，人口流动现象日益显著，流动人口逐渐成为一个庞大的社会群体，在 2017 年这一群体的数量达到了 2.45 亿。随着流动人口规模的增加，流动人口内部的结构也在发生变化。这其中就包括老年流动人口的占比不断提高。2006 年到 2017 年老年流动人口在总流动人口中的占比从 0.5% 提高到了 2.8%。

众多的研究者对流动人口的人口迁移特征、社会融入、经济负担、健康水平、基本公共卫生服务利用水平进行了较为详尽的研究。大量的横断面研究和监测数据表明，流动人口存在卫生服务利用不足的问题：门诊和住院服务利用率低于户籍人口，应就诊未就诊和应住院未住院的比例高于户籍人口，自我医疗比例高。同时流动人口也面临着社会支持断裂的问题：在社会支持和社会融合方面主要依赖于初级关系网（血缘和乡土），社会支持的获取以非正式的形式为主，具有较强的趋同性。针对社会支持和基本公共卫生服务利用的关系，研究者发现：家庭结构、家庭收入以及社交网络的规模都有可能成为基本公共卫生服务利用的影响因素。然而对于老年流动人口相关的研究还比较少。

---

① 北京大学医学部公共卫生学院教师。

二、方法

（一）数据来源

本次研究所用数据为第二手数据，来源于国家卫生健康委 2015 年中国流动人口动态监测调查数据（CMDS）。流动人口动态监测调查是由国家卫生计生委流动人口司负责组织实施的全国范围内的抽样调查，目的是为了解流动人口生存发展状况及公共卫生服务利用、计划生育服务管理等情况。调查对象为 15 岁以上的非户籍地人口。以 31 个省（区、市）和新疆生产建设兵团 2014 年全员流动人口年报数据为基本抽样框，采取分层、多阶段、与规模成比例的 PPS 方法进行抽样。调查主要内容包括：家庭成员与收支情况，就业情况，基本公共卫生和计划生育服务。

2015 年流动人口动态监测数据中新增了老年人医疗卫生服务模块。调查对象为全国流动人口卫生计生动态监测调查抽中的流动人口家庭中全部 60 岁及以上流动人口。本研究主要使用该模块数据。

（二）研究对象的选择

本课题的研究对象为老年流动人口，并采用了国家流动人口动态监测数据对老年流动人口的定义。流动人口指在流入地居住一个月以上，非本区（县、市）户口的 15 周岁及以上流入人口。老年流动人口指 60 岁以上的流动人口。基于上述定义，我们从 2015 年动态监测数据集中共提取出 9 242 个家庭有 60 岁以上的流动人口。在此基础上我们从每个家庭随机抽取一个老年人作为本课题的研究对象。其中 2 例研究对象来自境外被剔除。最终，我们共从动态监测数据集中提取出 9 240 位研究对象。

（三）相关变量界定

健康状况：包括高血压或糖尿病的患病率，以及自评健康。问卷中相关问题为"是否患有医生确诊的高血压和糖尿病（1. 是；2. 否）"与"身体健康状况怎样（1. 健康；2. 基本健康；3. 不健康但生活能自理；4. 生活不能自理）"。

社会支持：社会支持是在 20 世纪 70 年代提出并很快被应用于社会学、心理学以及医学多个领域。社会支持的内涵在不同领域甚至同一领域内还没有达成共识。一般对于社会支持的刻画主要从四个要素着手，包括社会支持的主体、客体、内容和形式。其中，社会支持的主体包括：正式支持（由政府和社区所组成的正式支持网络，通过调控政策和法律、法规的制定、执行、监管的程序和过程，对涉及个体生活和发展各方面的外部环境予以调整和完善）和非正式支持（由血缘、地缘、业缘及其他关系所构成的非正式支持网络，向个体提供物质和精神方面的支持与帮助）。社会支持的形式包括结构支持、行为支持、情感支持和多维支持。从流动人口动态监测数据中能够提取出的社会支持信息主要为结构支持。本研究中通过医疗保险的种类和医疗保险所在地，刻画正式社会支持。采用家庭人均月收入、家庭规模、婚姻状况、居住地朋友数量来刻画非正式支持。关于朋友数量，问卷中相关问题的提问方式为"在本地有多少个朋友"。

基本公共卫生服务利用：包括免费健康体检和慢性病随访。免费健康体检在问卷中的提问方式为"过去一年是否参加过社区卫生服务中心组织的免费健康体检"；关于慢性病随访问卷的提问方式为"过去一年是否有医生进行高血压或糖尿病随访"。

地区分类：根据2017年国家统计局的分类标准，本研究将调查对象的现居住地合并为东部地区（北京、天津、河北、上海、江苏、浙江、福建、山东、广东和海南），中部地区（山西、安徽、江西、河南、湖北和湖南），西部地区（内蒙古、广西、重庆、四川、贵州、云南、西藏、陕西、甘肃、青海、宁夏和新疆）以及东北地区（黑龙江、吉林、辽宁）。

经济收入：根据原始变量中家庭月总收入及家庭人口数算出家庭人均收入，将家庭人均收入合并为高、中、低三个水平（上三分之一、中三分之一和下三分之一）。

（四）统计分析方法

连续性变量若服从正态分布，采用均值和标准差表示；若不服从正态分布则采用中位数和四分位数间距表示。分类变量采用比例表示。正态性检验采用 $S-w$ 检验。采用 Logistic 回归探究各社会支持变量与基本公共卫生服务利用结局变量的关系。采用 OR 值和 OR 值的95%置信区间来描述变量间的关系。先对各自变量进行单变量的 Logistic 回归，再将全部变量纳入模型进行多变量的 Logistic 回归。多变量回归的变量筛选方法为后退法，筛选的显著性标准定为0.1。采用双侧检验，设定 $\alpha = 0.05$。研究采用 SAS 9.4 Windows 进行数据统计分析。

三、结果

（一）人口学基本特征

从 2015 年全国范围内来看，老年流动人口中男性偏多（53.11%），受教育程度在初中及以下的占绝大多数（86.54%），农业户籍占比达到 68.59%，年龄的中位数为 64.50（62.00~70.00）岁，见表 1。

表 1　老年流动人口学信息（分类变量）（$N = 9\ 240$）

变量	变量分类	n	比例（%）
性别	男	4 907	53.11
	女	4 333	46.88
受教育程度	未上学	1 882	20.36
	小学	3 821	41.35
	初中	2 294	24.83
	高中/中专	876	9.48
	大专	248	2.68
	本科	117	1.27
	研究生	2	0.02
户口类型	农业	6 338	68.59
	非农业	2 739	29.64
	农业转居民	114	1.23
	非农业转居民	49	0.53
民族	汉族	8 353	90.4
	少数民族	887	9.6
现住地	东部地区	3 051	33.31
	中部地区	987	10.78
	西部地区	3 923	42.83
	东北地区	1 199	13.09

在老年流动人口的流动状况中，跨省流动较多（42.88%），流动原因主要有以下三个方面：务工（24.62%），照顾子女或孙辈（34.36%）以

及养老（30.81%），流动时间集中在 5.00（2.00~7.00）年左右，详见表 2。

表 2　老年流动人口流动状况（分类变量）

变量	变量分类	n	比例（%）
流动类型	跨省	3 962	42.88
	跨市	2 951	31.94
	跨县	2 327	25.18
流动原因	务工	2 275	24.62
	照顾子女	912	9.87
	照顾孙辈	2 263	24.49
	治病	72	0.78
	养老	2 847	30.81
	其他	871	9.43

绝大多数的研究对象表示自己健康或基本健康（89.21%），21.82%的老年人明确知道自己患有医生诊断的高血压或糖尿病（见表 3）。

表 3　老年流动人口健康状况

变量	分类	n	比例（%）
健康状况	健康	4 283	46.35
	基本健康	3 960	42.86
	不健康	853	9.23
	生活不能自理	144	1.56
医生诊断的高血压或糖尿病	是	2 016	21.82
	否	7 224	78.18

（二）老年流动人口社会支持情况

本研究主要从医疗保险来评估老年流动人口的正式社会支持，结果表明，大多数调查对象参加了新农合保险（53.77%），有 15.14% 的调查对象表示不清楚或没有参加医疗保险。而关于医保所在地，仅有 11.25% 的调查对象的医保所在地为流入地，而绝大多数老年流动人口的医保所在地在户籍地（88.00%）。详见表4。

从动态监测数据中，我们主要能够得出非正式支持中的结构支持。绝大多数的研究对象婚姻状况处于初婚（72.29%），其次是丧偶（23.38%）；一同居住的家庭成员数量（包括本人）的中位数为4.00（2.00～5.00）人；家庭人均月收入中位数1 600.00（1 000.00～2 500.00）元；拥有的本地朋友数量，中位数为5.00（2.00～9.00）人。详见表5。

表4　社会支持状况中分类变量信息（$N = 9\ 240$）

变量	变量分类	n	比例（%）
婚姻状况	未婚	42	0.46
	初婚	6 680	72.29
	再婚	186	2.01
	离婚	172	1.86
	丧偶	2 160	23.38
医保类型	新农合	4 968	53.77
	城乡居民	511	5.53
	城镇居民	742	8.03
	城镇职工	1 520	16.45
	公费医疗	100	1.08
	不清楚	657	7.11
	没有	742	8.03
医保所在地	本地	882	11.25
	户籍地	6 900	88.00
	其他地方	59	0.75

表5　社会支持状况连续性变量信息

变量	均值	标准差	中位数	下四分位数	上四分位数
家庭月收入	2 194.78	10 628.26	1 600.00	1 000.00	2 500.00
本地朋友数量	7.80	10.14	5.00	2.00	9.00
家庭成员数量	3.57	1.58	4.00	2.00	5.00

（三）老年流动人口基本公共卫生服务利用情况

基本公共卫生服务利用在全部 9 240 个样本中有 32.45% 的调查对象在过去一年曾经接受了社区卫生服务中心的免费健康体检，而在 2 016 名高血压或糖尿病患者中有 34.57% 参加了社区卫生服务中心的随访。

1. 社区免费健康体检参与情况

在人口学特征的单变量分析结果中发现（见表 6），受教育程度高、非农业户口、流动原因为养老、居住在非东部地区的人群参加免费健康体检的比例略高；而无医疗保险，医疗保险不在本地，家庭规模较大，健康状况差的人群参加健康体检的比例低。

表 6　不同人口学特征的老年流动人口参加免费健康体检的情况（$N = 9\ 240$）

变量名称	分类	n	健康体检比例（%）	OR 估计	95% 置信区间	
性别	男	4 907	32.31	1		
	女	4 333	32.59	1.01	0.92	1.10
受教育程度	未上学	1 882	27.21	1		
	小学	3 881	32.29	1.27	1.12	1.44
	初中	2 294	37.47	1.60	1.40	1.83
	高中/中专及以上	1 243	31.53	1.23	1.05	1.44
户口类型	农业	6 453	30.45	1		
	非农业	2 787	37.05	1.34	1.22	1.47
民族	汉族	8 353	32.28	1		
	少数民族	887	33.93	1.07	0.93	1.24
健康状况	基本健康	8 243	33.15	1		
	不健康	853	28.37	0.79	0.68	0.93
	不能自理	144	15.97	0.38	0.24	0.60
现住地	东部地区	3 051	20.52	1		
	中部地区	987	38.20	2.39	2.05	2.80
	西部地区	3 923	38.44	2.42	2.17	2.70
	东北地区	1 199	37.95	2.37	2.05	2.74
流动类型	跨省	3 962	25.16	1		
	跨市	2 951	36.63	1.71	1.55	1.90
	跨县	2 327	39.54	1.94	1.74	2.17

（续上表）

变量名称	分类	n	健康体检比例（%）	OR 估计	95% 置信区间	
流动原因	务工	2 275	31.14	1		
	照顾家人	3 175	30.30	0.96	0.85	1.08
	养老	2 919	35.49	1.21	1.08	1.36
	其他	871	33.41	1.11	0.93	1.31

在各社会支持变量的分析结果中（见表7），没有医疗保险者参加健康体检的可能性更低（$OR = 0.67$，$95\% CI\ 0.59 \sim 0.76$）；医疗保险在外地者参加健康体检的可能性更低（$OR = 0.53$，$95\% CI\ 0.46 \sim 0.62$）；家庭规模较大的人群参加健康体检的可能性更低（$OR = 0.72$，$95\% CI\ 0.66 \sim 0.78$）；在婚者相比于失去配偶者更可能参加健康体检（$OR = 1.10$，$95\% CI\ 1.00 \sim 1.22$）；朋友多的人群比朋友少的人群更可能参加健康体检；在分析结果中没有观察到不同收入水平的人群参与健康体检的差异具有统计学意义。

表7 不同社会支持特征的老年流动人口参加免费健康体检的单变量分析（$N = 9\ 240$）

变量名称	分类	n	参与健康体检比例（%）	OR 值	95% 置信区间	
医疗保险地点	本地	882	46.71	1		
	户籍地/其他	6 959	32.04	0.53	0.46	0.62
医疗保险种类	有保险	7 841	33.69	1		
	没有/不清楚	1 399	25.43	0.67	0.59	0.76
家庭规模（人）	1~3	5 074	35.69	1		
	4~7	4 166	28.49	0.72	0.66	0.78
婚姻状况	失去配偶	2 372	30.79	1		
	在婚	6 868	33.01	1.10	1.00	1.22
朋友数量（人）	0	1 118	16.46	1		
	1~3	2 481	28.74	2.05	1.71	2.45
	4~6	2 074	33.94	2.61	2.17	3.13
	7+	3 567	39.16	3.27	2.75	3.88
家庭收入	低水平	2 919	32.68	1		
	中水平	2 527	32.85	1.01	0.90	1.13
	高水平	3 749	32.00	0.97	0.87	1.08

多变量分析的结果显示（见表8），受教育程度高、非农业户口、居住在非东部地区、省内流动、流动原因为照顾家人或养老、朋友数量多、年龄大的人群参与健康体检的比例更高。健康状况差、医保所在地非居住地、家庭规模大的人群参加免费健康体检的比例低。在社会支持因素中，相对于医保地点为本地的人群，外地医保人群参加健康体检的可能性更低（$OR = 0.64$，$95\% \, CI \, 0.55 \sim 0.74$）；相对于家庭规模比较小的人群，家庭规模大的人群参与免费健康体检的可能性降低（$OR = 0.83$，$95\% \, CI \, 0.75 \sim 0.93$）；相对于朋友数较少或没有朋友的人群，朋友数较多的人群参加健康体检的可能性更高。

表8　老年流动人口参加健康体检的多变量 Logistic 分析（未参加 = 0）

变量	变量分类	β	SE	P	OR	95% 置信区间	
社会支持							
家庭规模（人）	1～3				1		
	4～7	-0.091	0.029	0.0017	0.83	0.75	0.93
朋友数量（人）	0				1		
	1～3	0.022	0.047	0.6436	1.87	1.53	2.29
	4～6	0.209	0.048	0.0001	2.26	1.84	2.77
	7+	0.375	0.041	0.0001	2.67	2.20	3.24
医保地点	居住地				1		
	户籍地/其他	-0.224	0.038	0.0001	0.64	0.55	0.74
人口学信息							
年龄		0.009	0.005	0.0490	1.01	1.00	1.02
健康状况	基本健康				1		
	不健康	0.134	0.102	0.1857	0.78	0.65	0.93
	生活不能自理	-0.519	0.172	0.0026	0.41	0.24	0.67
流动类型	跨省				1		
	跨市	0.050	0.036	0.1619	1.25	1.11	1.42
	跨县	0.125	0.038	0.0009	1.35	1.18	1.54
流动原因	务工				1		
	照顾家人	0.050	0.046	0.2773	1.20	1.04	1.39
	养老	0.127	0.046	0.0063	1.30	1.11	1.51
	其他	-0.045	0.066	0.4986	1.09	0.90	1.33

（续上表）

变量	变量分类	β	SE	P	OR	95%置信区间	
教育水平	未上学				1		
	小学	0.030	0.041	0.467 4	1.23	1.06	1.42
	初中	0.255	0.045	0.000 1	1.54	1.30	1.81
	高中/中专及以上	−0.110	0.062	0.078 7	1.07	0.87	1.31
户口类型	农业				1		
	非农业	0.108	0.032	0.000 9	1.24	1.09	1.41
现住地	东部地区				1		
	中部地区	0.250	0.059	0.000 1	2.22	1.85	2.66
	西部地区	0.239	0.039	0.000 1	2.20	1.92	2.51
	东北地区	0.058	0.057	0.308 6	1.83	1.54	2.18

2. 参与慢性病随访的情况

以 2 016 名患有医生诊断的高血压、糖尿病老年流动人口患者为研究对象，单因素分析发现（见表9），年龄增加、少数民族、现居住地为非东部地区、省内流动、本地朋友数量较多的人群参加慢性病随访的比例高；医疗保险所在地非本地、流动原因为照顾家人、家庭规模大的人群则参加慢性病随访的比例低。

表9　不同人口学特征的老年流动人口参与慢性病随访的单因素分析（未参加 = 0）

变量名称	变量分类	n	慢性病随访比例（%）	OR估计	95%置信区间	
性别	男	953	35.99	1		
	女	1 063	33.30	0.89	0.74	1.07
受教育程度	未上学	488	35.86	1		
	小学	753	34.79	0.95	0.75	1.21
	初中	472	34.11	0.93	0.71	1.21
	高中/中专及以上	303	32.67	0.87	0.64	1.18
户口类型	农业	1 279	34.01	1		
	非农业	737	35.55	1.07	0.88	1.29
民族	汉族	1 826	33.52	1		
	少数民族	190	44.74	1.61	1.19	2.17

（续上表）

变量名称	变量分类	n	慢性病随访比例（%）	OR 估计	95% 置信区间	
健康状况	基本健康	1 536	33.59	1		
	不健康	413	38.50	1.24	0.99	1.55
	不能自理	67	32.84	0.97	0.57	1.63
现住地	东部地区	719	24.76	1		
	中部地区	179	42.46	2.24	1.59	3.16
	西部地区	848	41.86	2.19	1.76	2.72
	东北地区	254	32.68	1.48	1.08	2.02
流动类型	跨省	868	30.41	1		
	跨市	629	35.45	1.26	1.01	1.56
	跨县	519	40.46	1.55	1.24	1.95
年龄		2 016	34.57	1.02	1.01	1.03

在各社会支持变量的分析结果中发现（见表 10），医疗保险在外地者参加慢性病随访的可能性更低（$OR = 0.57$，95% CI 0.42 ~ 0.76）；家庭规模较大的人群参加慢性病随访的可能性更低（$OR = 0.67$，95% CI 0.56 ~ 0.81）；朋友多的人群比朋友少的人群更可能参加慢性病随访；在分析结果中没有观察到不同收入水平、婚姻状况、医疗保险种类的人群慢性病随访参与率的差异具有统计学意义。

表 10　不同社会支持特征的老年流动人口参与慢性病随访的单因素分析（未参加 = 0）

变量名称	变量分类	n	慢性病随访比例（%）	OR 值	95% 置信区间	
医疗保险地点	本地	204	46.57	1		
	户籍地/其他	1 580	33.23	0.57	0.42	0.76
医疗保险种类	有保险	1 784	34.75	1		
	没有/不清楚	232	33.19	0.93	0.70	1.25
家庭规模（人）	1 ~ 3	969	39.22	1		
	4 ~ 7	1 047	30.28	0.67	0.56	0.81
婚姻状况	失去配偶	616	35.06	1		
	在婚	1 400	34.36	0.97	0.79	1.18

（续上表）

变量名称	变量分类	n	慢性病随访比例（%）	OR 值	95% 置信区间	
朋友数量（人）	0	306	26.47	1		
	1 ~ 3	553	32.91	1.36	1.00	1.86
	4 ~ 6	434	34.33	1.45	1.05	2.00
	7 +	723	39.42	1.81	1.35	2.43
家庭收入	低水平	676	33.73	1		
	中水平	526	35.55	1.08	0.85	1.38
	高水平	814	34.64	1.04	0.84	1.29

多变量分析的结果显示（见表 11）：年龄增加，居住地为非东部地区，本地朋友数量多是参加慢性病随访的重要因素；而医保地点在非居住地，家庭规模大是参加慢性病随访的不利因素。在社会支持因素中，相对于医保地点为本地的人群，外地医保人群参加慢性病随访的可能性更低（OR = 0.70，95% CI 0.51 ~ 0.95）；相对于家庭规模比较小的人群，家庭规模大的人群参加慢性病随访的可能性较低（OR = 0.68，95% CI 0.55 ~ 0.83）；相对于朋友数较少或没有朋友的人群，朋友数较多的人群参加慢性病随访的可能性更高。

表 11　老年流动人口慢性病随访参与的多因素分析（未参加 = 0）

变量	变量分类	β	SE	P	OR	95% 置信区间	
社会支持							
家庭规模	1 ~ 3				1		
（人）	4 ~ 7	− 0.198	0.052	0.000 2	0.68	0.55	0.83
朋友数量	0				1		
（人）	1 ~ 3	0.006	0.090	0.950 7	1.37	0.97	1.93
	4 ~ 6	0.024	0.095	0.796 2	1.39	0.97	1.99
	7 +	0.276	0.081	0.000 7	1.79	1.29	2.48
医保地点	本地				1		
	户籍地/其他	− 0.179	0.079	0.023 0	0.70	0.51	0.95

变量	变量分类	β	SE	P	OR	95% 置信区间	
人口学信息							
现住地	东部地区				1		
	中部地区	0.387	0.128	0.002 5	2.31	1.61	3.32
	西部地区	0.296	0.081	0.000 3	2.11	1.66	2.69
	东北地区	-0.233	0.123	0.057 4	1.24	0.88	1.76
年龄		0.021	0.007	0.004 8	1.02	1.01	1.04

3. 讨论

在这项研究中，我们使用了 2015 年流动人口动态监测调查的数据，分析了老年流动人口的基本公共卫生服务利用情况，并探索了相关的因素。

（四）老年流动人口的特点

在正式的社会支持层面，有 15.14% 的老年流动人口不清楚或没有参加任何形式的社会医疗保险，参保率与一般流动人口基本持平。在参加医疗保险的人群中，有 11.25% 的医保所在地为本地。总体来说，老年流动人口的参保情况不容乐观。在非正式的社会支持层面，老年人的流动家庭月收入为 5 000 元，高于就业流动人口群体在 2016 年的调查数据（4 503元）。在朋友方面，老年流动人口拥有的朋友数量中位数为 5 人，平均数为 7.8 人，12.10% 的老年人表示在本地没有朋友。钟晓妮对重庆农村户籍流动人口的专题调查显示流动人口平均有 7 个关系密切的朋友，而凌莉等人对广州农村户籍流动人口的专题调查则显示 20.73% 的流动人口表示没有关系密切的朋友。由于数据来源的原因，这些对比只能作为参考，并没有充分的证据表明老年流动人口与一般流动人口相比存在结构性社会支持层面的劣势，而是具有流动人口的普遍特征。

在基本公共卫生服务利用方面，32.45% 的调查对象接受了社区卫生服务中心的免费健康体检，而在 2 016 名高血压或糖尿病患者中有 34.57% 的调查对象参加了社区卫生服务中心的随访。郭静等人利用 2013 年流动人口监测数据的统计结果显示有 33.00% 的流动人口在一年内参加了来自社区卫生服务中心的免费体检。而 2013 年国家卫生服务调查的结果则显示，流动人口的年内体检率为 34.6%（包括在医院参加的体检）。因此，直至目前并没有明显的证据能证明老年流动人口在参加社区体检方面与其他年龄的流动人口相比存在劣势。但我们需要注意到，随着年龄增加，人群对健康服务的需求应该也在增加。相比于增加的需求，老年流动人口实际利用基本公共卫生服务的行为并没有增加。

（五）社会支持与基本公共卫生服务利用的相关性

参加健康体检多变量分析的结果显示：相对于医保地点为本地的人群，外地医保人群参加健康体检的可能性更低；相对于家庭规模比较小的人群，家庭规模大的人群参与免费健康体检的可能性降低；相对于朋友数较少或没有朋友的人群，朋友数较多的人群参加健康体检的可能性更高。在针对慢性病随访的多因素研究中我们也同样得出了相似的结果。

对于本地参保的构成，占前三位的是新农合（53.77%）、城镇居民（8.03%）和城镇职工（16.45%）。由于社区卫生服务的健康体检是免费的，并且面向所有辖区居民。所以医保在外地并不应该成为参加免费健康体检的不利因素。但同时也有研究表明，医疗保险也反映了流动人口进行社会融合和获取社会支持的水平，使得这部分流动人口能够更容易地获得信息，也更愿意参与流入地的活动。从而通过倾向性因素和能力资源影响免费健康体检行为的发生。

与医保所在地相同，朋友数量的增加也意味着流动人口的社会融入和社会支持水平的提高，流动人口对当地的医疗服务有了更好的了解，能够获得更好的医疗服务。也就是说朋友数量主要通过影响能力资源，来影响基本公共卫生服务利用行为的。

之前的研究表明，老年流动人口更加依赖于家庭的资源来使用医疗服务。在我们的研究中却得出家庭规模的增加可能是老年人基本公共卫生服务利用的不利因素。对此我们的推测为家庭规模的增大，并不直接意味着老年人的家庭社会经济地位的提高，反而可能降低了老年人的家庭地位，同时老年人也更加依赖于来自家庭的资源。以上原因导致了老年人能力资源的下降，从而影响了基本公共卫生服务利用行为。更加明确的原因还有待进一步的研究。

本研究中，经济收入没有显示出与参加健康体检和慢性病随访的关系。而在 Zhang X. 和其同事（2018）的研究中，对于医疗卫生服务影响因素却显示，家庭月收入是医疗卫生服务利用的影响因素。这可能体现了基本公共卫生服务和医疗卫生服务在性质上存在着一定的不同。基本公共卫生服务作为一种免费服务，不直接依赖于经济收入，同时又更体现出参与者的主动性。

婚姻状况同样没有显示出与参加健康体检和慢性病随访之间的关系。

之前的研究已经明确表明婚姻状况是老年人健康状况的影响因素。同时也有研究显示婚姻状况是医疗卫生服务利用（住院、门诊）的影响因素。在我们的研究中没有得出类似的结论，相关原因还有待进一步研究。

另外，关于一些非社会支持的变量也引起了我们的注意，包括流入地（中西部的基本公共卫生服务利用要好于东部）和流动类型等。希望在未来能针对这些问题开展更加细致的研究。

参考文献

［1］国家卫生和计划生育委员会流动人口司．中国流动人口发展报告2017［M］．中国人口出版社，2017．

［2］郭静，邵飞，范慧，等．流动人口基本公共卫生服务可及性及影响因素分析［M］．中国卫生政策研究，2016，9（8）．

［3］郭静，翁昊艺，周庆誉．流动人口基本公共卫生服务利用及影响因素分析［J］．中国卫生政策研究，2014，7（8）：51–56.

［4］ZHANG X, YU B, HE T, et al. Status and determinants of health services utilization among elderly migrants in China ［J］. Global health research & policy, 2018, 3（1）：pp. 8.

卫生健康服务

流动人口在现居住地获取避孕节育知识的
途径和意愿及其影响因素分析

武俊青　李亦然　李玉艳　周　颖　赵　瑞[①]　赵洪鑫[②]

目前，我国流动人口不断增多，大规模的人口流动迁移在我国持续了近40年，流动人口规模不断加大，发展速度迅猛。1982年第三次人口普查中"户口在外地"的人口数为657.5万人；到1990年第四次人口普查时，全国非正式迁移人口数已达2 160.9万人，是1982年的3.27倍；2000年全国进行新中国成立以来第一次的流动人口普查，结果显示全国流动人口总量已达1.21亿人，其中，省内流动的有7 865万人，占65%，跨省流动4 242万人，占35%；到2005年底，全国1%人口抽样调查结果估计，全国人口中，流动人口为1.47亿人，其中，跨省流动人口4 779万人；到2013年，国家卫生计生委的《中国流动人口发展报告2013》指出，2012年中国流动人口数量达到2.36亿人。在短短的30多年时间内，中国流动人口增加了30多倍。

根据国家人口计生委的专家预计，在未来的30年，我国的人口将形成5亿城镇人口、5亿流动迁移人口、5亿农村人口的"三分天下"的格局。流动人口已经成为介于我国城镇人口与农村人口之间另一重要的庞大的特殊群体，而且这一群体的规模正处于急速扩张的阶段。

由于流动人口是一个以青壮年为主体的变动群体，对性与生殖的需求较大，加上远离家乡，不再受父母的监护和原居地道德风俗的束缚，流动人口的性观念和性行为发生了巨大的变化。主要表现为性观念开放、婚前性行为发生率高、安全性行为意识差等特点，首次发生性行为的年龄偏小，平均值为20岁，最小为13岁，同时还存在拥有多个性伴侣的现象。近年来，一项研究提示，大多数流动人口认为婚前性行为可以接受，未婚流动人口中同居的比例在20%左右。而2012年的一项调查显示：40%~50%的未婚流动人口有婚前性行为，在有婚前性行为的未婚

---

①　复旦大学生殖与发育研究院、上海市计划生育科学研究所、国家卫生健康委药具重点实验室工作人员。

②　葛兰素史克工作人员。

流动人口中，经常使用避孕套的占 46.9%，从不使用的占 29.2%，偶尔使用的占 20.0%，使用避孕药的占 3.8%。另一项调查结果表明，城市外来未婚青年女工中有相当一部分人已经有性生活经历，然而她们缺乏生殖保健意识，缺乏基本的避孕知识，不了解获得避孕药具的途径，在寻求服务方面存在着社会、心理、经济各方面的障碍。因此，本文旨在探讨流动人口所能掌握的避孕节育知识，以及研究其知识的获得途径和获取该方面知识的需求意愿，分析获得避孕节育知识的影响因素，进而提高流动人口的生殖健康水平。

一、资料与方法

（一）研究对象

本研究采用多阶段随机整群抽样方式进行。首先，在流动人口比较集中的省市级城市选择，抽取了北京、上海和成都三个中心，分别代表了中国北部、东部和西部流动人口高度集中的大城市。然后在三个城市的整群抽样，在每个城市选择流动人口集中的区域，并根据工作性质、规模和工作条件，分别选择了工厂、建筑工地和服务/娱乐场所各 4 个。将所选择的工作场所内所有符合条件的流动人口都纳入为本研究的对象，在征得他们的知情同意后开展本研究。本次研究共选择了 6 304 名流动人口。

流动人口的入选条件是：①人户分离；②年龄 18～49 周岁；③在所选地区居住满 3 个月；④至少在该工作场所继续工作满一年；⑤自愿参加本次研究。

（二）资料收集方法

本研究是基于工作场所的流行病学社区干预研究，采用定性和定量相结合的方法。由经过统一培训的调查员对选中的流动人口进行面对面问卷调查。与本文相关的问卷内容涉及调查对象的基本人口学特征，对常用避孕方法的相关知识了解情况，了解避孕知识的影响因素、主要来源和途径及其最期望获得的避孕节育知识的内容等。

（三）数据整理与统计分析

调查问卷由专业人员进行统一审核、编码并抽检。应用 Epidata 3.1 软件建立数据库，并逐一设置变量的输入类型、范围、跳转等输入检查程序。调查问卷由双人双遍录入，并对两次录入的数据库进行一致性检验。对于不一致的变量，采用核对原始调查问卷的方法，修改数据库中的错误，直至两次录入的结果完全一致。之后将数据库转化为 SAS 数据集，运用 SAS 9.1 软件编程进行逻辑核对和检查。

本文运用 SAS 软件包进行统计分析，主要进行了频数描述、χ^2 检验、Logistic 多因素回归分析等，并根据分析的结果和预实验结果，选择变量，运用广义估计方程进行分析和控制，以探索流动人口在现居地获得避孕节育知识的途径、分析获得避孕节育知识的影响因素和获取该方面知识的需求意愿。

二、结果

（一）调查对象的一般人口学特征

本研究共招募符合纳入条件的流动人口 6 382 人，其中 78 人（1.22%）在正式调查时由于个人搬迁和流动原因退出了调查。实际调查流动人口 6 304 人，其中上海现场 2 001 人，北京现场 2 106 人，成都现场 2 197 人。三个现场 6 304 人中，2 393 名研究对象在工厂工作，占 37.96%，在建筑工地工作的对象有 1 247 人（19.78%），在服务/娱乐场所工作的对象有 2 664 人（42.26%）。6 304 人中，男性 2 843 人，占 45.10%，女性 3 461 人，占 54.90%。平均年龄 30.14 ± 8.09，以 20 岁~39 岁居多，占 77.10%。未婚的研究对象有 2 254 人，占 35.76%，已婚的研究对象有 4 050 人，占 64.24%。研究对象的学历以初中为主，共有 3 335 人，占 52.90%；其次，为高中/技校（1 965 人，31.17%），小学及以下的对象有 643 人（10.20%）；大学及以上的对象仅有 361 人（5.73%）。研究对象家庭人均月收入以"1 000 元~2 000 元"为主，占 36.37%。81.38% 的研究对象为农业户口，非农业户口的研究对象有 18.62%（见表 1）。

表1 三地流动人口社会人口学特征（$N = 6\ 304$）

变量	上海 ($N = 2\ 001$)		北京 ($N = 2\ 106$)		成都 ($N = 2\ 197$)		合计 ($N = 6\ 304$)	
	n	百分比（%）	n	百分比（%）	n	百分比（%）	n	百分比（%）
性别								
男	954	47.68	622	29.53	1 267	57.67	2 843	45.10
女	1 047	52.32	1 484	70.47	930	42.33	3 461	54.90
年龄（岁）								
<20	179	8.95	360	17.09	94	4.28	633	10.04
20～24	545	27.24	468	22.22	377	17.16	1 390	22.05
25～29	434	21.69	368	17.47	397	18.07	1 199	19.02
30～34	306	15.29	488	23.17	463	21.07	1 257	19.94
35～39	254	12.69	273	12.96	487	22.17	1 014	16.09
40～44	180	9.00	126	5.98	291	13.25	597	9.47
≥45	103	5.15	23	1.09	88	4.01	214	3.39
婚姻状况								
未婚	804	40.18	890	42.26	560	25.49	2 254	35.76
已婚	1 197	59.82	1 216	57.74	1 637	74.51	4 050	64.24
学历								
≤小学	155	7.75	184	8.74	304	13.84	643	10.20
初中	1 067	53.32	1 189	56.46	1 079	49.11	3 335	52.90
高中/技校	693	34.63	604	28.68	668	30.41	1 965	31.17
≥大学	86	4.30	129	6.13	146	6.65	361	5.73
工作场所								
工厂	845	42.23	413	19.61	1 135	51.66	2 393	37.96
建筑工地	422	21.09	377	17.90	448	20.39	1 247	19.78
服务/娱乐场所	734	36.68	1 316	62.49	614	27.95	2 664	42.26

变量	上海 (N = 2 001)		北京 (N = 2 106)		成都 (N = 2 197)		合计 (N = 6 304)	
	n	百分比（%）	n	百分比（%）	n	百分比（%）	n	百分比（%）
家庭人均月收入（元）								
<500	121	6.05	260	12.35	360	3.27	741	11.75
500~1 000	328	16.39	477	22.65	628	11.04	1 433	22.73
1 000~2 000	787	39.33	802	38.08	704	40.60	2 293	36.37
2 000~3 000	452	22.59	330	15.67	344	27.38	1 126	17.86
≥3 000	313	15.64	237	11.25	161	17.71	711	11.28
户口性质								
农业户口	1 706	85.26	1 687	80.10	1 737	79.06	5 130	81.38
非农业户口	295	14.74	419	19.90	460	20.94	1 174	18.62

（二）不同特征流动人口在现居地获得避孕节育知识情况比及其影响因素

上海、北京、成都的调查对象，流动到现居地后，近一年内获得过避孕节育知识的比例分别为43.38%、34.43%和32.59%。

采用单因素卡方方法来检验分析流动人口到现居地后是否获得避孕节育知识的影响因素。结果提示：不同的城市、性别、年龄、婚姻状况、学历、工作场所、家庭人均月收入、现居住地的主要居住方式、已育小孩个数、性生活频率、是否采取避孕措施等与近一年内是否获得避孕节育知识有显著的关联（$p < 0.01$）。上海的流动人口近一年内获得过避孕节育知识的比例要高于北京和成都；女性接受避孕节育知识的比例要高于男性；年龄小于20岁的接受避孕节育知识的比例最低；未婚无性生活接受避孕节育知识的比例低于未婚有性生活和已婚的流动人口；初中以下学历的对象接受避孕节育知识的比例要高于学历较高的；在工厂工作的接受避孕节育知识的比例要远高于在建筑工地以及服务/娱乐场所工作的；和其他较低收入组（<999元）及其较高收入组（>2 000元）相比，家庭人均收入在1 000~2 000元的接受避孕节育知识的比例较低；现居住地在集体宿舍的接受避孕节育知识的比例要低于其他居住方式的；已育儿对象接受避孕节育知识的比例要高于没有育儿的；性生活每月 3～6 次的流动人口家庭接受避孕节育知识的比例要高于 0～3 次以及 6 次以上的流动人口家庭；采用避孕措施的接受避孕节育知识的比例要高于没有采用的（见表 2）。

表 2　不同特征流动人口在现居地获得避孕节育知识情况比较（$N = 6\,304$）

变量	是		否		χ^2	p
	n	百分比（%）	n	百分比（%）		
目前所在城市						
上海	868	43.38	1 133	56.62	59.12	<0.000 1
北京	725	34.43	1 381	65.57		
成都	716	32.59	1 481	67.41		
性别						
男	933	32.82	1 910	67.18	32.39	<0.000 1
女	1 376	39.76	2 085	60.24		
年龄（岁）						
<20	139	21.96	494	78.04	201.25	<0.000 1
20～29	353	25.40	1 037	74.60		
30～39	1 076	43.81	1 380	56.19		
≥40	741	40.60	1 084	59.40		
婚姻状况						
未婚无性生活	328	17.46	1 551	82.54	443.55	<0.000 1
未婚有性生活	129	34.40	246	65.60		
已婚有性生活	1 805	45.84	2 133	54.16		
已婚无性生活	47	41.96	65	58.04		
学历						
小学及以下	242	37.64	401	62.36	11.37	0.009 9
初中	1 277	38.29	2 058	61.71		
高中/技校	668	33.99	1 297	66.01		
大学及以上	122	33.80	239	66.20		

变量	近一年内是否获得避孕节育知识				χ^2	p
	是		否			
	n	百分比（%）	n	百分比（%）		
工作场所						
工厂	1 262	52.74	1 131	47.26	463.58	< 0.000 1
建筑工地	254	20.37	993	79.63		
服务/娱乐场所	793	29.77	1 871	70.23		
家庭人均月收入（元）						
< 500	294	39.68	447	60.32	21.77	0.000 2
500 ~ 1 000	584	40.75	849	59.25		
1 000 ~ 2 000	779	33.97	1 514	66.03		
2 000 ~ 3 000	394	34.99	732	65.01		
≥ 3 000	258	36.29	453	63.71		
户口性质						
农业户口	1 907	37.17	3 223	62.83	3.54	0.060 0
非农业户口	402	34.24	772	65.76		
现居住地的主要居住方式						
集体宿舍	647	26.52	1 793	73.48	413.88	< 0.000 1
自租房	828	44.07	1 051	55.93		
与家人租房	573	42.67	770	57.33		
自购房	152	39.48	233	60.52		
其他（借宿等）	109	42.41	148	57.59		
已育小孩个数						
0	558	21.81	2 000	78.19	413.88	< 0.000 1
1	1 182	48.13	1 274	51.87		
2	511	44.59	635	55.41		
≥ 3	58	40.28	86	59.72		

变量	近一年内是否获得避孕节育知识				χ^2	p
	是		否			
	n	百分比（%）	n	百分比（%）		
性生活频率（次/月）						
<3	707	25.89	2 024	74.11	262.45	<0.000 1
3~6	886	48.63	936	51.37		
≥6	716	40.89	1 035	59.11		
是否采取避孕措施						
是	1 801	45.99	2 115	54.01	390.46	<0.000 1
否	508	21.27	1 880	78.73		

　　将是否获得避孕节育知识（否 =0，是 =1）作为因变量，将目前所在城市、性别、年龄、婚姻状况、学历、家庭人均月收入、户口性质、现居住地的主要居住方式、已育小孩个数、性生活频率、是否采取避孕措施作为自变量，拟合多元 Logistic 回归模型。二分类变量以 0、1 赋值，多分类变量转换为哑变量后进行分析，最后筛选出有统计学意义的危险因素（筛选变量标准为 $\alpha_入 = 0.05$，$\alpha_出 = 0.10$）。多元分析的结果提示，和上海相比，北京和成都的调查对象能够获取避孕节育知识的比例较低；和小于 20 岁的调查对象相比，20~29 岁、30~39 岁及其大于 40 岁的调查对象获取避孕节育知识的比例较高；与未婚无性生活者相比，未婚有性生活及已婚的调查对象获取避孕节育知识的比例较高；与工厂的研究对象相比，建筑工地、服务/娱乐场所的对象获取避孕节育知识的比例较低；与住集体宿舍的对象相比，其他几种住宿方式的对象获取避孕节育知识的比例较高；与没有生育小孩的研究对象相比，有生育小孩的研究对象获取避孕节育知识的比例较高；相对于目前避孕的研究对象，未避孕的研究对象获取避孕节育知识的比例较低（见表 3）。

表 3　流动人口获得避孕节育知识影响因素的 Logistic 回归分析（$N = 6\,304$）

变量	比较组	参照组	cOR^*	cOR 95% CI		aOR^{**}	aOR 95% CI	
				下限	上限		下限	上限
所在城市	北京	上海	0.685	0.604	0.777	0.862	0.741	1.001
	成都		0.631	0.557	0.716	0.423	0.366	0.490
年龄（岁）	20 ~ 29	< 20	1.210	0.967	1.513	0.844	0.660	1.080
	30 ~ 39		2.771	2.259	3.399	0.789	0.601	1.038
	≥40		2.429	1.969	2.997	0.657	0.490	0.882
婚姻状况	未婚有性生活	未婚无性生活	2.480	1.943	3.165	1.962	1.400	2.750
	已婚有性生活		4.001	3.497	4.578	2.105	1.518	2.920
	已婚无性生活		3.419	2.306	5.069	2.980	1.822	4.872
工作场所	建筑工地	工厂	0.229	0.195	0.269	0.209	0.175	0.249
	服务/娱乐场所		0.380	0.338	0.426	0.349	0.304	0.401
家庭人均月收入（元）	500 ~ 1 000	< 500	1.046	0.873	1.253	1.034	0.846	1.264
	1 000 ~ 2 000		0.782	0.660	0.928	0.829	0.684	1.004
	2 000 ~ 3 000		0.818	0.676	0.991	0.838	0.675	1.041
	≥3 000		0.866	0.700	1.071	0.903	0.709	1.150
现居住地的主要居住方式	自租房	集体宿舍	2.183	1.920	2.481	1.483	1.276	1.725
	与家人租房		2.062	1.791	2.373	1.203	1.020	1.419
	自购房		1.807	1.446	2.259	1.117	0.866	1.440
	其他（借宿等）		2.040	1.568	2.655	1.302	0.967	1.753
已育小孩数	1	0	3.325	2.941	3.760	1.811	1.395	2.351
	2		2.884	2.484	3.350	1.736	1.303	2.312
	≥3		2.417	1.710	3.417	1.421	0.915	2.209
是否避孕	否	是	0.317	0.282	0.357	0.703	0.552	0.895

（三）流动人口获得知识的途径和意愿

在现居地，调查对象获取避孕节育知识的主要来源为宣传小册子/宣传折页（37.25%），其次为宣传板报（21.13%），面对面咨询的比例并不高（14.29%），热线咨询和网络咨询的比例最少（1.91%）（见表4）。

表 4 流动人口在现居住地获得避孕节育知识的主要来源 （$N = 2\,309$）

获得避孕节育知识的最主要来源	n	百分比（%）
面对面咨询	330	14.29
热线咨询	44	1.91
报告讲座	108	4.68
宣传板报	488	21.13
宣传小册子/宣传折页	860	37.25
影视广播/书报杂志	250	10.83
网络咨询	44	1.91
朋友/同事	115	4.98
其他	70	3.03

但流动人口最期望获得避孕节育知识的途径却是面对面咨询（43.56%），其次为宣传小册子/宣传折页（42.77%）（见表5）。

表 5 流动人口最期望获得避孕节育知识的途径 （$N = 6\,304$）

获得途径（多选）	n	百分比（%）
面对面咨询	2 746	43.56
热线咨询	1 407	22.32
报告讲座	1 831	29.05
宣传板报	1 945	30.85
宣传小册子/宣传折页	2 696	42.77
影视广播/书报杂志	1 606	25.48
网络咨询	566	8.98
朋友/同事	543	8.61
其他	477	7.57

流动人口最期望获得避孕节育知识的内容是避孕方法的使用（33.96%），其次是避孕方法的副作用（27.05%）（见表6）。

表6 流动人口最期望获得的避孕节育知识（$N = 6\ 304$）

避孕节育知识	n	百分比（%）
避孕原理	1 050	16.66
如何使用该避孕方法	2 141	33.96
避孕方法的副作用	1 705	27.05
有效率/失败率	631	10.01
其他	777	12.33

三、讨论

目前，流动人口在各大城市中的比例不断增大。然而，流动人口的避孕节育知识水平相对较低。吴汉霞等人（2006）的研究也表明未婚流动人口的避孕节育知识极为缺乏，在被调查的919名未婚女性中10种常用避孕方法的知晓率仅在1%～26.6%之间，平均知晓率不足10%。已婚流动人口的避孕节育知识知晓情况稍好于未婚流动人口，各种避孕方法的总体知晓率在50%左右，能够主动说出避孕方法类型平均为3.4种；经过提示后能够说出的避孕方法为3.6种；4种常用避孕方法中，知道"如何使用"最高的为宫内节育器，知道"避孕原理"最高的为避孕套，知道"避孕优缺点"最高的为避孕套，而紧急避孕的这四个方面的知晓率在0.5%～3.4%之间。梁晓等人的调查结果显示，43.8%的应答者知道的避孕方法类型在3种或3种以上，应答者认为副作用最小的避孕方法是宫内节育器（36.4%），认为最有效的避孕方法依次为宫内节育器、女扎、男扎和避孕套。值得注意的是，有73.42%的女性不知道月经中期容易受孕，69.40%的人不知道口服避孕药漏服一次的补救措施。上述结论显示流动人口的避孕节育知识掌握情况相当匮乏。

对于流动人口计划生育的宣传不够是导致流动人口掌握知识较少的一个重要原因。武俊青等人（2012）的研究结果显示，流动人口到现居地后接受过计划生育宣教服务的比例仅为29.0%，接受宣教的方式为口头宣教、发放宣传材料和影视材料宣教等。但是，值得注意的是流动人口的避孕套使用的知识，包括有效性、原理、优缺点、副作用和并发症、如何使用及其出现问题后的处理方式等知识严重匮乏、使用技巧问题突出，这与马小骥等人（2000）的研究结果相似。崔念等人（2012）在成都未婚流动人群中开展的一项调查显示，听说过避孕方法的男性流动人口的比例为

46.50%，女性为 39.83%，平均为 42.67%，要低于北京、上海、广州等城市的比例，特别是对如何正确使用避孕节育方法知之甚少。本次调查显示，近一年内流动人口到现居地后获得过避孕知识宣传材料的占 36.62%，还有很大一部分人没有接受过正规的避孕节育知识的宣传。因此，今后应该进一步加强流动人口计划生育的宣教服务工作。

除了宣传，对于开展流动人口期望的有关生殖健康知识咨询和指导方面，也有很大的不足与欠缺。黄江涛等人（2004）在流动人口中开展的调查中显示，92.0% 的流动人口希望得到生殖健康知识咨询和指导服务，88.0% 的流动人口认为计划生育机构或医疗机构应该增加咨询门诊，并由专家解答和指导流动人口有关生殖健康的问题和困惑。因此，计划生育部门在今后的工作中应发挥主观能动性，加强与卫生、教育、媒体等多个部门之间的合作，有针对性地在流动人口中开展计划生育宣教、咨询、技术和随访等服务，更好地为流动人口服务，促进流动人口的生殖健康。相关研究表明，流动人口期望的计划生育咨询方式为热线电话、专家咨询和讲座、面对面咨询等。可见，流动人口对计划生育服务有较多的需求，政府在这方面的工作依旧任重道远。本次研究中，流动人口最希望获得计划生育咨询服务的方式是面对面咨询，其次是宣传小册子/宣传折页，希望通过电话热线、网络和其他方式获得相关咨询的比例不高。流动人口最希望获得咨询服务的地点是专业咨询机构，其次是医院和计生部门。定性研究也证实了这些结论。因此，提供及时、正确、针对性强和个性化的易懂知识，并提供"以人为本、价值中立、坦诚谈性和综合咨询"，将对流动人口的性与生殖健康的宣传、教育、动员和咨询工作作为流动人口计划生育优质服务的重要内容有重大作用。

流动人口的计划生育应该引起国家相关政府部门的高度重视，强化政府行为，齐抓共管，将流动人口计划生育管理服务纳入当地社会经济发展的总体规划，统筹安排：改革经费的投入机制，建立中央财政转移支付制度，加大对流动人口计划生育管理服务经费的投入，不断完善信息交流平台，扩展提交内容，规范交换行为，强化数据管理和应用。在此基础上健全统计上报制度，开展流动人口计划生育考核评估试点。通过以上计划生育管理新措施的实施，使计划生育部门能够更好地为流动人群服务，改善流动人口的计划生育/避孕节育状况，提高其性与生殖健康的水平。

参考文献

[1] 中华人民共和国国家统计局.2005 年全国 1% 人口抽样调查主要数据公报 [Z].2006.

[2] 国家人口和计划生育委员会流动人口服务管理司.中国流动人口发展报告 2013 年 [Z].2013.

[3] 吴汉霞,朱树香,石淑华,等.流动人口未婚女性对避孕知识的认知调查 [J].护理研究(中旬版),2006,20(26):2375-2376.

[4] 武俊青,等.失乐园的呐喊——中国艾滋病感染者与病人的需求现况调查与研究 [M].中国社会科学文献出版社,2004.

[5] 梁晓,王鹤云,孙小晶,等.深圳市流动人口生殖健康知识认知态度及宣传教育情况调查分析 [J].中国煤炭工业医学杂志,2005,8(7):789-790.

[6] 马小骝,刘志芳,于玲,等.集贸市场流动人口计划生育需求与供给情况——对天津市 400 例外来育龄妇女的调查 [J].人口与计划生育,2000(5):47-48.

[7] 崔念,李民享,田爱平,等.成都市未婚流动人群性和生殖健康状况与需求调查 [J].中国计划生育学杂志,2004,12(3):154-156.

[8] 黄江涛,俞小英,王奇玲,等.流动人口年轻女性避孕知识及需求现状调查 [J].中国生育健康杂志,2004,15(6):349-351.

[9] 武俊青,张玉凤,赵瑞,等.上海市闵行区流动人口避孕情况及影响因素分析 [J].国际生殖健康/计划生育杂志,2012,31(3):182-185.

女用避孕套在流动人口的满意度研究

张俊国　赵　瑞　武俊青①

一、研究目的

截至 2015 年年底，我国流动人口规模达 2.47 亿人，占总人口的 18%，相当于每六个人中有一个是流动人口。我国流动人口的主体是处在生育旺盛期的育龄人口，流动人口的生殖健康水平远远低于常住人口，采取的避孕情况亦不甚理想。未婚有性行为的流动人口避孕的比例仅 24%。避孕套是预防非意愿性妊娠、生殖道感染、性病与艾滋病的重要途径。有研究表明，流动人口使用避孕套的意愿强，并对新型避孕方法感兴趣，但是服务的可及性差。

女用避孕套作为一种以女性为主导的屏障型避孕用具，可预防包括 HIV 在内的性传播感染，还可避孕，同男用避孕套一样具有避孕和防病双重功效，在某些方面甚至比男用避孕套优点更多。但截至 2016 年，我国针对女用避孕套的研究不足十项，研究结果均表明人群对女用避孕套不了解，仅 35%～55% 的受试对象相较于男用避孕套更喜欢女用避孕套，其他受试对象认为其使用不方便，外观难看并存在不适感，可及性低，价格贵。我国在女用避孕套的研究虽然起步较早，但研究次数与力度远远低于国外，研究者与研究对象均对其不感兴趣，在我国的推广度以及人群知情与认可度均低，需要被管理人员、研究者及其研究对象等逐渐认识和接受的过程，并进一步实施女用避孕套的临床有效性研究工作等。

本研究旨在深入了解影响女用避孕套在流动人口的满意度的因素，探讨女用避孕套未被广泛使用的原因，为找到合适的推广方法提供理论依据，进而为有效地预防艾滋病、性病提供一种可供选择的预防措施。

① 复旦大学生殖与发育研究院、上海市计划生育科学研究所、国家卫生健康委药具重点实验室、中国计划生育/生殖健康综合咨询能力建设项目办公室工作人员。

二、方法

（一）设计方法

本研究采用非概率方便抽样。以在北京、上海、重庆举办的教育讲座作为研究点最主要的招募形式。在讲座结束后，研究小组与那些有兴趣参加本研究的流动人员交谈并进行招募，每个项目点招募300对夫妇进行试用。最终共900对夫妇通过了一个月四次性行为来完成女用避孕套使用的评估。

（二）研究程序

首先，研究人员同时获得每对夫妇男女双方各自的知情同意，女性参与者接受外阴和局部阴道黏膜窥视检查，基本排除性传播及其他阴道炎性感染。同时，女性还提供尿样，以确定其是否怀孕。若女性有生殖道刺激或感染症状或窥视异常，按照诊治的标准对其进行治疗痊愈后方可纳入。无异常男女双方填写筛选表，以确定是否符合研究标准。对男女双方的筛选完成后，研究人员告知夫妇是否有资格参与研究，但不会告知其不合格的原因。男女双方需要单独完成研究参与者背景表，分别了解男女双方目前和过去避孕方法的使用和个人背景等基本资料。研究人员对所有女性参与者进行了统一的培训，指导其如何坚持、正确和全程使用避孕套，包括演示女用避孕套的插入等。研究人员确认了所有的女性参与者有信心在家使用该产品后，让参与者将四份女用避孕套带回家中使用，并且分别在第一次和第四次使用后，向调查者反馈相应的满意度情况。如果期间出现安全与医疗问题，参与者须立即与调查人员联系并且去医院就诊。整个研究过程，收集的定量资料包括流动人口的基本信息，以及两次随访的满意度调查表。

（三）结果

本次研究共招募流动人口900人，其中北京、重庆、上海各300人。对象以25~34岁之间人数居多，在对象教育水平情况方面，北京和上海以本科及以上为主，重庆以大专为主。

避孕套使用的满意情况单因素分析结果显示，三地对象对于避孕套满意程度的认知存在差异，北京和上海对象的喜欢程度高于重庆对象，部分指标两次随访时的喜欢程度也发生了变化，第二次随访时喜欢的对象多于第一次随访，女方教育水平的差异也会影响满意度的水平，具体结果如表1所示。

表1　女性对女用避孕套的满意情况的影响因素分析

女用避孕套的满意情况	喜欢		一般		不喜欢		χ^2	p
	n	百分比（%）	n	百分比（%）	n	百分比（%）		
地区								
北京	126	21.18	334	56.13	135	22.69	12.448 5	0.000 4
重庆	89	14.96	271	45.55	235	39.50		
上海	172	28.86	327	54.87	97	16.28		
随访情况								
第一次随访	179	20.02	479	53.58	236	26.40	1.351 4	0.245 0
第二次随访	208	23.32	453	50.78	231	25.90		
女方年龄（岁）								
20~24	20	21.98	37	40.66	34	37.36	4.116 3	0.390 5
25~29	91	22.30	217	53.19	100	24.51		
30~34	107	20.11	282	53.01	143	26.88		
35~39	83	23.85	178	51.15	87	25.00		
40~44	86	21.13	218	53.56	103	25.31		
男方年龄（岁）								
20~24	13	30.95	13	30.95	16	38.10	6.684 4	0.153 5
25~29	52	19.77	135	51.33	76	28.90		
30~34	97	21.32	259	56.92	99	21.76		
35~39	77	20.16	190	49.74	115	30.10		
40~44	142	23.67	310	51.67	148	24.67		
女方教育水平								
高中及以下	72	19.46	184	49.73	114	30.81	7.538 8	0.023 1
大专	126	20.00	339	53.81	165	26.19		
本科及以上	189	24.11	407	51.91	188	23.98		

（续上表）

女用避孕套的满意情况	喜欢		一般		不喜欢		χ^2	p
	n	百分比（%）	n	百分比（%）	n	百分比（%）		
男方教育水平								
高中及以下	86	22.75	195	51.59	97	25.66	0.369 9	0.831 1
大专	108	22.59	242	50.63	128	26.78		
本科及以上	192	20.78	490	53.03	242	26.19		
女方职业								
自由职业	58	18.35	163	51.58	95	30.06	4.703 5	0.095 2
工人/销售	67	27.57	95	39.09	81	33.33		
文教卫生/公务员	262	21.35	674	54.93	291	23.72		
男方职业								
自由职业	58	19.33	169	56.33	73	24.33	0.483 1	0.487 0
工人/销售	120	23.58	234	45.97	155	30.45		
文教卫生/公务员	209	21.39	529	54.15	239	24.46		
孩子个数								
0 个	90	22.78	208	52.66	97	24.56	0.772 2	0.679 7
1 个	276	21.68	660	51.85	337	26.47		
2 个及以上	19	19.79	51	53.13	26	27.08		
与配偶/性伴侣的关系								
并住在一起	357	21.48	873	52.53	432	25.99	0.004 1	0.949 0
其他	30	24.59	57	46.72	35	28.69		
与配偶/性伴侣关系维持时间								
少于 5 年	152	23.14	333	50.68	172	26.18	0.457 3	0.795 6
6~10 年	98	21.03	246	52.79	122	26.18		
10 年以上	137	20.73	351	53.10	173	26.17		

三、讨论

女用避孕套能够预防非意愿妊娠和防止性传播疾病，是一种以女性为主导的屏障避孕方法，尤其在不能使用男用避孕套（例如男性拒绝使用）的情况下为女性提供保护。尽管女用避孕套已经在多个国家上市，但是由于前两代产品的一些不足，如使用不方便、内环不舒服、与阴道壁不贴合、外形不美观等原因不能被广泛接受使用。

本研究结果显示上海和北京地区参与者对女用避孕套性生活的满意情况（喜欢和一般）在80%左右，但是重庆地区只有60%左右。同时研究发现，上海、北京研究对象的女用避孕套的接受程度各个指标明显好于重庆，体现出了一定的地域差异，该结果可能与当地群众的认知和观念有关，由于北京地区前期开展过一系列的宣传教育，因此对象对新兴事物具有更高的接受程度。因此，加强宣传教育，提高重庆地区的可接受程度具有重要现实意义。

以往对于女用避孕套满意度的相关研究多在女性性工作者中开展，而本研究受试对象主要以流动人口中的工人和社区义工为主，并在招募对象时以夫妻双方共同参与的方式开展，这使得研究结果在某种程度上更能代表普通夫妇对于女用避孕套的看法，并能有助于收集男性受试对象的观点和意见，而男性参与是避孕方法有效应用的关键因素之一。

虽然我们的研究发现受试对象对女用避孕套有着一定的满意度，但是其他研究也发现虽然受试对象对女用避孕套的满意度很高，但其持续使用率却并不高，女性更愿意将女用避孕套作为备选工具或谈判工具，因此女用避孕套的推广和应用还需要更多相关工作者的共同努力。

参考文献

［1］国家卫生和计划生育委员会.《中国流动人口发展报告2016》内容概要［J］.青春期健康，2016（22）：90–91.

［2］邱红，李晶华，刘红军.流动人口生殖健康现状分析及对策研究［J］.医学与社会，2011，24（4）：29–31.

［3］张玉凤，赵瑞，李玉艳，等.避孕节育干预项目对上海市流动人口避孕行为的影响［J］.中国妇幼保健，2010，25（18）：2512–2515.

［4］龚双燕，王晖，刘冬梅.已婚流动人口避孕节育服务利用情况分析［J］.中国计划生育学杂志，2016，24（3）：165–168.

［5］张玉凤，武俊青. 女用避孕套研究进展［J］. 中国计划生育学杂志，2013，21（1）：66－69.

［6］MCNAMEE K. The female condom［J］. Australian family physician，2000，29（6），pp. 555.

［7］BEKSINSKA M E，Piaggio G，Smit J A，et al. Performance and safety of the second－generation female condom（FC2）versus the Woman's，the VA worn－of－women，and the Cupid female condoms：a randomised controlled non－inferiority crossover trial［J］. Lancet global health，2013，1（3），pp. 146－152.

［8］常巍，罗家洪，李晓梅，等. 社会性别关系对女用避孕套可接受性的影响［J］. 昆明医科大学学报，2008，29（3）：55－57.

［9］陈桂兰，李洲林，惠楚媛，等. 在女性性工作者中推广女用避孕套调查分析［J］. 卫生软科学，2007，21（3）：231－232.

农民工参加医保及就医行为选择的代际比较

——基于 2014 年全国流动人口卫生计生动态
监测调查东部九省市数据

汤兆云①

一、研究背景

农民工一般是指跨地区外出的"进城务工的农村居民"（汤兆云，2016）。2006 年，国务院《关于解决农民工问题的若干意见》对农民工的定义为：户籍仍在农村，主要从事非农产业，有的在农闲季节外出务工、亦工亦农，流动性强；有的长期在城市就业。根据年龄和进城时间的不同，学术界一般将 1980 年前出生的、直接脱胎于农业生产和农村生活进城的农民工称为"第一代农民工"，而将 1980 年后出生并上学、上完学后进城打工的称为"新生代农民工"（李培林，1996）。两代农民工是我国工业化、城市化进程中出现的一个"既非传统意义上的城镇居民，亦非传统意义的城乡居民，是一个与农民和市民均不同质的群体"（李强，2001），这一群体具有数量庞大、流动性强、职业变动大和经济收入水平不高等特点（汤兆云，2016）。国家统计局农民工监测调查报告显示，2011 年全国农民工总量为 25 278 万人，其中外出农民工、本地农民工分别为 15 863 万人、9 415 万人；2016 年全国农民工总量为 28 171 万人，其中外出农民工、本地农民工分别为 16 934、11 237 万人。2011—2016 年的五年间全国农民工总量、外出农民工、本地农民工分别增长了 11.44%、6.75% 和 19.35%。因城乡收入水平差距及工作机会不均等原因所形成的推拉力使得农民工频繁地从中西部地区跨省区流动到东部沿海地区，并频繁地从收入水平低的行业、职业流动到收入水平高的行业、职业。一项调查数据显示，农民工从中西部地区跨省区流动到东部沿海地区的比例高达 72.8%（崔红志，2003）。同时，由于农民工受教育程度普遍不高（2011 年、2016 年初中及以下文化程度农民工比

---

① 华侨大学公共管理学院教授、博士生导师，副院长。

例分别为 77.0%、73.6%），其就业较多分布于制造业（2011 年、2016 年分别为 36.0%、31.1%）、建筑业（2011 年、2016 年分别为 17.7%、21.1%）、批发零售业（2011 年、2016 年分别为 10.1%、11.9%）、交通运输仓储业（2011 年、2016 年分别为 6.6%、6.4%）和住宿和餐饮业（2011 年、2016 年分别为 5.3%、5.8%）等劳动密集型产业（国家统计局，2017），且工资收入不高（2016 年农民工月均收入 3 275 元，远低于同年在岗职工月平均工资 4 782.8 元的水平）。另外，随着第一代农民工年龄逐渐老去，一段时期以来新生代农民工群体所占比例持续扩大，已逐渐成为农民工的主体。2011 年、2016 年新生代农民工占比分别为 39.0%、49.7%，五年间增加了 27.43%。

作为补偿劳动者因疾病风险造成的经济损失而建立的医疗保险制度，汇聚参保个人、供职单位和政府三方的经济力量，使参保个人患疾病时能得到相应的经济补偿，减轻其医疗费用负担，防止他们"因病致贫""因病返贫"。在流动过程中，面临诸多风险和不确定性的流动人口，社会医疗保险能够在一定程度上帮助其规避这些风险，实现医疗保险对流动人口的有效覆盖，对增进流动人口的健康福利、促进流动人口享有均等化公共服务和实现市民化等具有重要意义。对此，国家非常重视农民工的医疗保险工作。2006 年《国务院关于解决农民工问题的若干意见》强调"要抓紧解决农民工大病医疗保障问题"。2006 年中央《关于开展农民工参加医疗保险专项扩面行动的通知》提出：要进一步将农民工纳入医疗保险的制度范围，并切实做好农民工参加医疗保险的管理和服务工作。

一段时期以来，各级政府非常重视农民工医疗保险的建设工作。目前，医疗保险已经成为农民工社会保障体系中底线保障中仅次于工伤保险的第二层，但是从总体上来说，农民工群体的健康需求和医疗保障工作暂没有达到政策的预期，"农民工看病难、看不起病的问题仍十分严重"（罗志先，2005）。同时，由于医疗费用报销比例不高、报销手续繁杂，参加城镇基本医疗保险的两代农民工比例相对来说是比较低的（杨辉，刘世宽，2008）。人力资源和社会保障事业发展统计公报显示，2008 年、2016 年参加城镇基本医疗保险的农民工人数分别为 4 249 万人、4 825 万人，占同年全国农民工总量比例分别只有 18.80%、17.13%。特别地，两代农民工参保比例存在着明显的地区、行业差异，即东部地区参保率高于中西部地区，制造业和交通运输仓储和邮政业的情况相对较好，建筑行业最差（张勇，2011）。两代农民工的医疗保险缺失及其参保率低是我国城乡二元医疗保障体制和农民工数量多、流动频繁和经济承受能力不强等原因共同作用的结果（吴晓明，沈晓，向清，2009）；两代农民工的参保率高低与其职业分布、是否签订劳动合同以及地区分布有着明显的关联度（张霞，2007）。

本文基于 2014 年全国流动人口卫生计生动态监测调查东部九省市的数据，对两代农民工参加医疗保险项目基本状况、两代农民工选择就医地方、选择医院级别和选择报销医疗费用方式等进行分析，定量分析两代农民工参加医疗保险和就医行为选择的现状及其可能差异性，以期对进一步完善两代农民工的医疗保险制度提供前期基础性的工作。

二、数据描述与研究假设

（一）数据描述

为掌握流动人口迁移趋势、生存发展状况，2014 年国家卫计委在全国范围内进行了"流动人口卫生计生动态监测调查"。调查对象为"在本地居住一个月及以上，非本区（县、市）户口的男性和女性流动人口（2014 年 5 月年龄为 15～59 周岁，即 1954 年 6 月—1999 年 5 月出生）"。本次监测调查的调查方法以调查地区的全员流动人口年报数据为基本抽样框，采取分层、多阶段、与规模成比例的 PPS 方法进行抽样。本文抽取东部地区北京、天津、辽宁、上海、江苏、浙江、山东、广东和海南9 省（市）的监测调查数据。东部地区 9 省（市）监测调查问卷共 75 987 份，其中北京 7 998 份、天津 5 998 份、辽宁 5 000 份、上海 7 999 份、江苏 12 000 份、浙江 13 999 份、山东 6 000 份、广东 11 998 份和海南 4 995 份。监测调查农民工基本情况变量包括：性别、年龄、民族、受教育程度、户口性质、婚姻状况、现居住地、本次流动范围、本次流动时间和流动原因；控制变量主要有：职业、就业单位性质、就业身份和住房性质等。本次调查对象中第一代农民工（35～59 周岁，即 1954—1980 年间出生）、新生代农民工（15～34 周岁，即 1980—1999 年间出生）的比例分别为 41.76%、58.24%。其基本情况如下表 1 所示。

表 1　两代农民工的基本情况

变量	第一代农民工（子类型:%）	新生代农民工（子类型:%）
性别	男（54.9%），女（45.1%）	男（50.1%），女（49.9%）
年龄组	35～39 岁（40.8%），40～44 岁（34.0%），45～49 岁（18.7%），50～54 岁（5.3%），55～59 岁（1.2%）	15～19 岁（8.1%），20～24 岁（23.3%），25～29 岁（34.1%），30～34 岁（34.4%）
民族	汉（94.7%），壮（2.4%），其他（2.9%）	汉（93.9%），壮（2.6%），其他（2.6%）
受教育程度	未上过学（1.1%），小学（17.1%），初中（57.7%），高中（18.4%），大学专科（4.2%），大学本科（1.3%），研究生（0.1%）	未上过学（0.3%），小学（3.1%），初中（55.9%），高中（27.7%），大学专科（9.0%），大学本科（3.8%），研究生（0.2%）
户口性质	农业（86.7%），非农业（12.3%），农业转居民（0.8%），非农业转居民（0.2%）	农业（88.9%），非农业（9.9%），农业转居民（0.9%），非农业转居民（0.3%）
婚姻状况	未婚（2.6%），初婚（93.7%），再婚（2.0%），离婚（1.3%），丧偶（0.5%）	未婚（39.6%），初婚（59.6%），再婚（0.2%），离婚（0.5%），丧偶（0）
现居住地	本地（100.0%），户籍地（0），其他（0）	本地（100.0%），户籍地（0），其他（0）
本次流动范围	跨省流动（73.9%），省内跨市（23.8%），市内跨县（2.3%）	跨省流动（71.7%），省内跨市（26.4%），市内跨县（1.9%）
本次流动时间	0～4 年（55.5%），5～9 年（25.0%），10～14 年（12.6%），15～19 年（5.9%），20～24 年（2.0%）	0～4 年（80.0%），5～9 年（15.0%），10～14 年（4.2%），15～19 年（0.8%），20～24 年（0.1%）
本次流动原因	务工经商（95.9%），随同流迁（3.2%），婚嫁（0），拆迁（0.1%），投亲（0.3%），其他（0.4%）	务工经商（92.8%），随同流迁（5.8%），婚嫁（0.1%），拆迁（0.1%），投亲（0.7%），出生（0.1%），其他（0.5%）

调查数据显示，作为调查对象的两代农民工群体具有以下几个方面的特征：①第一代农民工男性明显多于女性，而新生代农民工男女性别较为均衡；②两代农民工受教育程度普遍不高，绝大多数为初中及以上教育程度，但相对来说，新生代农民工受教育程度高于第一代农民工；③两代农民工中的农业户口比例相差不多，但新生代农民工的非农业户口比例要低一些；④两代农民工的流动范围没有明显差别，跨省流动均占到了 2/3 以上的比例；⑤两代农民工的流动时间差别较大，新生代农民工主要为 0 ~ 4 年间的短期流动；⑥两代农民工的流动原因没有明显差异，主要为务工经商、随同流迁两类。

（二）研究思路及其假设

农民工从农村流入城市的终极目的是实现其"市民化"。在分析农民工市民化进程面临的问题中，其参加医疗保险及其就医行为选择问题是一个非常重要的选题。但由于两代农民工在生活、社会经历方面以及职业分布的不同，他们参加医疗保险及其就医行为选择存在着一些差异，如新生代农民工对职业发展、权益保护及收入待遇要求更高，但吃苦耐劳精神较低，比较分析两代农民工参加医疗保险及其就医行为选择的差异、影响因素又是非常重要的切入点。基于以上背景，本文研究内容主要包括：①两代农民工参加医疗保险项目的基本状况，这一方面通过两代农民工参加医疗保险项目的频率这个维度表现出来；②两代农民工就医行为选择的差异程度，这一方面主要通过两代农民工选择就医地方、选择医院的级别和选择报销医疗费用方式等维度表现出来。

基于以上研究内容，本文提出以下两个研究假设：①两代农民工参加医疗保险选择方式是否具有同质性，影响这一边界主要函数体现为两代农民工选择参加城镇医疗保险的比例是否相同，表现为其选择参加医疗保险是否完成从参加"新农合"向参加城镇医疗保险的转变；②两代农民工就医行为选择是否具有异质性，影响这一边界的主要函数为两代农民工就医行为选择，表现为其选择就医的地方、选择医院的级别和选择报销医疗费用方式的差异性。

三、两代农民工参加医疗保险及其就医行为选择的现状及其影响因素

（一）两代农民工参加医疗保险的现状

在本地居住的社区是否"建立居民健康档案"情况是衡量农民工参加医疗保险的一个重要标志。调查数据显示，第一代和新生代农民工在本地居住社区"建立居民健康档案"的比例分别只有19.4%、20.3%；分别有34.1%、32.2%的两代农民工表示"没建，没听说过"，分别有19.8%、18.2%的两代农民工表示"没建，但听说过"；"不清楚"的比例分别为26.8%、29.3%。两代农民工建立居民健康档案情况的差异性不大。

目前，可供农民工选择医疗保险主要有新型农村合作医疗保险（农民工在户籍地参加）、城镇居民基本医疗保险和城镇职工基本医疗保险（农民工在流入地参加）三种类型。调查数据显示（见表2），第一代、新生代农民工参加新型农村合作医疗保险、城镇职工基本医疗保险、城镇居民基本医疗保险、城乡居民合作医疗保险、工伤保险、生育保险、公费医疗保险和商业医疗保险等项目情况差别不是很明显，仅是参加人数的百分比稍有不同。两代农民工参加医疗保险项目排在前三位的分别是新型农村合作医疗保险（两者比例分别为49.7%、45.2%）、工伤保险（两者比例分别为30.4%、40.5%）和城镇职工基本医疗保险（两者比例分别为22.9%、27.6%）。参加工伤保险能够有效地降低农民工的职业风险，新生代农民工参加工伤保险的比例比第一代农民工高出了10.1百分点。但总体上来说，两代农民工参加医疗保险的比例还是比较低的。这是农民工的个人特征、就业因素、企业特征和城市社会保障政策差异等多种因素共同作用的结果，可能还要持续相当长的一段时期。特别地，仍分别有47.4%、48.4%、67.4%、55.8%、74.8%、67.5%的两代农民工没有参加新型农村合作医疗保险、工伤保险和城镇职工基本医疗保险项目，这对其职业风险影响是非常大的。

表2　两代农民工参加医疗保险的基本情况

参加项目	第一代农民工（%）			新生代农民工（%）		
	参加	不参加	不清楚	参加	不参加	不清楚
新型农村合作医疗保险	49.7	47.4	2.9	45.2	48.4	6.4
城镇职工基本医疗保险	22.9	74.8	2.3	27.6	67.5	4.9
城镇居民基本医疗保险	8.3	88.6	3.1	6.9	86.6	6.5
城乡居民合作医疗保险	3.7	93.2	3.1	3.4	90.3	6.3
工伤保险	30.4	67.4	2.2	40.5	55.8	3.7
生育保险	12.8	83.9	3.3	21.4	73.3	5.3
公费医疗保险	0.3	96.8	2.9	0.3	93.8	5.9
商业医疗保险	7.1	90.6	2.3	6.2	88.0	5.8

（二）两代农民工就医行为选择的现状

就医行为是指人们在感到身体不适或出现某种疾病症状时而采取的寻求医疗帮助的行为（宋海英，刘艳飞，2010）。调查数据显示，第一代农民工、新生代农民工在流入地最近一次住院选择的地方都是以"本地"（即"流入地"）为主，比例分别高达74.5%和73.2%；选择户籍地、其他地方的比例分别为15.7%、21.0%和9.8%、5.8%。两代农民工住院地方的选择差别不大。两代农民工在流入地最近　次住院的原因差别有一定的差别，第一代农民工排在前三位的住院原因分别为疾病（50.0%）、分娩（25.5%）和损伤中毒（7.8%），而新生代农民工分别为分娩（79.5%）、疾病（12.6%）和其他原因（3.4%）。这和两代农民工的异质性有一定的关系。

两代农民工就医选择医院的级别排在前三位的分别是县（区）级公立医院、乡镇卫生院和地市（直辖市区）级公立医院，两者之间的比例分别为35.3%、45.1%，27.5%、27.0%和28.4%、18.1%。两代农民工就医选择乡镇卫生院的比例基本上相同，但选择县（区）级公立医院和地市（直辖市区）级公立医院区别较大。第一代农民工就医选择地市（直辖市区）级公立医院比新生代农民工高出10.3百分点，但选择县（区）级公立医院却比新生代农民工低了9.8百分点（见表3）。

表3 两代农民工就医选择医院级别的基本情况

医院级别	第一代农民工（%）	新生代农民工（%）
乡镇卫生院	27.5	27.0
社区卫生服务中心	0	2.1
县（区）级公立医院	35.3	45.1
民营医院	4.9	6.3
地市（直辖市区）级公立医院	28.4	18.1
省（自治区、直辖市）级及以上公立医院	3.9	1.3

（三）两代农民工选择报销医疗费用方式的现状

表4是两代农民工最近一次住院医疗费用情况。表中数据显示，两代农民工住院医疗费用总支出分别为 4 517.26 元、4 603.10 元，报销金额分别为和 1 754.64 元、1 459.00 元，其中基本医疗保险报销分别为 1 004.93 元、1 055.05元。由于商业医疗保险报销（分别为 111.46 元、42.20 元）、其他来源支付（分别为 773.52 元、615.36 元）的差别较大，所以两代农民工最近一次住院医疗费用由自己支付的金额也有一定的差别（分别为 854.30 元、1 376.06 元）。特别地，两代农民工最近一次住院的交通食宿陪护等费用分别为 4 019.71 元、4 359.84元，后者比前者只高出 8.46 百分点，差异性并不明显。

表4 两代农民工最近一次住院医疗费用情况

（单位：元）

	总支出	报销金额	基本医疗保险报销	农村妇女住院分娩补助	商业医疗保险报销	民政医疗救助	其他来源支付	自己支付	交通食宿陪护等费用
第一代农民工	4 517.26	1 754.64	1 004.93	6.51	111.46	11.90	773.52	854.30	4 019.71
新生代农民工	4 603.10	1 459.00	1 055.05	50.57	42.20	4.86	615.36	1 376.06	4 359.84

调查数据显示，两代农民工最近一次住院选择报销医疗费用方式的差别性不大。第一代农民工选择报销医疗费用方式排在前五位的分别是新农合出院减免（16.7%）、就业单位（14.7%）、城镇职工出院减免（12.7%）、本地医保中心（7.8%）和商业保险公司（4.9%），而新生代

农民工则分别是新农合出院减免（19.7%）、本地医保中心（17.3%）、城镇职工出院减免（7.6%）、就业单位（7.3%）和其他方式（5.2%）。由此可见，"新农合出院减免"是两代农民工住院报销医疗费用的第一选择。

表5　两代农民工最近一次住院选择报销医疗费用方式情况

（单位：元）

选择报销医疗费用方式	第一代农民工（%）		新生代农民工（%）	
	是	否	是	否
新农合出院减免	16.7	83.3	19.7	80.3
城镇职工出院减免	12.7	87.3	7.6	92.4
就业单位	14.7	85.3	7.3	92.7
新农合办公室	2.9	97.1	5.0	95.0
本地医保中心	7.8	92.2	17.3	82.7
商业保险公司	4.9	95.1	1.0	99.0
计生手术出院减免	1.0	99.0	4.5	95.5
计生办	0.0	100.0	3.1	96.9
其他	2.0	98.0	5.2	94.8

　　两代农民工没有报销最近一次住院医疗费的主要原因基本上是相同的。排在前三位的分别是"没有参加保险"（比例分别为39.5%、42.3%）、"需要回老家，不方便"（21.9%、20.9%）和"政策不允许报销"（20.9%、12.9%）；但分别有2.3%、6.1%的农民工因为"不知道报销流程"，4.7%、7.4%因为"报销手续繁琐"而没有报销住院医疗费用。

表6　两代农民工没有报销住院医疗费的主要原因

	第一代农民工（%）	新生代农民工（%）
没有参加保险	39.5	42.3
需要回老家，不方便	21.9	20.9
不知道报销流程	2.3	6.1
报销手续繁琐	4.7	7.4
政策不允许报销	20.9	12.9
（打算）下次回乡办理报销	2.3	7.4
其他	9.3	3.1

四、两代农民工参加医疗保险及其就医行为选择的影响因素

进一步分析发现，两代农民工参加医疗保险与其性别（以表 1 的变量分类进行赋值，男赋值为 1，女赋值为 2；其他变量赋值情况相同）（0.208，0.221）、年龄（0.119，0.152）、受教育程度（0.182，0.201）、主要职业（0.202，0.232）、流入时间（0.198，0.181）、经济收入（0.205，0.213）等变量呈现出明显的正相关关系（$p = 0.000 < 0.05$ 或 $p = 0.000 < 0.01$），与其就业单位性质（－0.165，－0.187）、就业身份（－0.231，－0.228）变量呈现出明显的负相关关系（$p = 0.000 < 0.05$ 或 $p = 0.000 < 0.01$）。两代农民工就医行为选择与其性别（0.201，0.211）、年龄（0.221，0.223）、受教育程度（0.193，0.189）、主要职业（0.165，0.174）、经济收入（0.181，0.189）等变量呈现出明显的正相关关系（$p = 0.000 < 0.01$ 或 $p = 0.000 < 0.01$），与流入时间（－0.205，－0.213）、就业身份（－0.220，－0.213）、住房性质（－0.187，－0.97）变量呈现出明显的负相关关系（$p = 0.000 < 0.01$ 或 $p = 0.000 < 0.01$）。这可以从两代农民工最近一次患病就医行为选择的影响因素分析结果中看出（见表 7）。Logistic Regression 模型的分析结果表明，两代农民工的就医行为选择与其性别、年龄、受教育程度、主要职业、经济收入、流入时间、就业单位性质和就业身份等自变量和主要职业、就业身份等因变量之间有着明显关系。但分析数据同时显示，两代农民工参加医疗保险及其就医行为选择之间没有差别。

表 7　两代农民工就医行为选择的影响因素（Logistic Regression）

自变量/因变量	回归系数（B1）	回归系数（B2）	显著性水平（1）	显著性水平（1）	发生比率 Exp（B1）	发生比率 Exp（B2）
性别	－1.252	－1.265	0.001	0.001	0.286	0.282
年龄	0.68	0.89	0.000	0.000	1.974	2.435
受教育程度	－1.786	－1.901	0.005	0.005	0.168	0.149
主要职业	0.786	0.801	0.002	0.002	2.195	2.228
经济收入	－1.523	－1.605	0.005	0.005	0.218	0.201

（续上表）

自变量/ 因变量	回归系数 （$B1$）	回归系数 （$B2$）	显著性 水平（1）	显著性 水平（1）	发生比率 Exp（$B1$）	发生比率 Exp（$B2$）
流入时间	1.231	1.302	0.000	0.000	3.425	3.677
就业单位性质	0.987	1.101	0.000	0.000	2.683	3.007
就业身份	−2.003	−2.105	0.001	0.001	0.135	0.122
常数项	1.205	1.356	0	0		

五、结论和讨论

随着新型农村合作医疗保险制度的逐渐完善，两代农民工在户籍地参加新农合的比例比较高。但是，两代农民工在流入地能够参加城镇职工基本医疗保险和城镇居民基本医疗保险的比例非常低；特别地，对于农民工具有重要意义的商业医疗保险，其参保率是非常低的。按照医疗保险的制度设计，基本医疗保险费由用人单位和职工共同缴纳（用人单位缴费率约为在职工工资总额的 6.0% 左右，职工缴费率一般为本人工资收入的 2.0% 左右），这使得不同单位性质、行业和职业类型就业农民工的参保率存在差异，个体工商户、批发零售、住宿餐饮从业人员的参保率较低；并同时成为影响两代农民工是否愿意参保的重要因素。调查数据同时显示，两代农民工就医时在各种就诊方式间的选择差异性，一方面反映着两代农民工本身的异质性，同时也反映了一段时期以来各级政府逐步完善相关医疗保险制度，规范医疗保险待遇项目及其支付方法与标准的努力。但仍存在相当比例的两代农民工的就医费用没有报销这一现实，该现象反映着我国城乡二元体制背景下农民工在流入地患病之时，其在流出地（户籍地）参加的新型农村合作医疗保险难以发挥解燃眉之急的作用。以上调查数据和分析结论说明，两代农民工参加的医疗保险项目主要为新型农村合作医疗保险（比例分别为 49.7%、45.2%），还没有完成从新农合向城镇职工基本医疗保险和城镇居民基本医疗保险的转变；两代农民工主要选择到县（区）级公立医院（分别为 35.3%、45.1%）就医、选择报销医疗费用方式主要为新农合出院减免（分别为 16.7%、19.7%）。也就是说，两代农民工参加医保及其就医行为选择没有发生代际差异。

实现医疗保险对农民工的有效覆盖对于增进农民工健康福利、促进农民工享有均等化公共服务和实现市民化等具有重要意义。由于一些制度性的障碍，绝大多数农民工仍只能在流出地参加新型农村合作医疗保险，而在流入地参加城镇居民基本医疗保险和城镇职工基本医疗保险面临着不少的难题，并成为农民工参保率低及医药费报销费用低的重要原因。这一现象是农民工的群体特征、就业因素、职业特征和城乡医疗保险政策差异等多种因素共同作用的结果，在现有医疗保险政策体制之下，还可能要持续相当长的一段时间。由此，政府相关部门进一步完善农民工医疗保险的政策设计具有重要意义。基于两代农民工参加医保及就医行为选择的现状及问题，本文提出以下政策性建议：第一，积极建立和完善两代农民工医疗保险的相关制度和政策法规，促进农民工在流入地能够参加城镇职工基本医疗保险和城镇居民基本医疗保险，扩大城镇职工基本医疗保险对农民工群体的覆盖范围，使他们能够生得起病、看得起病、报得了医疗费用。第二，有效整合城镇职工基本医疗保险、城镇居民基本医疗保险和新型农村合作医疗保险等三大医疗保险类型，建立和完善两代农民工医疗保险转移接续的过渡机制，着力于提高新农合的异地报销比例和简化报销手续，实现异地就医即时报销，并尽快实现城乡间医疗保险项目的统筹，最终实现制度的统一。第三，在现有制度下，农民工参加城镇职工基本医疗保险主要是通过其用人单位实现的。要实现城镇职工基本医疗保险制度对农民工的保障功能，进一步强化农民工用人单位在医疗保险过程中的责任，具有重要意义。第四，政府相关部门要进一步优化医疗卫生资源的空间配置，加强对农民工集中区域医疗卫生设施的配套建设，推进医疗卫生服务设施的均等化进程。

参考文献

［1］李培林．流动民工的社会网络和社会地位［M］．社会学研究，1996（4）．

［2］李强．城市农民工的失业与社会保障问题［M］．新视野，2001（5）．

［3］汤兆云．建立相对独立类型的农民工社会养老保险制度［M］．江苏社会科学，2016（1）．

［4］汤兆云．农民工社会融合的代际比较——基于2013年流动人口动态监测调查数据的分析［J］．社会科学家，2016（9）．

［5］崔红志．对把进城农民工纳入城市社会养老保险体制的认识［J］．中国农村经济，2003（3）．

［6］国家统计局．2016年全国农民工监测调查报告［R］．2017.

［7］罗志先. 当前农民工社会保障权现状、缺失原因及其对策的思考［J］. 中共中央党校学报，2005（9）.

［8］杨辉，刘世宽. 农民工大病医疗保险制度中若干问题的分析与建议［J］. 华南农业大学学报（社会科学版），2008（3）.

［9］张勇. 基本公共服务均等化视域下的农民工医疗保险研究［J］. 四川行政学院学报，2011（4）.

［10］吴晓明，沈晓，向清. 新医改背景下农民工医疗保障问题的探讨［J］. 中国初级卫生保健，2009（4）.

［11］张霞. 城市劳动力市场二元分割与外来农业户籍劳动者社会保障权益缺失［J］. 中国社会科学院研究生院学报，2007（2）.

广东留住健康流动劳动力的重点政策分析

邓利方①

据广东省统计信息网的数据显示，广东的流动人口规模正在增大，但增速放缓。"十二五"期末，全省常住人口中，跨县（市、区）流动人口达到 3 201.96 万人，占常住人口总量的 29.51%，流动人口规模继续位居全国首位。与"十一五"期末的 3 128.17 万人相比，五年间全省流动人口共增加 73.79 万人，增长 2.36%，增幅不仅远低于"十一五"时期，同时比同期常住人口增幅低 1.55 百分点，占常住人口的比例减小 0.49 百分点。值得一提的是，"十二五"时期省内外流动迁移人口进一步向珠三角区域聚集。2015 年，珠三角地区的跨县（市、区）流动人口规模为 2 943.77 万人，占全省流动人口总量的 91.94%，流动人口规模比 2010 年时增长 2.53%，占比提高 0.47 百分比。

同时，广东常住人口区域分布的基本格局没有改变，超过一半的人口仍集聚在珠三角地区，区域内拥有广州、深圳两个超大城市（常住人口1 000万以上）以及佛山、东莞两个特大城市（常住人口 500 万以上 1 000 万以下）。"十二五"期末，不同区域人口数量的排列次序为：珠三角5 874.27万人、东翼 1 727.31 万人、西翼 1 583.35 万人、山区 1 664.07 万人，分别占全省人口总量的 54.15%、15.92%、15.34% 和 14.59%。与"十一五"期末相比，珠三角、东西两翼和山区的人口数量分别增长 4.59%、2.27%、3.79% 和 3.36%。五年来，珠三角地区人口增长最快，人口增量占全省人口净增总量的 25.82%。值得关注的是，广州、深圳两超大城市的常住人口增加数量全省最多，比"十一五"期末净增79.15 万人和100.67 万人，两市人口增幅占同期珠三角人口增量近七成，反映出人口向超大城市集聚的趋势仍然十分明显。这些数据表明，广东省的健康流动劳动力正急剧向珠三角地区集聚，虽然这为广东经济的发展提供了充沛的劳动力，也促进了主要集聚地的经济发展，但是同时也加剧了经济发展的不平衡不协调。因此本论文将重点研究影

---

① 中共广东省委党校（广东行政学院）中国特色社会主义研究所经济学研究员。

响健康流动劳动力的几个重要因素，并探讨未来广东如何从落户、住房、教育、投资等政策红利方面吸引，留住流动劳动力，促使其健康发展，进而促进经济发展，缓解不平衡与不协调。

一、广东留住健康流动劳动力的落户政策分析

《中国流动人口发展报告2017》指出，2016年我国流动人口规模为2.45亿人，比上年末减少了171万人。这是中国流动人口总量连续第二年下降，出现这种现象主要是由于部分流动人口在流入地落户，成为新的市民。在今后一个相当长的时期内，农村人口会继续向城市转移，已经进入城市的流动人口也会逐渐成为新的城市常住居民，而不是有名无分的"准市民"。根据现在的城镇化趋势，"农转非"是一个必然的发展趋势。相对于农村居民而言，已经进入城市的农民工更具向城市居民转化的条件和能力（朱炎亮，2016）。

《广东省新型城镇化规划（2016—2020）》指出，要保障转移人口落户问题。在珠三角地区，除广州、深圳外，要全面放宽农业转移人口落户条件。以农村学生升学和参军进入城镇的人口、在城镇就业居住5年以上和举家迁徙的农业转移人口以及新生代外来务工人员为重点，促进有能力在城镇稳定就业和生活的农业转移人口举家进城落户。其中广州、深圳等超大城市可以具有合法稳定就业和合法稳定住所（含租赁）、参加城镇社会保险年限、连续居住年限等为主要依据，区分城市主城区、郊区、新区等区域，重点解决符合条件的普通劳动者落户问题。户籍人口与非户籍人口比重低于1∶1的城市，要进一步放宽外来人口落户指标控制，加快提高户籍人口城镇化率。

在粤东西北地区，《广东省新型城镇化规划（2016—2020）》指出应全面放开放宽重点群体落户限制，省内大中城市均不得采取购买房屋、投资纳税等方式设置落户限制。地级市中心城区和县城着力强化产业支撑，提升公共服务水平，鼓励本地农民进城创业、就业和居住，实现就近市民化。有序推进粤东西北地级市中心城区扩容提质，提升对外来人口和本地农业转移人口的吸纳能力，减轻珠三角压力，实现人口布局优化。加强粤东西北中心城市对高校毕业生、职业技术人才和本地农业转移人口的吸引力。培育两个300万左右的城镇群和若干城区人口超100万的中心城市，重点建设城区人口在20万～50万人的中小城市以及5万～10万人以上的小城镇，使其成为吸纳农业转移人口的重要载体。

　　在很长的一段时间内，广东户籍制度是实施人口流动限制政策的基础。现有广东户籍制度包括三部分内容：户口登记制度、户口迁移制度和身份证制度，其中，遭受批评和质疑最多的当属户口迁移制度对公民自由迁徙权的限制。广东省内部分不公平问题，其实是户口迁移制度造成的，而非整个广东户籍制度的问题。广东以审核制为特征的户口迁移制度，是20世纪50年代末在物资供应、住房分配、就业安置、文化教育、社会福利等各方面严重短缺条件下形成的。户口迁移制度是利用行政手段阻止人口进城的工具，隐藏在它背后的是调控各种利益、形成诸多不公平的管理制度和社会政策。因此广东户籍制度改革要靠制度保障来使流动劳动力更加自由地流动，而且使他们各方面的权益都得到保障。首先，应建立起流入地劳动力的保障制度。当城市劳动力的就业保障比较稳健的时候，流动劳动力的权利就可以得到保证（樊士德等，2016）。如果劳动力市场需求格局发生变化，即城市经济发展对外来劳动力需求的大幅度提高，这就有可能成为体制转变的契机。可能是时机还不成熟，在广东的部分城市，对外来劳动力的排斥依然明显。广东现有的制度法规对流动劳动力的就业限制归纳为两点：就业手续繁琐和部分就业福利不可以享受，但是户口问题仍然是重要问题。

　　要改革广东户籍制度，关键在于促进社会和人的全面发展，保护广东全体流动劳动力的平等权益，其基本走向将体现自由迁徙、非物质化和配套性的特征。目前广东户籍制度改革的重点不在于广东户籍和允许人口流动本身，而在于外围条件和制度如何适应，改革的关键在于能否确保流动劳动力平等地享受当地的相关就业的福利和社会保障待遇。

　　广东户籍改革的重要举措是促进流动劳动力融入真正的城市居民生活。在广东，流动劳动力中已经长期在流入地生活的那部分人群，有着强烈的城市居留愿望和融入城市的利益诉求，解决他们的户口问题，不仅能使他们在子女教育、就业、养老、医疗等方面获得公平合理的市民待遇，更能促进他们积极融入城市生活（侯慧丽，2016）。在推动广东户籍制度改革的同时，应该同步推进各项社会政策配套的改革。广东户籍改革与相关政策调整必须遵循"承认差异，梯度推进"的原则。按照分步推进的改革思路，认真理清广东户籍改革的步骤和重点，重点应推进财政体制改革以及教育、就业、养老、医疗等相关制度的有效衔接。

　　中共中央政治局在2015年6月30日的会议上审议通过了《关于进一步推进户籍制度改革的意见》。会议指出，加快户籍制度改革是涉及亿万农业转移人口的一项重大措施。要坚持以人为本，着力促进有能力在城镇稳定就业和生活的常住人口有序地实现市民化，稳步推进城镇基本公共服务常住人口全覆盖。要坚持积极稳妥、规范有序,既要鼓励各地大胆实践、积极探索,又要指导地方尊重客观规律,尊重群众意愿,不搞指标分配,不搞层层加码。要优先解决好进城时间长、就业能力强、可以适应城镇和市场竞争环境的人,使他们及其家庭在城镇扎根落户,有序引导人口流向。要积极推进城镇基本公共服务由主要对本地户籍人口提供向对常住人口提供转变,逐步解决在城镇就业居住但未落户的农业转移人口享有城镇基本公共服务问题。户籍制度改革是一项十分复杂的系统工程,要坚持统筹谋划,协同推进相关领域配套政策制度改革。要完善农村产权制度,维护好农民的土地承包经营权、宅基地使用权、集体收益分配权。要区别情况、分类指导,由各地根据中央的总体要求和政策安排,因地制宜地实行差别化落户政策。要促进大中小城市和小城镇合理布局、功能互补,增强中小城市和小城镇经济集聚能力,为农业转移人口落户城镇创造有利条件。

广东户籍改革其实是想通过一系列的措施,将"完全地控制体制",逐步过渡到"登记体制"。因为作为一项施行几十年、渗透到人们生活方方面面的影响至深的社会制度,要突然使它发生根本性变革是很难的。而大量外来人口涌入城市的根本原因应该是地区经济发展不均衡。地区经济发展的不均衡、政府的政策选择等因素在更深的层次上影响甚至推动着原已存在的城乡二元、区域二元现象的继续深化。由于广东户籍制度和区域财政的分管问题,二元结构的消除仍然面临不少障碍。广东各地应因地制宜,在广东户籍改革方案设计上求真务实、灵活应变。过渡期内需要从"选择型制度"过渡到"普惠型制度",弱化"身份"的分配职能。

自《广州市户口迁入管理办法实施细则》在广州实施以来,为广东的其他城市提供了一个很好的借鉴,其他城市的具体的实施细则正在不断完善。与单纯的投资入户或购房入户相比,该实施细则体现了更大的公平性,它为流动人口获得市民待遇提供了一个通道,对于广东其他城市而言,其示范意义不言而喻。《广州市户口迁入管理办法实施细则》设定了申办条件(包括参加城镇社会保险、依法纳税、持证时间和专业技术资格)和激励性替代条件(包括重大贡献、保洁岗位、社保缴费时间长、纳税多),这些规定基本把户口迁移的范围限定了,所以说它有很强的歧异性,同时实施细则强调贡献的作用,根据流动劳动力的贡献多少来确定是否允许入户。这些限制要求流动劳动力在广州不仅要具备谋生能力,还要具备适应城市的发展而发展的能力。这种做法实际上是将广东户籍制度作为统筹协调政府公共服务能力、城市经济发展能力、环境资源承载力等各种要素的制度工具。

广东户籍改革的一大受益群体是流动劳动力。经过长时期、自发性的流动劳动力集聚，流动劳动力中有相当一部分在广东的某个城市长期生活并依法纳税，为广东经济社会发展做出了很大贡献，已经成为事实上的广东常住居民，只不过受目前广东户籍制度的限制，而无法获得合法的广东居民身份。因此，如果城乡迁移和劳动力流动发展到一个新的阶段，为了使广东全面建成小康社会，广东户籍制度改革应兼顾速度和质量，科学合理地进行。不过，广东省在户籍制度改革方面也积累了重要经验。虽然目前广东的居住证制度仍然需要继续维持，但今后广东户籍改革的发展趋势是逐渐放松广东户籍准入，从"选择型制度"过渡到"普惠型制度"，最终实现完全依居住地进行劳动力登记和管理。福利和权利将从基于"身份"进行分配向基于"贡献"进行分配转变。在过渡期内，"普惠型"的制度安排应该面向所有广东的流动劳动力。也就是说，流动劳动力到广东的城市打工，不管是引进的人才还是农民工，只要能够长时间留下来，就说明是适合市场需要的，是经得起市场和时间检验的，具备在广东立足的能力，也为广东的经济社会发展做出了贡献。政府和职能部门在制度设计上应该为所有符合广东发展要求的流动劳动力开辟落户的通道（目前已经为特殊人才和高层次人才提供了落户渠道），在逐步推进流动劳动力市民化过程中促进广东劳动力结构的良性发展（郭秀云，2010）。

二、广东留住健康流动劳动力的住房政策分析

从1949—2015年我国人口出生率、死亡率和自然增长率的变化轨迹可以看出我国人口变动主导因素的历史发展大致可以划分为三个阶段：第一阶段（1949—1969年）是以死亡为主导的时期；第二阶段（1970—1989年）是以出生为主导的时期；第三阶段（1990年至今）是以人口迁移流动为主导的时期，在这一时期，死亡率相对稳定，出生率持续下降，二者均处于较低水平。在北京、上海、广东等省市，由于外来人口的大量流入，常住人口呈现快速增长态势。与此同时，许多地区出现"外流型"人口负增长。

为了适应这种由于人口迁徙而带来的住房需求，在广东已经建立起以住房公积金为资金保障的制度以及以经济适用房和公租房为兜底的制度为主要内容的住房保障体系，对不同收入家庭实行不同的住房供应政策，这

对于解决广东不同层次居民的住房问题起到了重要作用。

《2017 年全国农民工监测调查报告》呈现出流动农民工居住情况的两大变化。第一，人均居住面积有所提高。进城农民工人均居住面积为 19.8 平方米，比上年提高 0.4 平方米。人均居住面积 5 平方米及以下居住困难的农民工户占 4.6%，比上年下降 1.4 百分点。城市规模越大，进城农民工人均居住面积越小。在 500 万人以上城市，流动农民工人均居住面积为 15.7 平方米，比上年提高 0.2 平方米；其中，人均居住面积 5 平方米及以下的农民工户占 5.7%，比上年下降 1.7 百分点。第二，进城农民工的居住和生活设施进一步改善。60.1% 的进城农民工拥有电冰箱，比上年提高 2.9 百分点；87.0% 的进城农民工拥有自来水，比上年提高 0.5 百分点；80.2% 的进城农民工有洗澡设施，比上年提高 2.3 百分点；71.4% 的进城农民工有独立厕所，比上年提高 1.8 百分点；89.6% 的进城农民工能上网（计算机或手机），比上年提高 4.1 百分点；21.3% 的进城农民工拥有汽车（生活和经营用车），比上年提高 2.7 百分点。

这些令人欣喜的变化的背后可能反映出广东现行三阶梯式住房保障政策的部分成功。住房公积金实行专户存储，专项用于职工购买、建造、大修自住住房，具有部分义务性和保障性的特点。经济适用住房是广东政府提供政策补贴，限定建设标准、供应对象和销售价格，具有局部保障性质的政策限制性商品住房。廉租房是广东政府向城镇最低收入居民家庭提供的基本住房，具有完全的政府保障性质。这些住房保障措施对现在的流动劳动力的住房保障起到非常重要的作用（张莉等，2017）。

不过，广东现行的住房保障体系仍然存在着一些比较突出的问题。第一，广东现行的住房保障体系的准入门槛强调"低收入"，很长一段时间，广东住房保障体系都面向低收入群体，无论是廉租房还是经济适用房，"低收入"都是享受政府帮助的硬性条件。第二，广东现行的住房保障体系只关注了城市中户籍居民的住房问题，而忽视了现代社会发展中流动劳动力所带来的住房问题，包括随着城市化水平的提高，不断涌入城市的大量的进城务工人员的住房问题以及各类流动性人才的住房问题。第三，现行的住房保障体系的"租购同权"问题仍然得不到很好的解决，现有政策保障了居民房屋的产权，但没有过多地考虑部分流动劳动力的基本居住问题，这是现有住房保障体系中一个比较重要的问题。

在广东现行的住房保障体系中有这样一部分城市居民，他们由于自身经济条件所限，暂时无力购买房子，但又由于广东户籍原因而不符合购买经济适用住房的条件，因而暂时买不起房。不过这部分群体的收入不是绝对的低，所以也不可以租赁廉租房，所以只能租赁商品房，然而商品房的租金又比较高。所以，广东政府应助力解决住房问题，需要纳入住房保障体系的，远远不止低收入群体。游离于住房保障体系之外，确实出现了一个需要得到保障，却又不能得到合理保障的夹心阶层。

在广东，这一夹心阶层主要包含这样的几类人群。第一，广东城市中一部分中低收入的流动劳动力。他们的家庭经济状况和居住状况满足购买经济适用房的条件，他们虽然在未来有可能积攒起一些购买房子的资金，但他们的购买力累积程度相对于其需求存在着时滞，即需要满足住房需求的时间在前，逐步有能力支付购房款在后，他们想买经济适用房，但却买不起，不过他们又不想总是租赁廉租房来居住。第二，非广东户籍的流动劳动力，这一类流动劳动力群体在经济基础、户籍问题、社会身份上具有一定的特殊性，他们无法享受流入地相应的住房保障，需要靠租赁商品房来解决部分问题，但是却不能完全解决所有问题，比如说子女的教育问题，他们就很难享有像当地常住居民一样的权利了。虽然有一小部分的流动劳动力通过创业或其他的途径能够购买商品房，但是，一般来说，流动劳动力的居住条件都比较差，甚至连自身安全都得不到保证，同时由于流动劳动力的工作流动性大，经常居无定所，也很难将他们纳入社会管理体系中，这对流入地的社会治安也会造成一定的影响。第三，刚刚从学校毕业的流动大学生。他们目前没有足够的经济实力在毕业学校的所在地买房，但以后可能会有。随着广东城市化进程的深入和流动劳动力的增加，这一夹心阶层的人数将越来越庞大，流动农民工、流动高层次人才，即便收入不低，但在高房价的对比之下，他们在住房问题上也是实实在在的"相对低收入者"，如何帮助他们解决一时之难，已经成为一个非常重要的社会问题（谭远发等，2016）。为了解决广东流动劳动力的住房问题，目前迫切需要构建一个多层次的住房保障体系。这个体系应根据居民收入状况及形成原因、家庭居住条件和特点、贫困程度系数大小及贫困周期的长短等因素确定相应的阶梯救助标准，以便充分体现政策差异与住房条件差异的对等性，从而使居民得到基本住房保障（李勇刚等，2016）。

广东可以在现行的住房保障体系的基础上完善这个多层次住房保障体系。

第一层次是廉租房。廉租房救助的对象应是城市中最低收入家庭和永久性贫困人群，廉租房将提供给那些处在生活最低保障线上下的人群租住，并由政府财政给予相应补贴。

第二层次是公租房与经济适用房。公共租赁住房保障的对象相对较广一些，既包括广东户籍中低收入居民家庭，他们是非永久性贫困的一般居民，也包括城市中非广东户籍居民。保障的标准因城市的发展水平和被保障的对象不同而有所不同。但这个层次的保障水平并非一成不变，而是应根据经济与社会发展状况不断调整。这一层次的救助者中还应该加入一类人，就是突发性贫困人群，就是由于突发灾害、恶性事故或重大疾病而导致的贫困者。其政策应具有灵活性和可控性，应该有基本政策，但也需要一事一议。经济适用住房保障的也是中低收入的城市家庭，他们是暂时处于相对低收入的边缘人群。为了解决城市住房保障体系中出现的夹心阶层问题，可以在经济适用住房制度上进行一些变革，就是制定经济适用住房可租可售政策，将经济适用住房分为销售型的经济适用住房和租赁型的经济适用房两大类。租赁型的经济适用房的门槛比公租房略高，销售型的门槛可以比租赁型的更高一些。

第三层次是限价商品房。主要针对广东居民中的中等收入者，他们的居住条件和收入状况符合购买限价商品房的条件，同时也具有一定的资金积累，能够承担得起购买住房使用权的压力。

这种住房保障体系着力解决广东户籍低收入家庭住房困难的问题，创新性地增加了低价租赁住房和低价购买住房两个层次，逐步改善流动劳动力的住房条件，并灵活解决住房保障"盲区"，增强流动劳动力的流动性和凝聚力，为住房保障制度建设提供了新的思路，有利于整个住房体系的完善（吴海瑾，2009）。

具体而言，根据《广东省新型城镇化规划（2016—2020）》，广东还将继续在以下四个方面发力，以进一步解决流动劳动力的住房问题。

第一，建立购租并举的住房制度。打通保障房和商品房的政策通道，鼓励商品房库存较多的城市通过货币化的方式，支持中低收入家庭在市场上购买、租赁住房，促进存量商品房发挥保障性住房作用。大力发展住房租赁市场，鼓励自然人和各类机构投资者购买库存商品房，成为租赁市场的房源提供者。通过政策性银行中长期贷款支持、减免行政事业性收费等措施，引导与鼓励有条件的国有企业收购或长期租赁库存商品房，以公共租赁住房形式出租。

第二，探索建立共有产权住房制度，根据定价标准及个人出资数额，确定个人和政府或者个人和有关单位持有住房产权的相应比例产权。建立完善"以需定建"的住房保障机制。健全保障房申请登记和轮候保障制度，完善准入退出机制。建立保障房使用管理购买服务机制、物业服务费补贴和小区公共设施维护更新制度，加强保障房小区属地管理力度。

第三，健全房地产市场监管调控机制。合理提高住宅用地比例，增加普通商品住房用地供应，缓解市场供求矛盾和房价上涨压力。加快商品房预售制度改革，逐步推广现房销售。健全商品房开发信息公开制度，规范"邻避"设施信息公开。开展物业管理改革试点，推动物业管理与社区管理相结合。推动住宅专项维修资金制度改革，简化提取使用程序。

第四，拓宽住房发展资金渠道。全面建立住房公积金和住房补贴双轨制。研究扩大公积金缴存覆盖面的措施，推进住房公积金使用政策调整。建立住宅政策性金融机构，为群众提供低息、长期稳定住房贷款。探索住房抵押贷款证券化。按照10%左右面积标准，在住房保障小区配建经营性设施。

三、广东留住健康流动劳动力的教育政策分析

《2017年全国农民工监测调查报告》显示出流动劳动力的文化素质情况的变化以及随迁儿童的教育的基本情况。

从表1可以看出流动劳动力的文化素质的变化情况，2017年大专及以上学历农民工占比显著提高。农民工中，未上过学的占1%，小学文化程度占13%，初中文化程度占58.6%，高中文化程度占17.1%，大专及以上占10.3%。大专及以上文化程度农民工所占比重比上年提高0.9百分点。外出农民工中，大专及以上文化程度的占13.5%，比上年提高1.6百分点；本地农民工中，大专及以上文化程度的占7.4%，比上年提高0.3百分点。

表1　农民工文化程度构成

（单位:%）

	农民工合计		外出农民工		本地农民工	
	2016年	2017年	2016年	2017年	2016年	2017年
未上过学	1.0	1.0	0.7	0.7	1.3	1.3
小学	13.2	13.0	10.0	9.7	16.2	16.0
初中	59.4	58.6	60.2	58.8	58.6	58.5
高中	17.0	17.1	17.2	17.3	16.8	16.8
大专及以上	9.4	10.3	11.9	13.5	7.1	7.4

数据来源:《2017年全国农民工监测调查报告》。

2017年，随迁儿童的受教育情况也有了较大的改善。第一，随迁儿童教育得到较好保障。3～5岁随迁儿童入园率（含学前班）为83.3%，比上年提高0.6百分点。3～5岁的在园儿童中，26.7%上的是公办幼儿园，比上年提高1.3百分点；33.8%上的是普惠性民办幼儿园，比上年下降0.8百分点。义务教育年龄段随迁儿童的在校率为98.7%，与上年基本持平。从就读的学校类型看，小学年龄段随迁儿童82.2%在公办学校就读，比上年提高0.4百分点；10.8%在有政府资助的民办学校就读，比上年提高1.7百分点。初中年龄段随迁儿童85.9%在公办学校就读，比上年提高2.7百分点；9.7%在有政府资助的民办学校就读，比上年下降0.4百分点。第二，随迁儿童在学校总体不受歧视。96.7%的农民工家长认为子女在学校未受歧视，比上年提高0.3百分点；0.4%的农民工家长认为受到歧视，比上年下降0.1百分点；2.9%的农民工家长不了解情况，比上年下降0.2百分点。从师资看，农民工家长对老师非常满意和比较满意的占77.3%，比上年提高1.8百分点；认为一般的占21.9%，比上年下降1.6百分点；不满意和非常不满意的占0.8%，比上年下降0.2百分点。第三，随迁儿童上学面临的问题有所缓解（见图1）。对于义务教育阶段的随迁儿童，55.8%的农民工家长反映在城市上学面临一些问题，比上年下降2.4百分点。费用高、本地升学难、孩子没人照顾是农民工家长认同度最高的三个主要问题，认同率分别为26.4%、24.4%和23.8%。其中，费用高和本地升学难认同率较上年分别下降了0.8和1.7百分点，孩子没人照顾的认同率较上年提高2.4百分点。对于3～5岁的学龄前儿童，55.7%的农民工家长反映在城市入园面临一些问题，比上年下降5.7百分点。费用高、本地升学难、孩子没人照顾是农民工家长认同度最高的三个主要问题，认同率分别为50.4%、37.3%和15.9%，分别比上年下降了3.4、5.9和0.9百分点。

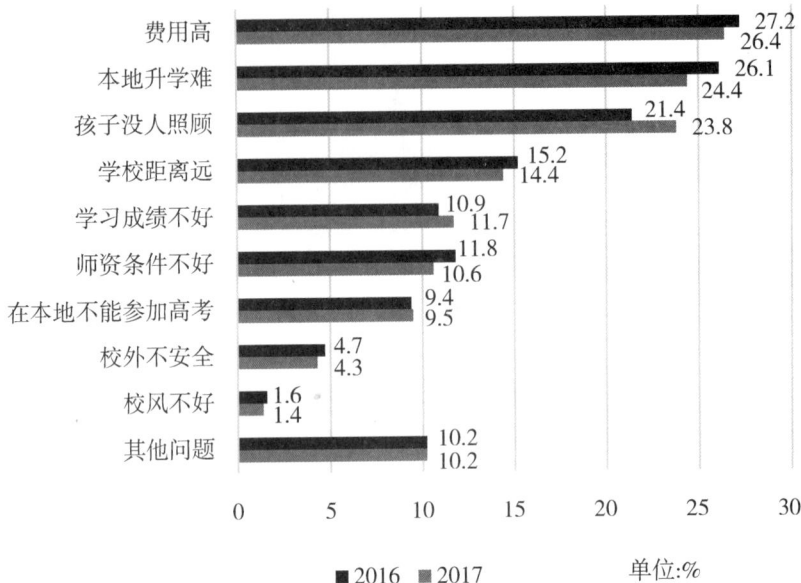

图1　义务教育阶段随迁儿童上学面临的主要问题
数据来源：《2017 年全国农民工监测调查报告》。

这些数据表明，流动劳动力的义化素质正在不断提高，流动劳动力的子女的受教育问题也逐渐得到重视，广东原来的教育体系和模式都应进行改革以便适应这种新形势。广东部分公办学校教育资源显然供不应求，无法完全满足流动劳动力子女入学需求。在广东公办教育不能完全解决广东流动劳动力子女入学和就读的情况下，民办教育有必要作为公办教育的补充部分来对教育补短板。广东虽然不断增加教育投入，但缺少更明确、更细化的教育帮扶政策，致使部分民办学校缺乏办学积极性，有些学校甚至长期处于脏乱差状态，无法满足流动劳动力子女的就学需求。目前广东义务教育阶段实行的是"分级办学、分级管理"政策，即义务教育阶段费用主要由各地政府承担，流动劳动力子女因为没有流入地的户口，无法享受由流入地政府财政拨付的教育经费，而且流入地政府也没有合理拨付外来劳动力子女的教育经费。因此，对于流动劳动力子女的入学、升学问题，流入地政府总是以各种理由拒不负担主要责任，造成了流动劳动力子女就学难的问题。广东部分地方政府已明确指出公立学校是流动劳动力子女受教育的主要场所，但在政策落实过程中缺少配套、宣传不够，政策与落实有较大差距，部分流动劳动力子女名义上可以进公立学校，但在实际执行中却进不了。很多公立学校仍在向流动劳动力子女收取借读费、择校费等费用，增加了流动劳动力的经济压力（尹虹潘等，2016）。

要想广东省流动劳动力的子女享受公平的教育，首先应解放流入地教育主管部门的思想。流动劳动力对流入地经济发展做出了重要贡献，可以说城市的发展离不开流动劳动力的辛勤劳动。流入地在享受流动劳动力为城市发展带来的好处的同时，应正视流动劳动力发展的新变化，从内心深处接纳流动劳动力及其子女，使流动劳动力公平享受流入地的教育资源，公平享受流入地的其他配套性公共服务。流入地的教育主管部门要端正思想认识，把对流动劳动力的歧视和偏见去掉，树立公平、团结、和谐的教育意识。

广东省政府可以在这其中大有作为。首先，政府可以适当鼓励对流动劳动力的子女教育问题的宣传，改善流动劳动力子女接受教育的环境。鼓励政府部门工作人员更多地走入流动劳动力家庭，了解流动劳动力的生活状态，找到流动劳动力及其子女的真实教育需求，并通过媒体加以合理宣传，为流动劳动力及其子女创造一个公平的社会和就学环境。其次，广东政府可以完善有关流动劳动力子女受教育权利的法律法规，确保流动劳动力子女在广东的受教育权有法可依。流入地政府要明确公办学校接受符合政策要求的流动劳动力子女入学的义务和责任，并积极响应广东户籍制度改革政策，为符合规定的流动劳动力在流入地落户提供方便，保障流动劳动力子女能够顺利在流入地入学。再次，充分利用广东教育资源，为广东流动劳动力子女平等接受教育创造机会。鼓励公办学校利用好学校闲置的教育资源，适量接收流动劳动力子女。在鼓励规范民间办学方面，广东相关教育部门可以给予政策支持，简化办证手续。流入地的公立学校应切实做好接收工作，积极协调教育资源。民办学校应该在有关教育部门的积极引导下，向优质公办学校看齐，积极提升自身办学质量，发挥学校的育人功能，为流动劳动力子女平等接受教育提供支持。教师要努力营造良好的班集体氛围，适时地给予流动劳动力子女心理辅导，尊重他们，使他们树立正确的世界观、人生观和价值观。流动劳动力也要注重家庭教育，为子女创造良好的学习环境。家庭教育是一种特殊的教育形式，家庭的经济条件、教养方式以及父母的文化程度、教育期望等对子女的个人发展有重要影响。广东的流动劳动力子女的心理存在诸多问题，主要表现为学习适应性差、自尊感较弱、交往能力低、领导品质差、求知欲不强等。为此，流动劳动力自身也要注重家庭教育，建立良好的亲子关系，尊重孩子意愿，为其创造良好的学习环境。家长要加强与学校的沟通，及时了解孩子在学校的表现，并配合老师的工作来培养好自己的子女（马草原等，2017）。

另外，各部门单位要充分落实好广东各流入地和流出地的相关教育政策，完善广东省流动劳动力教育体系。广东省政府有责任有义务不遗余力地提供公正的就学环境，落实相关就学政策和措施。这些政策措施包括广东户籍制度改革、广东教育管理体制创新、广东教育投资体制改革等。广东现有的户籍制度是流动劳动力子女无法接受公平教育的原因之一，必须合理地对广东户籍制度进行改革，为流动劳动力子女上学扫清制度障碍。流动劳动力子女的受教育问题是当前广东义务教育的难点之一，从根本上说，流动劳动力及其子女的上学问题是不合理的广东户籍制度及城乡二元体制的产物。当前应进行城乡统筹，进一步完善相关法律法规，消除对流动劳动力及其子女的歧视。建立城乡一体的教育机制，为千千万万流动劳动力子女受到良好教育而创造条件。要建立籍随人走、城乡一体的广东户籍制度。流动劳动力只要在城市居住一段时间就可以自由申请所在城市的户口，并享有当地人口平等的待遇。流入地政府要把流动劳动力及其子女的教育纳入到基本公共服务的范围，为长期居住在本地区的流动劳动力及其子女提供公共服务。减少不必要的歧视，逐步缩小城乡之间的利益分配的差距，最终实现开放、动态的广东户籍制度，促进城乡一体化，营造广东公平公正的教育环境。

《广东省新型城镇化规划（2016—2020）》提出，要保障外来务工人员随迁子女平等享有受教育的权利。进一步强化流入地政府责任，将随迁子女义务教育纳入城镇发展规划和公共财政保障范围，逐步完善并落实中等职业教育免学杂费和普惠性学前教育的政策。建立以居住证为主要依据的随迁子女入学政策，依法保障随迁子女平等接受义务教育。坚持以公办学校为主安排随迁子女就学，对于公办学校学位不足的可以通过政府购买服务方式安排在普惠性民办学校就读。统一城乡义务教育经费保障机制，实现义务教育"两免一补"和生均公用经费基准定额资金随学生流动可携带，落实好中等职业教育国家助学政策。继续做好外来务工人员随迁子女在粤升学考试工作。目前，关键是配套措施要落实，监督在广东各地的落实情况。创新广东教育管理体制，变"地方负责，分级管理"为"地方负责，分级管理，城乡统筹，协调发展"，破除城乡分割，保证教育投入，维护教育公平，促进教育和谐健康发展。自1985年以来，我国义务教育体制经过三次改革：即"地方负责，分级管理"——"在国务院领导下，地方负责，分级管理"——"在国务院领导下，地方负责，分级管理，以县为主"。三次改革，都始终坚持着"地方负责，分级管理"，正因如此，导致了"城乡分割"的局面。广东适龄儿童的义务教育费用基本由广东地方各级政府负责，但是农村的教育却由农民办负责。农村税费改革和第三次义务教育体制改革后，农村教育经费由广东县级政府通过财政预算安排。可是，在现实中，广东流动劳动力子女离开农村时，其相应的教育经费并没有随之流转，其父母就业所在地也没有相应的教育经费预算。这样，广东流动劳动力子女在接受教育时就没有了保障。为了解决这一问题，广东流入地政府要创新教育管理体制，破除城乡分割，保证教育投入，还可以建立"流动学籍"制度，即建立一种与广东户籍脱轨的学籍制度，尝试对广东流动劳动力子女的学籍实行网络化系统管理，使广东流动劳动力子女的就学、转学、考试、升学不再受广东户籍限制。家庭承担的教育费用，不能再不加区别发放给户籍所在地政府，而应该根据广东流动劳动力当前所在地区的政府申请来进行发放。取消不合理收费，提高政府的教育拨款，取消借读费、赞助费以及其他不合理的收费一直是广东流动劳动力反映强烈的问题。广东流动劳动力进城劳动，不仅为当地创造了财富，也提供了税收，并推动了广东经济社会的发展。他们有权享受当地的公共资源和公共服务。广东的部分流动劳动力在现实社会中仍然是城市的低收入阶层，是社会的弱势群体，他们应受到流入地的关爱和扶助和基本的教育保障。因此，流入地政府必须制定对广东流动劳动力子女接受教育的收费标准，合理收取有关费用，尽量做到与当地学生一视同仁；改革有关的教育投资体制，完善教育财政制度。为此，广东政府可以借鉴西方国家的"教育券"制度，实行"学生拨款制"，即将广东政府预算内的义务教育经费直接分配给学生，让学生自由择校，或者建立广东流动劳动力子女接受义务教育的合理财政分担机制，制定专门的政策法规。广东省各级政府应建立起明确的管理体制和经费保障机制，使广东省的财政部门合理承担起对义务教育经费统筹和调配的责任，合理加大财政转移支付力度（许源源等，2014）。

四、广东留住健康流动劳动力的社会资本投资政策分析

广东的流动劳动力的收入主要由家庭经营收入和工资性收入两部分构成，应该在强调这两部分收入的同时提高其他收入在流动劳动力增收中的重要性（柏培文等，2016）。由于广东劳动力市场的城乡差异，流动劳动力，特别是农民工一般是通过市场渠道来实现由农业向非农产业的转移的，但同时由于流动劳动力有时会得不到正规的制度安排，反而通过社会资本来实现"农转非"，这为我们理解社会资本与流动劳动力收入的关系

提供了一个重要方向（陈媛媛等，2017）。

《2017 年全国农民工监测调查报告》表明，2017 年接受技能培训的农民工占比与上年基本持平。接受过农业或非农职业技能培训的农民工占32.9%，与 2016 年基本持平。其中，接受非农职业技能培训的占 30.6%，比 2016 年下降 0.1 百分点；接受农业技能培训的占 9.5%，比 2016 年提高0.8 百分点；农业和非农职业技能培训都参加过的占 7.1%，比 2016 年提高 0.6 百分点。其中，本地农民工接受农业或非农职业技能培训的占30.6%，比 2016 年提高 0.2 百分点；外出农民工接受农业或非农职业技能培训的占 35.5%，比 2016 年下降 0.1 百分点（见表 2）。

表 2 接受技能培训的农民工比重

（单位:%）

	接受农业 技能培训		接受非农 职业技能培训		接受农业或 非农职业技能培训	
	2016 年	2017 年	2016 年	2017 年	2016 年	2017 年
合计	8.7	9.5	30.8	30.6	32.9	32.9
本地农民工	10.0	10.9	27.8	27.6	30.4	30.6
外出农民工	7.4	8.0	33.8	33.7	35.6	35.5

数据来源：《2017 年全国农民工监测调查报告》。

这表明，虽然说农民工可以通过接受技能培训来向非农产业转移，但其核心在于如何有效提高农村劳动力的转移能力和转移稳定性，而这又依赖于农民可以利用的社会资本（李红阳等，2017）。

《2017 年全国农民工监测调查报告》显示进城农民工的两个突出的社会特点。第一，进城农民工的社会活动仍比较单一。在城市生活中，除家人外，进城农民工业余时间人际交往中，老乡占 34.7%，比 2016 年下降0.5 百分点；当地朋友占 24.6%，比 2016 年提高 0.3 百分点；同事占22.6%，比 2016 年提高 0.4 百分点；其他外来务工人员占 3.5%，比 2016年提高 0.4 百分点；基本不和他人来往占 12.7%，与去年持平。进城农民工业余时间主要是看电视、上网和休息，分别占 40.7%、35.6% 和28.4%。其中，选择看电视和休息的比重分别比 2016 年下降 5.1 和 0.7 百分点，选择上网的比重比 2016 年提高 1.9 百分点。选择参加文娱体育活动、读书看报的比重分别为 5.3% 和 3.6%，分别比 2016 年下降 1.0 和 0.1百分点；选择参加学习培训的比重为 1.9%，比 2016 年提高 0.6 百分点。

第二，进城农民工依靠政府和法律维权的意识在增强。在工作和生活中遇到困难时，60.9%的进城农民工想到的是找家人、亲戚帮忙，找老乡的占28.3%，找本地朋友的占24.6%，找单位领导或同事的占10.7%，找工会、妇联和政府部门的占7.8%，找社区的占2.6%。其中找工会、妇联和政府部门以及找社区的农民工比重分别比2016年提高1.0和0.3百分点。当权益受损时，进城农民工选择解决途径依次是：与对方协商解决占36.3%，比2016年下降0.5百分点；向政府相关部门反映占32.7%，比2016年提高2.6百分点；通过法律途径解决占28.3%，比2016年提高1.1百分点（见图4）。

卫生健康服务

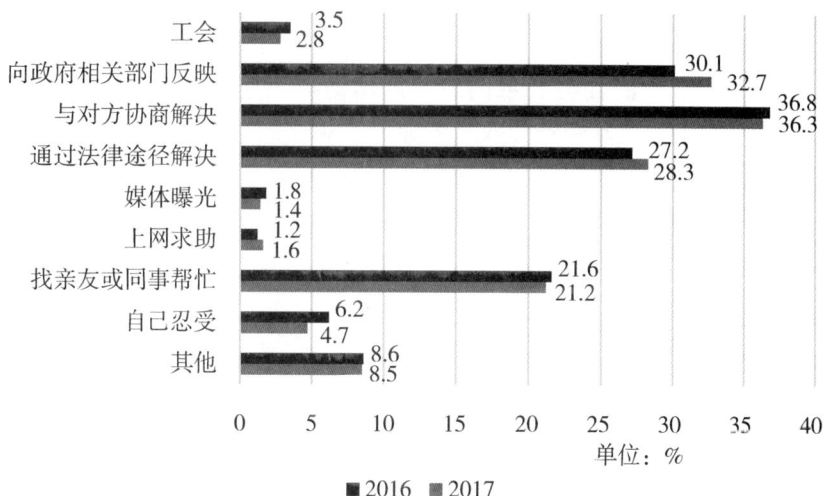

图 2 进城农民工权益受损时的解决途径
数据来源：《2017年全国农民工监测调查报告》。

　　广东农民工的社会资本对农民收入的影响具有明显的特征，就是影响程度较小，而且并不显著。这表明微观层面的社会资本对农民收入并不产生直接的影响，但对农民在"农转非"时的职业搜寻有着很大的帮助，从而对收入水平的提高起着间接的作用。实际上，在广东快速增长的宏观经济背景下，农民的生活水平有了很大提高，交通和通信等方面的支出都比以前有所增加。社会层面的社会资本对农民收入的作用显著，并成为农民收入区域差异的决定因素。社会资本提供了农民流动、职业搜寻以及进行外界交往的基础，其不但决定了农民收入的水平，也通过空间近邻效应形成空间溢出，并形成农民收入的空间差异特征。

　　因此，广东要强调针对特定产业发展的职业教育培训的作用，依托市场机制和社会资本（李路路等，2016），提高农民工搜寻更高收入工作的概率。虽然在广东，民办教育培训机构和职业介绍机构对农民收入提高具有正向的促进作用，但由于技术不匹配，通过民办教育培训机构进行培训或经由职业介绍机构获得工作的农民的收入提高得并不多。这表明，对农民而言，获得与其就业相关的知识教育和技能培训才是最重要的。在《广东省区域劳动力转移规划（2012—2020 年)》中提到，要构建区域劳动力转移差异化技能培训机制。加快农村劳动力转移就业职业技能培训示范基地建设，组建适合各功能区特色的劳动力转移培训体系，编制区域产业劳动力技能培训目录，制订重点产业行业培训方案，确定重点培训人群。支持转移到中小企业和灵活就业劳动力的岗前、在岗职业技能培训。积极开展现代农业转移劳动力培训。另外，广东可以引导流动劳动力适当投资社会资本，营建良好的社会关系网络，这不但有利于流动劳动力的收入增长，更有利于缩小流动劳动力收入的差异。由于农村剩余劳动力跨区域流动的性质，要注意经济、文化等在不同地区的差异性，使流动劳动力能够适应和利用不同类型的社会关系网络，以促进流动劳动力的健康转移和流动劳动力收入持续增长（彭文慧，2014）。

参考文献

［1］柏培文，张伯超．工资差异与劳动力流动对经济的影响——以上市公司行业结构和产出为视角［J］．中国人口科学，2016（2）：47－60.

［2］陈媛媛，傅伟．土地承包经营权流转、劳动力流动与农业生产［J］．管理世界，2017（11）：79－93.

［3］樊士德，江克忠．中国农村家庭劳动力流动的减贫效应研究——基于 CFPS 数据的微观证据［J］．中国人口科学，2016（5）：26－34.

［4］郭秀云．从"选择制"到"普惠制"——城市户籍改革政策取向与路径探析［J］．社会科学，2010（3）：64－71.

［5］侯慧丽．城市公共服务的供给差异及其对人口流动的影响［J］．中国人口科学，2016（1）：118－125.

［6］李红阳，邵敏．城市规模、技能差异与劳动者工资收入［J］．管理世界，2017（8）：36－51.

［7］李路路，朱斌，王煜．市场转型、劳动力市场分割与工作组织流动［J］．中国社会科学，2016（9）：126－145.

［8］李勇刚，周经．土地财政、住房价格与农村剩余劳动力转移［J］．经济与管理研究，2016，37（8）：78－86.

［9］马草原，马文涛，李成．中国劳动力市场所有制分割的根源与表现［J］．管理世界，2017（11）：22－34.

［10］彭文慧．社会资本、劳动力流动与农民收入区域差异［J］．当代经济研究，2014（1）：84－88.

［11］谭远发，朱明姣，周葵．人口流动与居住分离：经济理性抑或制度制约？［J］．人口学刊，2016，37（1）：26－34.

［12］吴海瑾．城市化进程中流动人口的住房保障问题研究——兼谈推行公共租赁住房制度［J］．城市发展研究，2009，16（12）：82－85.

［13］许源源，刘国峰．流动人口子女平等接受教育的路径选择［J］．湖南社会科学，2014（2）：116－118.

［14］尹虹潘，刘渝琳．城市化进程中农村劳动力的留守、进城与回流［J］．中国人口科学，2016（4）：26－36.

［15］张莉，何晶，马润泓．房价如何影响劳动力流动？［J］．经济研究，2017（8）：155－170.

［16］朱炎亮．劳动力流动、城乡区域协调发展的理论分析［J］．经济科学，2016（2）：5－17.

卫生健康服务

广东流动人口卫生服务利用影响因素研究

——从家庭化流动的视角

宋笑蕾　邹冠炀　石景容　林艳伟　凌　莉①

　　流动人口是在中国户籍制度条件下的一个概念，目前尚无准确和统一的定义，本研究采取中国人口与发展研究中心"调查前一个月来本地居住，非本区（县、市）户口的流入人口"的定义。我国流动人口数量庞大，2014年达到2.53亿，占全国总人口的18.5%。其中广东省为吸纳流动人口最多的省份，跨省流动的流动人口中32.25%流入广东省。目前学术界对家庭化流动有许多称呼方式，如"家属随同""携眷""农民工的家庭迁移""人口迁移的家庭化"及"家庭迁移"等十余种。目前对于家庭化流动没有统一的定义，本研究采取"和1位或以上具有姻缘或血缘关系的家庭成员共同生活"的定义。目前学者普遍注意到流动人口家庭化的趋势，但对流动人口家庭化流动并没有统一的划分或测量标准。有学者分别从家庭化流动模式、流入地家庭规模、家庭化流动比例、家庭结构、家庭流动过程等方面对流动人口家庭化流动进行探讨。本研究拟从家庭化流动比例、家庭流动模式、家庭规模三个角度出发对广东省流动人口家庭化流动的情况进行描述。

　　以往研究提示流动人口卫生服务利用存在不足，目前已有的关于流动人口卫生服务利用影响因素的研究多集中于流动工人，未充分考虑到当前流动人口家庭化流动的大背景。以往研究表明，在控制了年龄、性别等混杂变量后，婚姻仍是有意义的影响因素，提示有家人支持的流动人口更容易利用卫生服务。但目前缺少从家庭化流动视角出发对流动人口卫生服务利用影响因素进行的研究。

---

① 中山大学公共卫生学院、中山大学流动人口卫生政策研究中心教师。

一、对象与方法

（一）资料来源

本研究资料来源于 2014 年全国流动人口卫生计生动态监测（以下简称"动态监测"）广东省数据。该调查以 2013 年各市、区的流动人口年报数据为基本抽样框，采取分层、多阶段、与规模成比例的概率比例规模抽样（PPS）法进行抽样，广东省样本点包括除揭阳市外的 20 个城市，共调查流动人口 11 998 人。

（二）调查内容

根据中国人口发展与研究中心设计的《2014 年全国流动人口卫生计生动态监测调查个人问卷（A 卷）》进行调查，本研究所用到的调查内容包括家庭与人口基本情况、流动特征、就业情况及医疗卫生服务利用情况。

（三）评价指标

本研究采用家庭化流动比例（有家人随迁的流动人口/调查总人数×100%）、家庭化流动模式（独居、未完成的家庭迁居、已完成的家庭迁居）、流入地家庭规模（在流入地共同生活的人数）对广东省流动人口家庭化流动的情况进行描述。采用年住院率（调查前一年内住院人数/调查总人数×100%）作为流动人口卫生服务利用现状的指标。

（四）统计学方法

本研究使用 SAS 9.2 进行数据处理及分析。应用 χ^2 检验比较有无家人随迁的流动人口基本情况及卫生服务利用情况的差别，通过应用 Logistic 回归探索影响流动人口卫生服务利用的因素。将单因素分析中 $p < 0.05$ 的变量纳入多因素分析，采用 Stepwise 法筛选变量。

二、结果

（一）基本情况

在 11 998 名流动人口中男性占 51.94%，年龄中位数为 31.7 岁，学历以初中为主（56.60%），73.75%已婚，89.25%有工作，家庭人均月收入中位数为 2 500 元。有家人随迁者中女性（49.66% vs. 42.66%，$P < 0.001$）、已婚（95.63% vs. 0，$P < 0.001$）、城市户口（11.83% vs. 8.63%，$P < 0.001$）、无工作（12.53% vs. 4.77%，$P < 0.001$）者比例相对较高。无家人随迁者则较为年轻，具有更高的学历（获得大学及以上学历者占 13.04%），人均月收入中位数（3 000 元）高于有家人随迁者（2 000 元）（$P < 0.001$）。

广东省流动人口以跨省流动为主（72.56%），绝大多数（88.90%）为农村户口，在流入地居住时间 5 年以下者占 73.32%，近一半（47.22%）有在流入地长期居留的意愿。有家人随迁者省内流动比例更高（28.96% vs. 22.30%，$P < 0.001$），流动时间更长（流动 10 年及以上者占 45.67%），有长期居留意愿者比例更高（54.81% vs. 21.60%，$P < 0.001$）（见表 1）。

医疗保险主要是新型农村合作医疗保险（46.94%），其次是城镇职工基本医疗保险（25.77%），未购买任何医疗保险的比例为 16.90%，有家人随迁者未购买医疗保险的比例（17.40%）高于无家人随迁者（15.56%）（$p < 0.001$）（见表 1）。

表 1　广东省流动人口基本情况 n（%）

变量	是否有家人随迁		合计	χ^2 或 Z	p
	是	否			
社会人口学特征				41.56	< 0.000 1
性别					
男	4 658 (50.34)	1 574 (57.34)	6 232 (51.94)		
女	4 595 (49.66)	1 171 (42.66)	5 766 (48.06)		
年龄（岁）				3 063.96	< 0.000 1
<30	2 721 (29.41)	2 441 (88.93)	5 162 (43.02)		
30~45	5 519 (59.65)	285 (10.38)	5 804 (48.37)		
≥45	1 013 (10.95)	19 (0.69)	1 032 (8.60)		

（续上表）

| 变量 | 是否有家人随迁 | | 合计 | χ^2 或 Z | p |
	是	否			
M（$P_{25} \sim P_{75}$）	34.1 (29.2~40.3)	24.1 (20.8~29.2)	31.7 (25.8~38.7)	-52.85	<0.000 1
民族				13.67	0.000 2
汉族	8 756 (94.63)	2 546 (92.75)	11 302 (94.20)		
少数民族	497 (5.37)	199 (7.25)	696 (5.80)		
学历				197.33	<0.000 1
小学及以下	1 020 (11.02)	79 (2.88)	1 099 (9.16)		
初中	5 231 (56.53)	1 560 (56.83)	6 791 (56.60)		
高中	2 141 (23.14)	748 (27.25)	2 889 (24.08)		
大学及以上	861 (9.31)	358 (13.04)	1 219 (10.16)		
婚姻状况				10 362.40	<0.000 1
未婚	302 (3.26)	2 725 (99.27)	3 027 (25.23)		
已婚	8 849 (95.63)	0 (0)	8 849 (73.75)		
离异、丧偶	102 (1.10)	20 (0.73)	122 (1.02)		
户口性质				21.97	<0.000 1
农村	8 158 (88.17)	2 508 (91.37)	10 666 (88.90)		
城市	1 095 (11.83)	237 (8.63)	1 332 (11.10)		
就业情况				132.66	<0.000 1
有工作	8 093 (87.47)	2 614 (95.23)	10 707 (89.25)		
无工作	1 159 (12.53)	131 (4.77)	1 290 (10.75)		

变量	是否有家人随迁		合计	χ^2或Z	p
	是	否			
家庭人均月收入（元）				1 862.14	<0.000 1
<1 000	528 (6.16)	11 (0.32)	539 (4.49)		
1 000~2 000	3 168 (36.98)	175 (5.10)	3 343 (27.86)		
2 000~3 000	2 606 (30.42)	1 183 (34.48)	3 789 (31.58)		
≥3 000	2 265 (26.44)	2 062 (60.10)	4 327 (36.06)		
M（P_{25}~P_{75}）	2 000 (1 500~3 000)	3 000 (2 500~4 000)	2 500 (1 667~3 250)	43.28	<0.000 1
流动特征					
流动范围				47.28	<0.000 1
跨省流动	6 573 (71.04)	2 133 (77.70)	8 706 (72.56)		
省内流动	2 680 (28.96)	612 (22.30)	3 292 (27.44)		
流动时间（年）				2 193.17	<0.000 1
<1	373 (4.03)	544 (19.82)	917 (7.64)		
1~5	2 127 (22.99)	1 443 (52.57)	3 570 (29.75)		
5~10	2 527 (27.31)	554 (20.18)	3 081 (25.68)		
≥10	4 226 (45.67)	204 (7.43)	4 430 (36.92)		
在流入地居住时间（年）				1 191.03	<0.000 1
<1	1 805 (19.51)	1 279 (46.59)	3 084 (25.70)		
1~5	4 410 (47.66)	1 303 (47.47)	5 713 (47.62)		

变量	是否有家人随迁		合计	χ^2 或 Z	p
	是	否			
5～10	1 878	144	2 022		
	(20. 30)	(5. 25)	(16. 85)		
≥10	1 160	19	1 179		
	(12. 54)	(0. 69)	(9. 83)		
长期居留意愿				974. 84	＜0. 000 1
有	5 072	593	5 665		
	(54. 81)	(21. 60)	(47. 22)		
无	1 053	681	1 734		
	(11. 38)	(24. 81)	(14. 45)		
未考虑	3 128	1 471	4 599		
	(33. 81)	(53. 59)	(38. 33)		
医疗保险参保情况					
新型农村合作医疗保险	4 489	1 143	5 632	40. 17	＜0. 000 1
	(48. 51)	(41. 64)	(46. 94)		
城镇职工基本医疗保险	2 191	901	3 092	92. 54	＜0. 000 1
	(23. 68)	(32. 82)	(25. 77)		
城镇居民医疗保险	727	164	891	10. 91	0. 001
	(7. 86)	(5. 97)	(7. 43)		
城乡居民合作医疗	343	74	417	6. 45	0. 011 1
	(3. 71)	(2. 70)	(3. 48)		
商业医疗保险	638	152	790	6. 34	0. 011 8
	(6. 90)	(5. 54)	(6. 58)		
无	1 471	537	2 028	5. 36	0. 020 6
	(17. 40)	(15. 56)	(16. 90)		

（二）家庭化流动情况

11 998 名流动人口中有 8 567 名与家人共同在流入地居住，家庭化流动比例为 71.40%。在 PPS 抽样中处于第一层的 5 个城市为例，分别计算其家庭化流动比例，其中中山市流动人口家庭化流动比例最高（88.15%），其次是深圳市（79.20%），东莞市最低（40.97%）（见图1）。44.17% 为已完成的家庭迁居，即所有家人共同在流入地一起生活（见图2），在流入地的家庭规模以 2 ~ 3 人为主（50.30%）（见图3）。

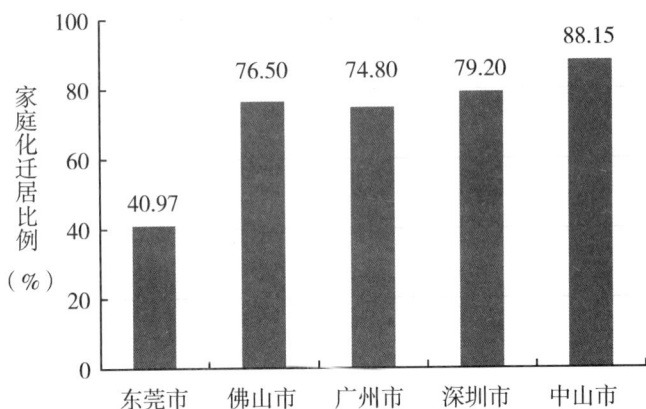

图 1　5 座城市家庭化流动比例

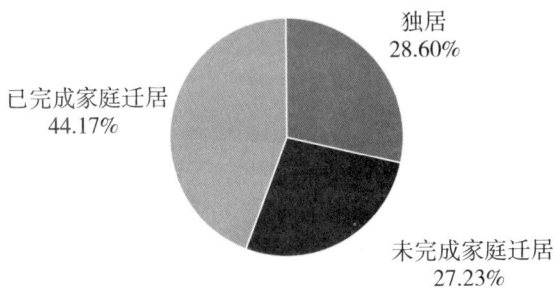

图 2　家庭化流动模式分布

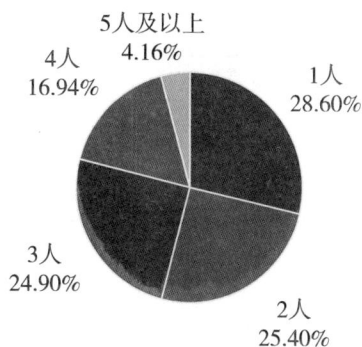

图 3　流入地家庭规模分布

（三）住院卫生服务利用情况

1. 利用现状

样本中共有 483 人过去一年住过院，住院率为 4.03%，106 人存在应住院未住院的情况，应住院未住院比例 18.00%。无家人随迁的流动人口住院率低于有家人随迁的流动人口（5.28% vs. 0.90%，$p < 0.001$），应住院未住院比例则低于有家人随迁的流动人口（16.45% vs. 35.42%，$p < 0.01$）。住院原因主要是分娩（68.12%），住院地点主要是流入地（73.50%），49.07% 的流动人口选择县区级医院或民营医院，应住院未住院原因主要是无床位（49.06%），其次是经济困难（22.64%）。无家人随迁的流动人口因疾病住院的比例更高（35.48% vs. 19.47%，$p < 0.01$）。有无家人随迁的流动人口在住院地点、住院机构及应住院未住院原因方面差异无统计学意义（表2）。

表 2　住院服务利用情况

变量	是否有家人随迁		合计	χ^2	p
	是	否			
住院率（%）	5.28	0.90	4.03	121.23	< 0.000 1
住院原因 n（%）				17.86	0.000 1
疾病	88（19.47）	11（35.48）	99（20.50）		
分娩	318（70.35）	11（35.48）	329（68.12）		
损伤中毒及其他	46（10.18）	9（29.03）	55（11.39）		
住院地点 n（%）				0.15	0.926 7
流入地	333（73.67）	22（70.97）	355（73.50）		

| 变量 | 是否有家人随迁 | | 合计 | χ^2 | p |
	是	否			
户籍地	89 (19.69)	7 (22.58)	96 (19.88)		
其他地方	30 (6.64)	2 (6.45)	32 (6.63)		
住院机构 n（%）				4.10	0.128 7
乡镇卫生院/社区 卫生服务中心	126 (27.88)	13 (41.94)	139 (28.78)		
县区级医院及民营医院	227 (50.22)	10 (32.26)	237 (49.07)		
地市级及以上医院	99 (21.90)	8 (25.81)	107 (22.15)		
应住院未住院比例（%）	16.45	35.42	18.00	10.75	0.001 0
应住院未住院原因 n（%）				0.92	0.820 0
经济困难	19 (21.35)	5 (29.41)	24 (22.64)		
无时间	13 (14.61)	2 (11.76)	15 (14.15)		
无床位	45 (50.56)	7 (41.18)	52 (49.06)		
其他	12 (13.48)	3 (17.65)	15 (14.15)		

2. 影响因素分析

依据 Andersen 卫生服务利用模型，影响个人卫生服务利用的主要因素包括先决变量（年龄、性别、种族、婚姻状况、职业等）、使能变量（个人收入、医疗保险、学历等决定经济状况的约束变量）及需要变量（决定个人医疗需求的指标）。本研究采用性别、年龄、民族、学历、婚姻状况、户口性质、就业情况、家庭人均月收入、医疗保险等作为自变量（见表3）。

表 3　Logistic 回归变量赋值

因素	变量名	变量赋值
性别	X1	1 = 男，2 = 女
年龄	X2	1 = <30，2 = 30 ~ 45，3 = ≥45
民族	X3	1 = 汉族，2 = 少数民族
学历	X4	1 = 小学及以下，2 = 初中，3 = 高中，4 = 大学及以上
婚姻状况	X5	1 = 已婚，2 = 未婚、离异或丧偶
户口性质	X6	1 = 农村，2 = 城市
就业情况	X7	1 = 有工作，2 = 无工作
家庭人均月收入	X8	1 = 3 000 元以下，2 = 3 000 元及以上
医疗保险	X9	1 = 无，2 = 有
流动范围	X10	1 = 省内流动，2 = 跨省流动
在流入地居住的时间	X11	1 = 5 年以下，2 = 5 年及以上
长期居留意愿	X12	1 = 有，2 = 无，3 = 未考虑
是否有家人随迁	X13	1 = 无，2 = 有
	Y	1 = 是，0 = 否

237

卫生健康服务

　　Logistic 回归结果显示，有家人随迁的流动人口利用卫生服务的可能性是无家人随迁的流动人口的 1.65 倍（$p < 0.05$）。按是否有家人随迁进行分层，控制年龄和性别的影响后，对于有家人随迁的流动人口，学历（$OR = 1.35$，$p < 0.001$）、婚姻状况（$OR = 0.12$，$p < 0.001$）、就业情况（$OR = 3.78$，$p < 0.001$）、家庭人均月收入（$OR = 0.63$，$p < 0.001$）仍与其卫生服务利用行为相关；对于无家人随迁的流动人口，其卫生服务利用影响因素包括婚姻状况（$OR = 0.15$，$p < 0.001$）、户口性质（$OR = 3.14$，$p < 0.01$）及就业情况（$OR = 6.66$，$p < 0.001$）（见表 4）。

表 4 Logistic 回归分析结果 OR (95% CI)

自变量	有家人随迁		无家人随迁		合计	
	单因素分析结果	多因素分析结果	单因素分析结果	多因素分析结果	单因素分析结果	多因素分析结果
性别						
女（以"男"为参照）	0.16 (0.12, 0.21)***	4.15 (3.15, 5.47)***	0.36 (0.17, 0.77)**	2.14 (0.99, 4.65)	6.06 (4.73, 7.75)***	3.75 (2.91, 4.88)***
年龄（岁）						
30~45（以"<30"为参照）	3.58 (2.93, 4.38)***	0.33 (0.27, 0.41)***	0.99 (0.41, 2.43)	0.32 (0.11, 0.90)*	0.51 (0.42, 0.62)***	0.31 (0.26, 0.38)***
≥45（以"<30"为参照）	5.17 (3.26, 8.20)***	0.28 (0.17, 0.46)**			0.33 (0.21, 0.52)***	0.24 (0.15, 0.38)***
民族						
少数民族（以"汉族"为参照）	0.82 (0.55, 1.21)		0.27 (0.11, 0.62)**		1.28 (0.90, 1.83)	

（续上表）

自变量	有家人随迁		无家人随迁		合计	
	单因素分析结果	多因素分析结果	单因素分析结果	多因素分析结果	单因素分析结果	多因素分析结果
学历						
初中（以"小学及以下"为参照）	0.81 (0.57, 1.16)	0.95 (0.65, 1.39)	1.33 (0.30, 5.78)		1.06 (0.75, 1.50)	
高中（以"小学及以下"为参照）	0.60 (0.41, 0.88)**	1.34 (0.89, 2.02)***	2.10 (0.40, 10.89)		1.32 (0.91, 1.90)	
大学及以上（以"小学及以下"为参照）	0.49 (0.32, 0.75)**	2.11 (1.32, 3.36)	0.71 (0.15, 3.47)		1.62 (1.08, 2.44)*	
婚姻状况						
未婚、离异、丧偶（以"已婚"为参照）	4.24 (1.57, 11.42)**	0.11 (0.04, 0.31)***	3.59 (1.75, 7.38)***	0.16 (0.07, 0.37)***	0.13 (0.08, 0.20)***	0.14 (0.08, 0.25)***

（续上表）

自变量	有家人随迁		无家人随迁		合计	
	单因素分析结果	多因素分析结果	单因素分析结果	多因素分析结果	单因素分析结果	多因素分析结果
户口性质						
城市（以"农村"为参照）	0.98 (0.73, 1.32)		0.38 (0.16, 0.88)*	3.12 (1.28, 7.60)*	1.14 (0.87, 1.51)	
就业情况						
无工作（以"有工作"为参照）	0.17 (0.14, 0.20)***	3.79 (3.06, 4.71)***	0.14 (0.06, 0.32)***	6.60 (2.76, 15.74)***	7.16 (5.91, 8.66)***	3.77 (3.06, 4.64)***
家庭人均月收入（元）						
≥3 000（以"<3 000"为参照）	1.77 (1.38, 2.27)***	0.62 (0.47, 0.80)***	0.83 (0.40, 1.73)		0.45 (0.35, 0.55)***	0.74 (0.580 0.94)*
医疗保险						
有（以"无"为参照）	0.96 (0.74, 1.23)		1.04 (0.40, 2.71)		1.01 (0.79, 1.29)	

（续上表）

自变量	有家人随迁		无家人随迁		合计	
	单因素分析结果	多因素分析结果	单因素分析结果	多因素分析结果	单因素分析结果	多因素分析结果
流动范围（以"省内流动"为参照）						
跨省流动	1.10 (0.89, 1.36)		0.51 (0.25, 1.06)		1.01 (0.82, 1.23)	
在流入地居住时间						
5年及以上（以"5年以下"为参照）	1.67 (1.34, 2.09)***		0.71 (0.25, 2.03)		0.81 (0.65, 1.01)	
长期居留意愿						
无（以"有"为参照）	0.97 (0.70, 1.35)		1.38 (0.58, 3.29)		0.70 (0.52, 0.95)*	
未考虑（以"有"为参照）	0.75 (0.61, 0.91)**		2.65 (1.14, 6.16)*		0.95 (0.78, 1.15)	
是否有家人随迁（以"否"为参照）						
是					6.11 (4.24, 8.81)***	1.65 (1.01, 2.72)*

注：＊表示 $p < 0.05$，＊＊表示 $p < 0.01$，＊＊＊表示 $p < 0.001$。

三、讨论

有学者将流动人口的发展分为四个阶段，第一阶段是农民在农闲季节外出打工，在农忙季节回家，流动范围狭窄，并未脱离家庭；第二阶段是流动范围扩大，跨省流动为主，农民基本脱离生产，夫妻双方均出外打工，子女由家里的祖父母照顾；第三阶段则是流动人口在经济条件许可的情况下，安排子女随迁，在流入地生活、就学；第四阶段是核心家庭在流入地稳定下来，安排父母随迁。这四个阶段并非绝对按照先后顺序，而是多阶段并存，当前我国流动人口已进入第三阶段，并正在向第四阶段过渡。本研究得到广东省流动人口家庭化流动比例为71.40%，略高于2011年动态监测结果（69.51%），表明家庭化流动是广东省流动人口迁移的主要形式。

本研究发现，女性、年龄较大、学历较低的流动人口更倾向于与家人共同在流入地居住，与以往研究结论一致。另外，本研究发现有家人随迁的流动人口家庭人均月收入低于无家人随迁的，该现象可能与有家人随迁的流动人口倾向于与家人共同租房居住，收入需要负担家庭开销有关，使得这部分流动人口经济方面负担相对较重。

本研究得到广东省流动人口年住院率为4.03%，低于第五次国家卫生服务调查结果（9.0%），提示广东省流动人口卫生服务利用不足。住院卫生服务利用影响因素多因素分析结果显示无工作的流动人口（$OR = 3.79$，$p < 0.001$）更容易利用住院卫生服务。与以往研究所提示的社会经济地位较差的人群更容易利用卫生服务的结论一致。

相关研究认为家庭成员构成的亲缘关系提供的社会支持可能对卫生服务利用具有促进作用，在对常住人口就医行为影响因素的研究中发现，核心家庭成员相对于其他家庭类型家庭成员倾向于利用基层医疗卫生服务。对武汉流动人口卫生服务利用的研究提示独自一人居住的流动人口患病后倾向于不就诊。对上海流动人口卫生服务利用的研究发现与家人同住的外来务工人员两周应就诊未就诊比例最低。本研究结果表明，有家人随迁的流动人口住院率更高（5.28% vs. 0.90%，$p < 0.001$），应住院未住院比例更低（16.45% vs. 35.42%，$p < 0.01$），住院服务利用多因素分析结果表明，在控制了年龄、性别的影响后，是否有家人随迁（$OR = 1.65$，$p < 0.05$）对住院服务的利用的影响仍有统计学意义。而与家人同住的流动人口可能因为出于对家庭的责任感更加关注自身健康。

研究普遍认为家庭化流动是一种非常规意义的"定居"行为，与家庭成员共同在流入地生活的流动人口具有更高的稳定性，政府有必要重视流动人口随迁家人在流入地的安置问题。同时，鼓励流动人口家庭团聚，妥善安置其随迁家人有利于促进流动人口卫生服务利用，进而促进其健康状况，除此之外，还有利于推进流动人口社会融合、文化及心理认同，加快城市化进程。

参考文献

[1] 国家卫生和计划生育委员会流动人口司. 中国流动人口发展报告 2015 [M]. 中国人口出版社, 2015.

[2] 盛亦男. 中国的家庭化迁居模式 [J]. 人口研究, 2014 (3): 41-54.

[3] 盛亦男. 流动人口家庭化迁居水平与迁居行为决策的影响因素研究 [J]. 人口学刊, 2014 (3): 71-84.

[4] 高凯, 刘婷婷, 李含伟. 家庭随迁流动人口住房选择及其影响因素分析——以上海市为例 [J]. 南方人口, 2014 (3): 17-27.

[5] 田艳平. 家庭化与非家庭化农民工的城市融入比较研究 [J]. 农业经济问题, 2014 (12): 53-62.

[6] 龚剑, 祝墡珠, 潘志刚, 等. 上海市外来务工人员卫生服务需求和利用现状调查研究 [J]. 中国全科医学, 2015 (1): 93-99.

[7] 张磊, 吴明. 北京市外来农村流动人口自我医疗情况及其影响因素分析 [J]. 北京大学学报 (医学版), 2015 (3): 455-458.

[8] 郭蕊, 李胜伟, 龙俊睿, 等. 北京市外来务工人员医疗服务需求及利用调查 [J]. 医学与社会, 2014 (8): 38-41.

[9] 徐嘉, 张磊, 周令, 等. 大连市流动人口卫生服务可及性及影响因素分析 [J]. 中国卫生经济, 2014 (7): 72-74.

[10] 郭静, 周庆誉, 翁昊艺, 等. 流动人口卫生服务利用及影响因素的多水平 Logistic 回归模型分析 [J]. 中国卫生经济, 2015 (3): 50-52.

[11] 赵颖智, 江婷婷, 石智雷. 流动人口就医行为及公共卫生服务利用质量分析——基于湖北省 2013 年流动人口动态监测调查 [J]. 宏观质量研究, 2015 (1): 111-119.

[12] 盛亦男. 中国流动人口家庭化迁居决策的个案访谈分析 [J]. 人口与经济, 2014 (4): 65-73.

［13］杨菊华，陈传波．流动人口家庭化的现状与特点：流动过程特征分析［J］．人口与发展，2013（3）：2－13.

［14］徐玲，孟群．第五次国家卫生服务调查结果之一——居民满意度［J］．中国卫生信息管理杂志，2014（2）：104－105.

［15］郭静，周庆誉，翁昊艺，等．流动人口基本公共卫生服务利用及影响因素分析［J］．中国卫生政策研究，2014（8）：51－56.

［16］文博．家庭因素对县级机构住院患者就医行为影响分析［D］．华中科技大学，2012.

［17］张洪涛．武汉市外来流动人口卫生服务利用现状及影响因素分析［D］．华中科技大学，2006.

关于流动人口基本健康状况的调查与建议

——基于 2017 年福建省流动人口卫生计生动态监测调查数据分析

赖瑞辉①

福建作为东部沿海省份，是我国重要的人口流入地之一，改革开放以来吸引了大量的流动人口。据《福建省全员流动人口计划生育信息管理系统》（FIS）2017 年 9 月 30 日统计，全省流动人口 593.86 万人（不含流出人口）。其中，省际流动 351.84 万人、省内流动 242.02 万人。笔者在 2017 年《关于流动人口基本公共卫生服务若干问题的探析——以福建省为例》《人口流动的经济收入水平与健康素养关系分析——以福建省流动人口卫生计生动态监测调查数据为例》课题以 2016 年流动人口健康档案、健康教育、孕产妇健康、经济收入、健康素养等调查内容研究的基础上，借助 2017 年全国流动人口卫生计生动态监测调查福建省数据（以下简称全国动态调查），重点对流动人口健康自评、慢性病、就医就诊等基本健康数据进行分析，并提出相应的对策建议。

流动人口动态监测调查是以上一个年度全员流动人口年报数据为基本抽样框，采取分层、多阶段、与规模成比例的 PPS 方法进行抽样。调查对象为 15 周岁及以上（2002 年 4 月及以前出生），以生活、工作为主跨县、区 1 个月及以上的流动人口。2017 年，全国动态调查福建省共抽取的流入人口为 6 999 人。其中：男性 3 781 人，女性 3 218 人；20～49 岁青壮年龄组占 88.21%，60 岁以上占 1.78%。

一、基本调查情况

（一）自评健康

自评健康（self - rated health），又称自感健康、自测健康、主观健康，

---

① 福建省泉州市鲤城区江南街道非公副书记。

是健康管理的基础工具和关键技术，它不但表现出个体当前的健康状况，也能够从一定程度上反映个体对将来健康状况的预测。全国动态调查结果显示（见图1），2017年福建省流动人口健康自我评价中，5 716人自我评价为健康，占比81.67%；1 172人自我评价为基本健康，占比16.75%；111人明确表示自己身体不健康但生活能自理，占比1.59%。由此可知，2017年福建省流动人口整体上的身体健康自评现状比较好。

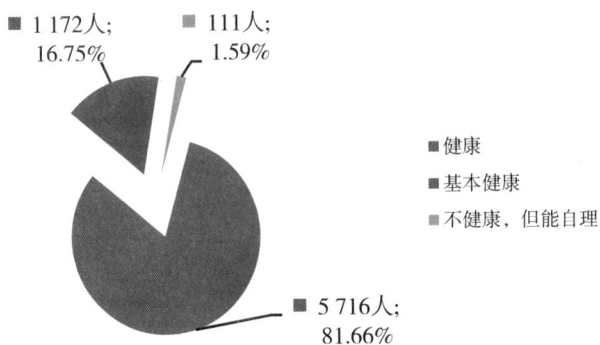

图1　2017年福建省流动人口健康自评情况

　　从流动人口结构特征来看，自评健康在不同结构人群中有所差异。年龄结构在15～44岁组的流动人口自评健康比例在80%以上；而在年龄45岁以后，身体健康状况呈下降趋势十分明显，超过65岁的健康比例仅为23.81%（见图2）。

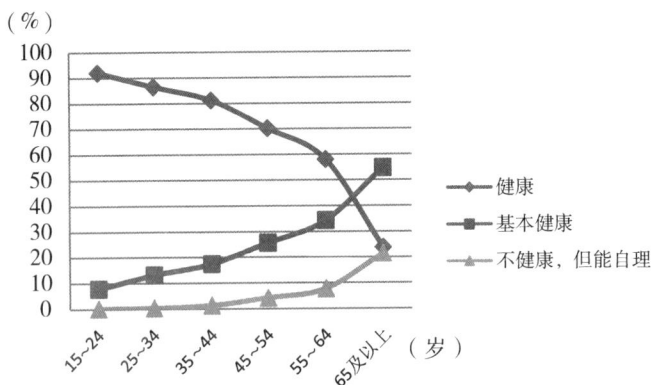

图2　2017年福建各年龄段结构健康自评差异图

　　从流动人口就业单位性质看，公有制企业流动人口自评健康比例最高，为88.75%，随后是个体工商户，为84.52%；而在其他、无单位等就业的流动人口其自评健康比例明显偏低，分别为72.22%、78.52%（见表1）。由此可见，流动人口的年龄结构和就业特征与其自我评价健康之间有较强的关联性。

表1　2017年福建省流动人口就业性质自评健康的差异

（单位:%）

		健康	基本健康	不健康，但能自理
就业单位性质	公有制企业	88.75	11.07	0.18
	个体工商户	84.52	14.54	0.94
	私营企业	81.96	17.14	0.9
	三资企业	82.08	16.94	0.98
	其他	72.22	22.22	5.56
	无单位	78.52	18.89	2.59

（二）患病就医

全国动态调查福建省统计结果显示，有4 340名（占62.01%）调查对象在最近一年内①有过患病（负伤）或身体不适。从患病种类看，感冒症状比例最高，达到2 643人（占60.90%），其次依次为腹泻、发热、皮疹、结膜红肿和黄疸等症状，比例分别为12.73%、11.23%、4.52%、3.85%和3.21%。从上述发病人群就诊情况来看，有1 216人（占45.85%）选择就诊。其中，皮疹症状就诊率最高，达到63.48%，其次是发热和黄疸病症，分别为62.56%和51.39%，最低为腹泻，占比35.44%。根据上述数据分析（见表2），说明流动人口已经掌握一些基本卫生健康知识，会根据病情的轻重来选择就医就诊。

---

① 一年内指的是2016年6月到2017年5月。

表2　福建省流动人口发病与就诊情况比对表

项目	发病		就诊	
	人数	百分比（%）	人数	百分比（%）
感冒	2 643	60.90	1 216	45.99
腹泻	552	12.73	196	35.44
发热	487	11.23	305	62.56
皮疹	196	4.52	124	63.48
结膜红肿	167	3.85	78	46.59
黄疸	139	3.21	71	51.39
合计	4 340	62.01	1 990	45.85

　　笔者对患病中未就诊的1 427人进行分析发现，大多数流动人口会根据自身的病情况和掌握的卫生健康知识来判断是否及时就医（见表3）。50%以上的流动人口判断自己"病症不是很严重"而不用就医；35%左右的流动人口以"去医院看病麻烦，不如自己买药方便"或"身体好，能自愈"原因不就医；10.00%左右的流动人口"以前得过或听说过，有治疗经验""工作忙，没时间""缺钱"和"其他"等原因推迟就医。由此，说明患病未能就医就诊原因呈多样化。

表3　2017年福建省流动人口患病未就诊原因统计表

（单位:%）

项目	腹泻	发热	皮疹	黄疸	结膜红肿	感冒
症状不是很严重	59.62	52.3	54.69	50.23	58.1	59.19
以前得过或听说过，有经验治疗	6.69	6.71	8.61	0	8.49	5.3
身体好，能自愈	31.01	23.16	24.91	0	24.59	29.05
工作忙，没时间	8.04	10.28	13.61	25.34	9.93	6.67
缺钱	2.9	3.3	5.89	24.43	6.26	1.53
去医院看病麻烦，不如自己买药方便	33.23	48.37	42.2	25.79	38.14	47.26
其他	2.5	2.45	5.01	0	5.12	2.63

（三）慢性病服务

慢性病是指不构成传染、具有长期积累形成疾病形态损害的疾病的总称。它的主要危害是造成脑、心、肾等重要脏器的损害，易造成伤残，影响劳动能力和生活质量，且医疗费用极其昂贵，增加了社会和家庭的经济负担。常见的慢性病主要有心脑血管疾病、癌症、糖尿病、慢性呼吸系统疾病，其中心脑血管疾病包含高血压、脑卒中和冠心病。Ⅱ型糖尿病原名叫成人发病型糖尿病，多在35～40岁之后发病，占糖尿病患者90%以上。2017年全国动态调查专门设计了"是否患有医生确诊的高血压或Ⅱ型糖尿病"调查项目，在福建省调查人群中，有379人（占5.42%）有出现高血压和Ⅱ型糖尿病症状，其中有230人经医生确诊。调查中发现，22.40%的流动老年人口表示自己至少患有一种医生确诊的高血压和Ⅱ型糖尿病等慢性疾病，而且有呈上升的趋势。根据《国家基本公共卫生服务规范（第三版)》要求，社区卫生服务中心（站、卫生院）每年要免费向被确诊为高血压和Ⅱ型糖尿病患者提供1次健康检查和不少于4次的面对面随访等服务，但在调查中发现，只有81人接受上述服务，仅为35.22%（见表4）。假设上述81人全部按照规范要求进行高血压患者健康管理，高血压患者规范管理率37.57%、Ⅱ型糖尿病患者规范率34.15%[①]，说明流动人口接受免费健康服务的情况并不乐观。

表4　2017年福建省流动人口慢性病规范服务基本情况

	小计	高血压	Ⅱ型糖尿病	其中：同时患两种病
医生确诊（人）	230	189	41	25
接受基本公共卫生服务（人）	81	71	14	11
高血压患者规范管理率/Ⅱ型糖尿病患者规范率（%）	35.22	37.57	34.15	44

① 李长明，董燕敏. 国家基本公共卫生服务规范操作手册［M］.3版. 金盾出版社，2017.

（四）医疗服务

在调查中发现，在选择就诊机构方面，流动人口主要集中在本地个体诊所和药店就诊，比例为45.79%；在本地综合医院（专科医院）就诊占18.27%，在本地社区卫生服务中心（卫生院）就诊占18.17%，在老家或其他地方接受就诊17.77%。通过流动人口选择就医地点比例（见图3）分析发现，大多数的流动人口懂得通过老乡、亲戚、朋友等构成社会资本，相互交流沟通与分享药物等资源，节省就医成本，减轻医疗负担。

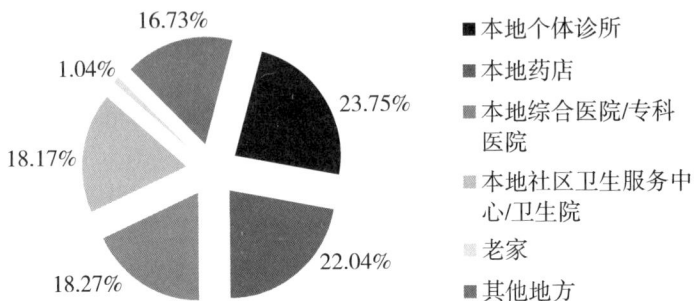

图3　2017 福建省流动人口就医地点选择比例图

在调查当地基础医疗卫生服务可及性方面，以日常自身最易获得的交通方式计算到最近医疗服务机构（包括社区卫生服务中心、村居医务室、医院等）的时长，用时15分钟以内占调查人群的85.12%，用时15至30分钟占14.09%，30分钟以上的仅为0.79%。由此可见，医疗服务网络可达性较高，能够满足大部分流动人口的需求（见图4）。

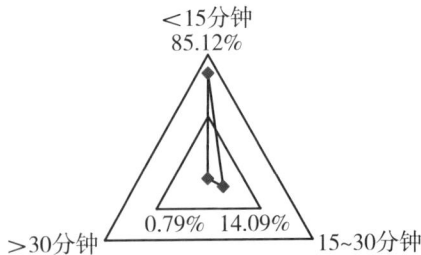

图4　2017 年福建省医疗读物网络雷达图

二、讨论与建议

（一）将流动人口卫生健康工作纳入经济社会发展总体规划

各级党委、政府要深刻认识人口流动和人口迁移的重要意义，要贯彻落实习近平总书记系列重要讲话精神，《国家新型城镇化规划（2014—2020年）》《"健康中国2030"规划纲要》《"十三五"全国流动人口卫生计生服务管理规划》等文件精神，针对流动人口居住长期化和家庭化趋势明显与卫生健康需求等日益突出的问题，建议将流动人口卫生健康工作纳入经济社会发展总体规划和政府目标管理责任制，要以中共中央《深化党和国家机构改革方案》组建国家卫生健康委员会为契机，把流动人口卫生健康纳入大卫生、大健康范畴，参照常住人口标准编制财政预算、人员和卫生医疗保障设施。坚持正确的卫生与健康工作方针，以改革创新服务管理制度为动力，努力做到全方位、全周期保障流动人口健康，促进流动人口市民化和社会融合。

（二）加快推进人口健康云平台建设

目前，《全员流动人口计划生育信息管理系统》（FIS）依据《流动人口计划生育工作条例》对流动成年育龄人员进行人口信息采集登记①。成年育龄人员一般指的是15～49周岁的人员，所以在基层往往会弱化老年人口信息采集。《中国流动人口发展报告2017》显示，全国60岁以上流动人口占2.8%；FIS福建省老年流动人口占7.42%，分别高于福建省调查比例1.02和5.64百分点，而且全国动态调查抽样中流动老年人口替换明显高于其他年龄类型的人口，说明流动老年人口信息采集质量不高。所以，整合原计生的全员人口系统、原卫生的卫生健康系统、老龄办的老年人口系统等涉及人口健康服务管理的系统，及时调整管理服务对象，加快推进人口健康云平台建设已迫在眉睫，也是新组建的卫生健康委员会今后的重要任务之一。

（三）全方位推进流动人口健康教育和促进行动计划

要继续贯彻落实国家卫计委《流动人口健康教育和促进行动计划

---

① 《流动人口计划生育工作条例》第二条指出"本条例所称流动人口，是指离开户籍所在地的县、市或者市辖区，以工作、生活为目的异地居住的成年育龄人员"。

（2016—2020 年）》，持续开展新市民健康城市行活动、"把健康带回家"流动人口卫生计生关怀关爱专项行动，要针对调查中发现在年龄结构、就业性质和常见发病等的类型健康问题人群，开展精准、有效的流动人口健康教育服务活动，积极创新"互联网＋参与式＋传统"的多位一体服务模式，引导流动人口学习健康知识、掌握健康技能、引导疾病预防、树立健康观念、提高健康素养，养成健康的行为和生活方式，促进流动人口健康素养和健康水平提升，保障流动人口公平享有国家基本公共卫生健康服务。

（四）努力提高基本公共卫生服务水平

2017 年 4 月，国家卫计委发布的《国家基本公共卫生服务规范（第三版)》明确"辖区内常住居民，指居住半年以上的户籍及非户籍居民"为服务对象，全国动态调查对象就属于该服务范围，但在实际的工作中对流动人口的服务并不是很到位。从《2017 年福建省流动人口慢性病规范服务基本情况》（表 4）反映，高血压患者规范管理率 37.57%、Ⅱ型糖尿病患者规范率 34.15%，均远远低于国家 60% 的考评要求，所以实现流动人口基本公共卫生服务全覆盖还任重道远。国家卫计委在"十三五"期间启动流动人口基本公共卫生计生服务均等化示范区（县、市）建设工作，2018年 6 月确立 54 个首批示范区县，虽然取得阶段性成果，但随着国家卫健委"三定"方案的明确，国家卫健委不再保留"流动人口计划生育服务管理司"，创建和巩固提升工作或许会因归属问题受到影响和弱化。建议各级卫健委要根据实际情况，按流动人口比例纳入基本公共卫生绩效考核、慢性病综合防控示范县（市、区）建设、家庭医生签约服务等评目进行考评，并委托国家卫计委流动人口服务中心、各级流动人口卫计服务管理事业单位负责创建工作，确保流动人口卫生健康工作不断档。

（五）全面提升基础卫生医疗服务质量

从调查中发现，虽然各地基层卫生医疗服务网络可达性较高，但就近选择社区卫生医疗服务机构就医比例只有 18.17%，因"去医院看病麻烦"原因未就医的比例偏高等问题，说明基层卫生医疗服务机构在服务水平和服务质量上还有待改进。为此，各级卫健行政部门要加大宣传力度，引导流动人口到社区卫生服务机构就医就诊；要通过优化基层卫生医疗服务机构服务体系建设，开展优质服务示范社区卫生服务中心建设活动，在标准化的基础上提档升级；要加大人才引进力度，强化全科医生培训和住院医师规范化培训，提升现有基层卫生技术人员服务水平；要通过开展精细家庭医生签约服务工作，让慢性病、常见病患者在基层卫生医疗服务机构留得住、治得好，使得辖区流动人口足不出户就能享受到温馨优质的卫生医疗健康服务。

参考文献

［1］赖瑞辉，郑舒妮．关于流动人口基本公共卫生服务若干问题的探析——以福建省为例［J］．泉州学林，2017（3）（总第170期）．

［2］叶紫烟，赖瑞辉．人口流动的经济收入水平与健康素养关系分析——以福建省流动人口卫生计生动态监测调查数据为例［J］．泉州学林，2017（4）（总第171期）．

［3］孟琴琴，张拓红．健康自评指标研究进展［J］．中国预防医学杂志，2010，11（7）．

［4］李长明，董燕敏．国家基本公共卫生服务规范操作手册［M］．3版．金盾出版社，2017.

社会医疗保险对老年人健康影响的城乡差异研究

——基于倾向得分匹配法的反事实评估

杨艳武①

一、问题的提出

社会经济的持续发展，医疗水平的不断提高以及人们生活方式的不断变化，使得人体的基因也朝着更好的方向发展。基于此，从1998年开始我国就未雨绸缪，开始试点实行城镇职工基本医疗保险，以克服城镇职工在医疗服务可及性方面的困难；紧接着为进一步解决农村居民"看病难、看病贵"的现象，国家在2002年逐步开始实施新型农村合作医疗保险制度。2007年，我国在顺应社会发展需要的基础上推出了以保障城镇非职工居民在医疗服务资源的可及性的城镇居民医疗保险制度。在这三大社会医疗保险实施几年后，很多学者致力于研究这些政策对健康是否有促进作用以评估政策的有效性从而更好地完善政策。因而，对社会医疗保险是如何影响健康的了解和研究显得非常重要。但是，目前国内学者对于此问题的探讨和研究似乎并未得出有效的结论。

同时，由于户籍制的限制，导致我国形成了城乡二元制结构。城市老年人在其养老过程中由于其平均社会资本要高于农村老年人，因而他们可以更多地利用城镇的资源为其养老提供服务。而农村老年人在很大程度上严重地依赖家庭的养老功能，"养儿防老"的观念在农村更为深刻。由于社会上以家庭养老的能力在退化，因而城镇老人和农村老人在养老方式上发生了微妙的变化。那么，参加社会医疗保险对于城镇老人和农村老人健康分别有多大程度的影响？这些都是需要的探讨的话题。

---

① 中南财经政法大学博士研究生。

二、研究设计

（一）数据及样本选择

本研究使用的数据是 2011—2012 年由美国杜克大学和北京大学联合组织调研的中国老年健康影响因素跟踪调查（CLHLS）数据。CLHLS 数据主要是跟踪调查中国 65 岁以上的老年人的健康状况以期获得影响老年人健康状况的因素。本数据的调查涵盖了 23 个省份，约占全国总人数的 85%。在调查方式的选取上本数据采用了多阶段分层抽样，调查内容包括七个部分，涵盖了老年人人口学特征、社会经济特征、健康状况等各个方面。因而本数据在很大程度上代表了中国老年人的健康状况。本数据具有客观科学、质量较高、代表性较强和普适性等特征。

本研究主要研究的是社会医疗保险对老年人健康状况的影响，因而研究的对象是"老年人"。目前关于老年人的年龄界限还有争议，鉴于数据的调研对象是 65 岁以上的老年人，因而，本研究将年龄超过 65 周岁作为是否为老年人的标准，在样本的选取上剔除了年龄低于 65 岁的老年人。

（二）变量选取

1. 因变量选取

本研究主要研究的因变量是老年人的健康状况。一直以来学术界对于健康的研究都不乏理论和实践的统一。根据世界卫生组织对健康的定义"健康是指个体在身体、精神和社会等方面处于良好状态的情况"。从该定义中我们可以看出健康不仅包括个人身体方面的无疾病，也包括个人在精神方面的活跃和在社会方面的无障碍活动。其中，身体方面的活跃是个体生存的基本方面，缺乏身体的活跃性会使得个体在日常生活过程中处于被动地位。精神和社会方面的无障碍如同个体生活的指路明灯，该方面的缺乏将直接导致个体在生活中没有目标，缺乏方向感和动力。因此身体和精神的健康对于健康评价来说是缺一不可的。

结合本研究所使用的数据的特点，本研究从三部分对老年人健康状况进行研究：老年人自评健康、日常活动能力和心理健康。本研究将这三部分的健康状况均赋值为虚拟变量。老年人自评健康有五级：很好，好，一般，不好，很不好。本研究将选择很好，好和一般的老年人定义为健康状况较好并赋值为 1，即健康；将不好和很不好定义为健康状况较差并赋值为 0，即不健康。同时使用了简易精神状态（MMSE）量表来测度老年人心理健康，该量表通过测量老年人的一般能力、反应能力、注意力及计算力、回忆、语言理解和自我协调能力（共 25 个问题）来评价老年人心理健康。该量表中总分为 25 分。根据所有样本老年人得分的均值为界限区分老年人心理是否健康。如果样本个体的老年人 MMSE 得分高于平均值则认为其心理健康较好并赋值为 1，即心理健康；若样本个体老年人的 MMSE 得分低于平均值则认为其心理健康状况较差并赋值为 0，即心理不健康。在测量老年人身体健康方面，将日常活动能力（ADL）作为测量指标。西方学者西德尼·卡茨（Sidney Kartz）最先提出测量老年人活动能力的标准量表（ADL 量表），该量表依据人们日常生活中六个方面进行评价：是否能够独立完成吃饭、穿衣、上下床、上厕所、室内走动和洗澡。本研究中将只要在这六个方面其中一项持续需要人帮助定义为老年人日常活动能力受损并赋值为 0，即身体不健康。将六项中没有任何一项需要持续帮助的定义为日常活动能力受损并赋值为 1，即身体健康。

2. 自变量及控制变量选取

本研究选择是否参加社会医疗保险作为研究的自变量。本研究将参加社会医疗保险（城镇职工社会医疗保险、城镇居民社会医疗保险、新农合社会医疗保险）的老年人定义为参保并赋值为 1；将没有参加社会医疗保险的老年人定义为未参加并赋值为 0。作为区分老年人的城乡差异，本研究将老年人的户籍作为其分组依据。

首先，本研究将性别作为控制变量。卫生保健对不同人群的影响是不同的。通过研究享受医疗保险计划人群的卫生保健的生产弹性得出，在医疗支出中，相对于同一人种的男性而言，女性的弹性更高。在本研究中将男性定义为 1，女性定义为 0。

年龄因素会显著地影响老年人的生活满意度。因而本研究同时选取年龄作为控制变量，本研究中仍然将年龄视为连续变量。

教育作为一种人力资本投入会影响到社会个体对社会资源的获取能力，因而本研究将教育也作为控制变量。教育会对应城乡居民的健康状况起到正向回报。本研究将教育按照程度划分为六个级别：未上过学、小学未毕业、小学、初中、高中、大专及以上分别定义为 1~6，级别越高说明受教育程度越高。

本研究同时将居住方式（与家人居住与否）作为其中一个控制变量。老年人的居住方式会对其生活满意度产生显著的影响。因此，在本研究中将居住方式为与家人亲戚一起居住定义为 1，其他居住方式则定义为 0。

老年人的婚姻状况也是影响其健康的因素。本研究将婚姻状况作为控制变量，将已婚且配偶在世定义为1，将离婚、丧偶和未结过婚定义为0。

在生活方式上本研究选择是否吸烟、是否喝酒以及是否经常锻炼身体作为控制变量。生活方式是影响健康状况最大的因素。本研究中将不吸烟、不喝酒、经常锻炼身体定义为1，将吸烟、喝酒和不经常锻炼身体定义为0。

本研究还将老年人获得的社会支持作为控制变量。根据数据特点，本研究将同住家人数量、子女数量、经济来源是否够用等非正式社会支持以及养老金即退休金等社会正式支持纳入到控制变量中来。本研究将经济来源够用定义为1，不够用定义为0；将领取养老金及有退休金定义为1，将没有养老金及不领取退休金定义为0。

（三）研究方法——基于反事实评估的倾向得分匹配法

本研究主要研究的是社会医疗保险（城镇职工社会医疗保险、城镇居民社会医疗保险、新型农村合作医疗保险）对老年人健康的影响。新型农村合作医疗保险（简称新农合）和城镇居民社会医疗保险参与方式是自愿参加，因而个体是否参加这两种社会医疗保险是其"自选择"的结果。城镇职工社会医疗保险的参与方式虽然是强制参与，但是由于部分人群在劳动力流动过程中因为户籍不跟随而导致雇主不愿为其缴纳保险，再加上由于自己职业的流动性和统筹账户基金流行性的限制而导致他们没有参与城镇职工社会医疗保险的动机。因而，城镇职工社会医疗保险在实行过程也存在一定的"自选择"因素。这些自选择个体特征变量最终导致了个体是否参与社会医疗保险。而这些特征变量在决定个体是否参与社会医疗保险的同时也决定这个体的健康状况。即使拥有社会医疗保险与老年人的健康状况呈正相关，也不能说明是参与社会医疗保险可以改善老年人的健康状况，还是老年人健康状况更好而选择参与社会医疗保险。因此本研究通过使用倾向得分匹配法来控制自选择从而得出更可靠的结果。

一般地，自变量可能会包含多个变量，比如为 K 维向量。此时，如果我们直接进行匹配，则意味着要在高维度空间进行匹配，在匹配过程中会遇到匹配稀疏的问题，即很难找到相近的向量与之进行匹配。为此，一般使用某函数 f，将 K 维向量的信息压缩为一维，进而根据 f 进行匹配。运用到本研究中来显示为：通过获得倾向得分（PS）值，找出一组和参加社会医疗保险老年人（干预组）样本特征类似的没有参加社会医疗保险的老年人（控制组）进行健康状况的比较，这样就可以将这两组之间的差异归结于是否参加社会医疗保险对老年人健康状况的影响，这样可以有效地降低样本选择的偏误问题，从而准确估计平均处理效应（ATT）。

在倾向得分匹配法中，干预组的平均因果效应 ATT（Average Treatment Effect on the Treated）是我们最为感兴趣的参数。因为 ATT 表达的是干预组的处理效应减去控制组的效应，也就是其他医疗保险的影响。

$$ATT = E(Y_1 \mid T = 1) - E(Y_0 \mid T = 0) = E(Y_1 - Y_0 \mid T = 1) \quad (1)$$

式中，Y_1 表示进行干预措施的潜在结果，Y_0 表示没有进行干预措施的潜在结果。T 表示处理变量，等于 1 表示属于干预组，等于 0 表示属于控制组。在 ATT 的估计中，我们必须明确这样一个事实：即既然干预组已经进行了干预，那么干预组没有进行干预的状态其实是一种假想，也即不存在的，我们将这种没有进行干预的结果定义为一种干预假设，即反事实（counterfactual），因而结果 Y_0 是我们无法观测到的。如果我们简单地通过 Y_1 来估计 Y_0 的话，其结果会有较大的偏差。

基于以上的原因，本研究选择倾向得分匹配方法（PSM）进行比较分析，以最大化地减少因为个体自选择和被选择带来的选择性偏差，从而得到更好的结果。

根据 PSM 方法的特点，结合本次分析数据的特征，本研究使用 PSM 进行分析主要采用了以下的步骤来实现：首先，估计倾向得分值；其次，根据前一步估计出来的倾向匹配得分值进行处理组和控制组的匹配。本研究采用了三种匹配方法：最近邻匹配法、半径匹配（卡尺匹配）法、核匹配法；最后，比较匹配前后标准差和 P 值水平从而明确参加社会医疗保险是否对老年人健康状况有显著影响，从而解释其背后的含义。

三、研究结果及分析

（一）匹配检验

通过比较处理组和控制组在匹配前后的标准偏误和误差削减，大部分的变量在通过倾向得分进行匹配后其标准偏误的绝对值出现了大幅度的下降。只有几个变量在匹配后出现了标准偏误绝对值的上升。一起居住的家人人数、子女数量和经济来源是否够用在经过匹配后出现了绝对值上升的情况，但是他们的标准偏误都低于 10% 的水平，处于可接受的范围之内。

这样就控制了处理组和控制组的变量之间的差异性。

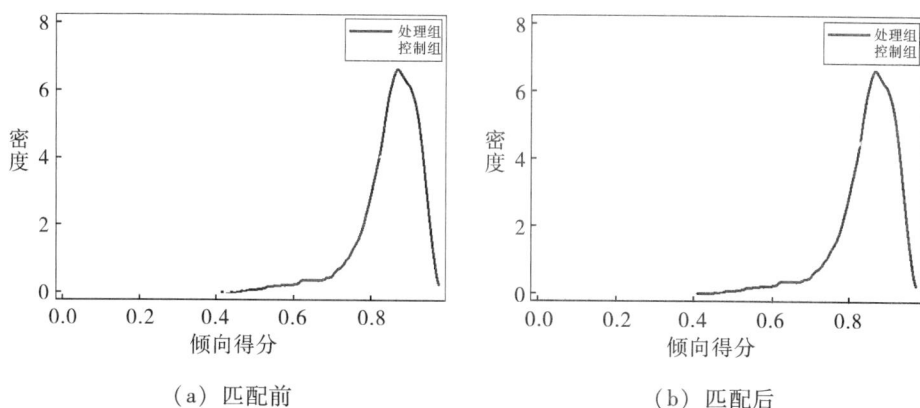

（a）匹配前　　　　　　　　　　　（b）匹配后

图 1　匹配前后控制组和处理组的密度分布图

图 1 表示的是在倾向得分匹配前后的控制组和处理组的密度分布图。一般情况下，该概率密度表达了两组的匹配效果。从图中我们可以看出在匹配发生之前，两组的倾向得分值之间差异较大，如果忽略这种差异性直接进行回归分析，那么结果肯定是有偏的，因为内生性问题的原因使得样本选择出现偏误。但是在匹配后我们可以看出，控制组和处理组的倾向得分非常接近，这说明这两组之间的样本差变得很小，这种情形我们认为在很大程度上减轻了由于内生性问题导致的样本选择性偏误，也说明匹配效果比较理想。

（二）结果分析

表 1　样本总体的平均处理效应

变量（PSM 方法）	样本	处理组	控制组	*ATT*	标准误	*t* 值
自评健康						
最近邻匹配法	匹配前	0.808	0.791	0.017	0.016	1.09
	匹配后	0.807	0.745	0.061	0.024	1.87*
半径匹配法	匹配前	0.808	0.791	0.017	0.016	1.09
Caliper = 0.01	匹配后	0.807	0.778	0.290	0.194	1.50

（续上表）

变量（PSM 方法）	样本	处理组	控制组	ATT	标准误	t 值
自评健康						
半径匹配法	匹配前	0.808	0.791	0.017	0.016	1.09
Caliper = 0.02	匹配后	0.807	0.777	0.305	0.192	1.59
核匹配法	匹配前	0.808	0.791	0.017	0.016	1.09
	匹配后	0.807	0.779	0.028	0.018	1.46
日常活动能力（ADL）						
最近邻匹配法	匹配前	0.716	0.587	0.129	0.018	7.09 ***
	匹配后	0.715	0.669	0.045	0.024	1.91 *
半径匹配法	匹配前	0.716	0.587	0.129	0.018	7.09 ***
Caliper = 0.01	匹配后	0.715	0.675	0.039	0.023	1.74 *
半径匹配法	匹配前	0.716	0.587	0.129	0.018	7.09 ***
Caliper = 0.02	匹配后	0.715	0.673	0.041	0.022	1.87 *
核匹配法	匹配前	0.716	0.587	0.129	0.018	7.09 ***
	匹配后	0.715	0.669	0.046	0.022	2.10 **
心理健康（MMSE）						
最近邻匹配法	匹配前	0.683	0.614	0.069	0.020	3.52 ***
	匹配后	0.682	0.635	0.047	0.025	1.87 *
半径匹配法	匹配前	0.683	0.614	0.069	0.020	3.52 ***
Caliper = 0.01	匹配后	0.682	0.634	0.048	0.024	2.02 **
半径匹配法	匹配前	0.683	0.614	0.069	0.020	3.52 ***
Caliper = 0.02	匹配后	0.682	0.633	0.049	0.023	2.09 **
核匹配法	匹配前	0.683	0.614	0.069	0.020	3.52 ***
	匹配后	0.682	0.625	0.057	0.023	2.48 **

注：①"匹配前"是指未进行倾向得分匹配前样本，"匹配后"指已经进行倾向得分匹配之后的样本。② ＊＊＊、＊＊、＊分别代表在1%、5%、10%水平上显著相关。

通过倾向得分匹配，我们运用最近邻匹配法、半径匹配法和核匹配法得到了样本总体的平均处理效应（ATT）。ATT 表明了匹配之后处理组和控制组之间的差异。我们可以看出：

对于自评健康来说，匹配之前都是不显著的，即使是在匹配后除了最近邻匹配法在 10% 的水平上显著之外，其他匹配方法得到的结果都是不显著的。但是我们同样可以看出，尽管不显著，但是在使用三种方法匹配之后的处理组样本的健康状况都比控制组样本的健康状况要好，这说明，社会医疗保险的参加对于老年人自评健康状况起到改善作用。

对于日常活动能力（ADL），我们可以看出，在进行匹配之前，三种方式得到的结果都是在 1% 的水平上显著。在使用三种方式进行匹配之后，最近邻匹配法和半径匹配法在 10% 的水平上是显著的，核匹配法得到的结果在 5% 的水平上显著。这说明，通过进行倾向得分匹配，消除了样本性选择偏误之后，参加社会医疗保险会显著地改善老年人的日常活动能力（ADL），这也说明了医疗保险确实有促进健康的作用。

在心理健康（MMSE）方面我们可以看出，同样，在进行匹配之前，三种方式得到的结果都是在 1% 的水平上显著。在使用三种匹配方法进行匹配之后，除了最近邻匹配法得到的结果在 10% 的水平上显著之外，半径匹配法和核匹配法得到的结果均在 5% 的水平上显著。这也说明，通过使用倾向得分消除样本参与自选择因素之后从而进行无偏估计后，社会医疗保险的参加会显著地改善老年人的心理健康。这也说明了社会医疗保险的推出对于促进老年人心理健康来说是非常有效的。

表 2　基于户籍差异的样本的平均处理效应

变量（PSM 方法）	样本	城镇			农村		
		ATT	标准误	*t* 值	*ATT*	标准误	*t* 值
自评健康							
	匹配前	0.017	0.020	0.84	0.027	0.027	1.00
最近邻匹配法	匹配后	0.013	0.027	0.47	0.013	0.033	0.40
半径匹配法 Caliper = 0.01	匹配后	0.011	0.025	0.46	0.035	0.031	1.13
核匹配法	匹配后	0.013	0.024	0.52	0.027	0.030	0.89
日常活动能力（ADL）							
	匹配前	0.160	0.024	6.77 ***	0.062	0.029	2.13 **
最近邻匹配法	匹配后	0.052	0.032	1.62	0.015	0.035	0.43
半径匹配法 Caliper = 0.01	匹配后	0.048	0.030	1.58	0.009	0.033	0.26
核匹配法	匹配后	0.056	0.029	1.91 *	0.026	0.031	0.82

（续上表）

变量（PSM 方法）	样本	城镇			农村		
		ATT	标准误	t 值	ATT	标准误	t 值
心理健康（MMSE）							
	匹配前	0.069	0.025	2.80***	0.094	0.033	2.85***
最近邻匹配法	匹配后	0.003	0.033	0.11	0.048	0.038	1.25
半径匹配法 Caliper＝0.01	匹配后	0.021	0.031	0.69	0.042	0.037	1.12
核匹配法	匹配后	0.034	0.029	1.15	0.066	0.035	1.86*

注：（1）"匹配前"是指未进行倾向得分匹配前样本，"匹配后"指已经进行倾向得分匹配之后的样本。（2）＊＊＊、＊＊、＊分别代表在1%、5%、10%水平上显著相关。

表 2 表示的是不同居住地老年人参保对其健康影响的平均处理效应，通过对该表的分析，我们可以看出：

对于居住在城镇的老年人来讲。在采用三种方法进行倾向得分匹配之后，参加社会医疗保险对老年人的健康状况影响依然是不显著的。但是 ATT 值为正，说明参加社会医疗保险一定程度上影响了老年人的自评健康。老年人的日常活动能力（ADL）在进行倾向得分匹配之后发现，除了核匹配法在 10% 的水平上是显著的之外，其他两种方法得到的 ATT 均不显著，但是 ATT 分值较高。这说明参加社会医疗保险对城镇老年人的日常活动能力提高起到了促进作用，只是促进效果并不显著而已。社会医疗保险对其心理健康（MMSE）在进行倾向得分匹配之后发现，三种方法得到的 ATT 均不显著，且 ATT 值较小，说明社会医疗保险对老年人心理健康的促进并没有起到太大作用。

对于居住在农村的老年人来讲。在老年人健康自评方面，无论是在倾向得分匹配之前还是在倾向得分匹配之后，参加社会医疗保险对其自评健康的促进作用均是不显著的。但是 ATT 值为正，说明参保还是对老年人健康起到了促进作用。但是在进行倾向得分匹配之后发现参保对老年人日常活动能力的影响不显著。相较于日常活动能力，参保对农村老年人的心理健康影响更大。从表 2 中可以看出在倾向得分匹配之后，通过核匹配法得到参保对老年人的心理健康在 10% 的水平上是显著的。但是其他两种方法显示并不显著。ATT 值较大为正，说明参加社会医疗保险对农村老年人的心理健康状况改善起到较大的促进作用。

经过比较分析我们可以得出。参加社会医疗保险对城镇老年人和农村老年人的自评健康的促进作用都是比较小的。但是对于城镇老年人，参保对其日常活动能力（ADL）改善有显著的影响，对农村老年人影响不大。相反，参保对农村老年人的心理健康（MMSE）的影响是显著的，但是对于城镇老年人的影响并不显著。究其原因可能是，参加社会医疗保险使得城镇老年人能够更好地利用城镇带来的便利（购买辅助器械、参加康复机构锻炼等）从而改善老年人的日常活动能力。城镇老年人比农村老年人生理需求满足程度更高，因而其精神需求具有更高层次，但是社会医疗保险作为最基本的保险水平并不能给其带来更高的精神满足（效用较小），然而对于农村老年人来说，即使是基本医疗保险也能给其带来较大效用，社会医疗保险对促进精神状态效果更好。但是总体来讲，户籍并没有给参保老年人的健康带来很大差异。

四、研究结论及政策建议

运用倾向得分匹配方法进行分析，通过匹配检验发现数据在匹配之后的效果，本研究使用了最近邻法、半径匹配法和核匹配法来估计社会医疗保险对健康的平均处理效应及其城乡差异。从研究结果可以看出社会医疗保险对老年人健康状况确实有明显的促进。虽然社会医疗保险对不同户籍老年人的总体健康状况并没有太大的差异，但是其对城乡老年人健康促进方面存在侧重。因此，我们得出了如下建议：

第一，继续扩大医疗保险的覆盖面，降低老年人就医自付比例，实现全面保障。从本文对老年人整体研究的结论表明，社会医疗保险对我国老年人的健康影响是显著的。因此，我们国家在保持现状的同时需要不断地提高医疗保险的覆盖面。根据影响健康的内在机理，随着老年人就医自付比例的降低，老年人医疗资源可及性的提高会影响到老年人的健康状况。现阶段，我国现在仍处于社会主义初级阶段并且形成了未富先老的局面，这就更需要做足做好社会保障，从而保障经济的正常发展。

第二，针对二元结构的城乡老年人应相对侧重地提高其健康保障水平，社会保险应同医疗养老机构组合行动，有针对性地进行保健服务，并对现有的保健形式和内容进行完善，缩小城乡医疗服务差距。本文研究结论显示，社会医疗保险对老年人健康方面促进的侧重点是不一样的，因而，我们在抓住全面保障的同时需要对老年人医疗保障进行侧重对待。首先，我们必须保持现有保障结构和水平，针对城市老年人，多给予心理慰藉和心理支持，而针对农村老年人我们应对给予物质层面的医疗资源可及性的支持。只有这样，才能平衡社会医疗保险对城乡老年人健康影响的差异，从而达到医疗保险的更大效用。

参考文献

[1] CUTLER. D. M. and E. R. Vigdor. The Impact of Health Insurance on Health: Evidence from People Experiencing.

[2] Health Shocks [J]. NBER Working Paper. 2005, No. 16417.

[3] CARD, D., C. Dobkin and N. Maestas. Does Medicare Save Lives? [J]. The Quarterly Journal of Economics. 2009, 124: pp. 597 – 636.

[4] 舍曼·富兰德，艾伦·C. 古德曼，迈伦·斯坦诺著. 卫生经济学 [M]. 5 版. 人民大学出版社，2010: 133 – 134.

[5] JOSEPH. Newhouse. Free for All?: Lessons from the RAND Health Insurance Experiment [M]. Harvard University Press: 1993, pp. 338 – 371.

[6] 黄枫，吴纯杰. 中国医疗保险对城镇老年人死亡率的影响 [J]. 南开经济研究，2009 (6): 126 – 137.

[7] 王翌秋，雷晓燕. 中国农村老年人的医疗消费与健康状况：新农合带来的变化 [J]. 南京农业大学学报（社会科学版），2011 (2): 33 – 40.

[8] 胡宏伟，张小燕，赵英丽. 社会医疗保险对老年人卫生服务利用的影响——基于倾向得分匹配的反事实估计 [J]. 中国人口科学，2012 (2): 57 – 66, 111 – 112.

[9] 刘晓婷. 社会医疗保险对老年人健康水平的影响 基于浙江省的实证研究 [J]. 社会，2014 (2): 193 – 214.

[10] 李冰水，胡宏伟. 教育与医疗保险对老年人健康状况的影响 [J]. 南方人口，2010 (6): 1 – 8.

[11] 胡宏伟，刘国恩. 城镇居民医疗保险对国民健康的影响效应与机制 [J]. 南方经济，2012 (10): 186 – 199.

[12] HADLY, JACK. Medicare Spending and Mortality Rates of the Elderly [J]. Inquiry, 1988, 25: pp. 485 – 493.

[13] 胡安宁. 教育能否让我们更健康——基于 2010 年中国综合社会调查的城乡比较分析 [J]. 中国社会科学，2014 (5): 116 – 130, 206.

[14] 陈强. 高级计量经济学及 Stata 应用. 高等教育出版社，2014: 542.

[15] 刘凤芹，马慧. 倾向得分匹配方法的敏感性分析 [J]. 统计与信息论坛，2009 (10): 7 – 13.

[16] RUBIN D. Causal inference using potential outcomes: design, modeling, decisions [J]. Journal of the American Statistical Association, 2005, 100: pp. 322 – 331.

老年流动人口异地就医现状及相关因素分析

——基于 2015 年全国流动人口卫生计生动态监测数据

王雨然①

一、背景

2010 年全国第六次人口普查数据显示，我国 60 岁以上老年人口达到 1.78 亿，年均增长速度高达 3.08%，是人口增长速度最快的部分，预计到 2050 年将会达到 4.4 亿，成为世界第一老年人口大国。在我国现行户籍制度条件下，流动人口指离开户籍地，跨越一定的辖区范围到其他地方居住的人口。国家统计局数据显示，2010 年我国流动人口为 2.21 亿人，到 2014 年增长到 2.53 亿人。在 2015 年中国流动人口发展报告中预测，直至 2020 年，我国流动人口将增长到 2.91 亿，年均增长 600 万人左右。同时，我国流动人口结构也将发生变动，平均年龄由 2010 年的 27.83 岁上升到 2014 年的 28.13 岁，年龄结构老化，45 岁以上的流动人口占流动人口的比重由 9.7% 上升到 12.9%，老年人群体规模不断增长。

随着我国人口老龄化的加剧，老年流动人口规模持续扩大，满足流动老年人的基本医疗服务需求，落实异地就医结算政策，以提高全民医疗卫生服务质量，达到"人人享有基本医疗卫生服务"的医改目标，显得日益重要。本文主要分析我国流动老年人的特点，总结现有的异地就医政策，探讨目前老年流动人口异地就医存在的主要问题并提出建议。

二、政策背景

（一）政策推进

由于我国基本医疗保险实行属地化管理，统筹层次多为市、县，不同

---

① 西南财经大学硕士研究生。

地区间的报销政策和报销水平导致医疗保险的转移续接困难，异地就医报销手续复杂，参保患者异地就医垫付医疗费用数额大、等待报销时间长，影响流动人口及时获取医疗服务，同时，由于异地报销资料需要人工审核与录入，医保经办机构人员工作量大、效率低。为解决上述问题，在国家政策方针指导下，各地积极探索异地就医即时结算模式。2009 年 4 月，《中共中央国务院关于深化医药卫生体制改革的意见》（中发〔2009〕6 号）提出要开展异地就医结算工作。同时，国务院《医药卫生体制改革近期重点实施方案（2009—2011 年）》提出"2015 年要全面推行省内异地就医直接结算，同时选择部分省份试点、探索建立跨省异地就医即时结算机制，明确要求各地开始探索推行异地就医即时结算"。2009 年 6 月原国家卫生部发布《关于在省级和设区市级新型农村合作医疗定点机构开展即时结报工作的指导意见》（卫农卫发〔2009〕62 号），提出在省级和设区市级新型农村合作医疗（简称新农合）定点医疗机构开展及时结报工作。2009 年 12 月国家人力资源与社会保障部发布《关于基本医疗保险异地就医结算服务工作的意见》（人社部发〔2009〕190 号），提出推进区域统筹并建立异地协作机制，减少个人垫付医疗费用，逐步实现参保人员异地就医即时结算。2012 年，在国务院印发《"十二五"期间生化医疗卫生体制改革规划暨实施方案》（国发〔2009〕11 号）中，强调要加快推进基本医保和医疗救助即时结算，建立异地就医结算机制，2015 年全面实现统筹区域内和省内医疗费用异地即时结算，初步实现跨省医疗费用异地即时结算。随后，在辽宁、安徽、福建、海南等 28 个省（含北京、天津、上海和重庆四个直辖市）建立省内异地就医结算系统，其中 22 个省基本实现省内就医住院直接结算。2014 年 11 月，人力资源和社会保障部、财政部、国家卫生计生委联合印发《关于进一步做好基本医疗保险异地就医医疗费用结算工作的指导意见》（人社部发〔2014〕93 号），明确提出我国将在 2015 年基本实现地市和省（自治区、直辖市）内的异地就医住院费用直接结算，同时指出将在 2016 年全面实现安置退休人员跨省异地住院医疗费用直接结算。

2016 年 12 月，人社部连续发布《关于做好基本医疗保险跨省异地就医住院医疗费用直接结算工作的通知》《关于做好基本医疗保险跨省异地安置退休人员备案工作的通知》《关于加快推进跨省异地就医结算系统建设的通知》三项，旨在进一步完善省级异地就医结算系统，创建异地就医环境，加强异地就医服务信息化建设。

（二）异地就医结算

跨省异地就医直接结算政策主要包括就医地目录、参保地政策、就医地管理三个方面。就医地目录是指参保人员跨省就医时执行就医地的支付范围，包括基本医疗保险的药品目录、诊疗项目和服务设施标准。参保地政策指参保人员跨省异地就医执行参保地的支付政策，包括起付线、支付比例和最高支付限额等。就医地管理是指，就医地经办机构负责为异地就医人员提供和本地参保人员相同的服务和管理，包括咨询服务、医疗信息记录、医疗行为监控、医疗费用审核等。

截至 2017 年 9 月，根据人力资源与社会保障部网站信息，全国 32 个省（自治区、直辖市）异地就医结算系统均已实现与国家异地就医结算系统的对接，开通了 7 226 家跨省异地就医住院医疗费用直接结算定点医疗机构，全国 88% 的三级定点医院已联网入网，各类需要异地就医的备案参保人员达到 162 万人，随着异地结算系统覆盖面的扩大和政策知晓度提高，该数据仍将继续增长。

目前异地就医备案流程已逐渐优化，对于长期异地居住的老年人和符合转诊转院规定的患者，要享受异地就医联网直接结算，必须完成以下三个重要环节：首先需要持有社会保障卡；然后需在参保地办理异地就医省市备案；最后在疾病发生入院治疗时通知参保地医疗保险经办机构办理就医备案。

三、研究背景

流动人口群体历来具有流动性高、工作变动频繁且具有回流性，然而我国各地医疗保险政策不一，报销标准不一；统筹层次低，缺乏对异地就医人群分类管理与统一的报销政策。近年来为解决流动人口异地就医报销问题，我国逐渐构建起异地就医管理服务框架，建立协调性的医疗保险经办机构、探索异地就医结算方式。国内学者从不同角度对流动人口医疗保险问题进行了研究。异地就医即时结算主要有异地医疗机构代办、异地医保部门代办、省级联网结算三种模式，异地就医过程中主要存在政策对接、资金流转、信息共享及异地监管等方面的问题，学者们结合各地实践经验提出优化制度设计、建立专项基金、加大信息共享力度等政策建议。

随着家庭化迁移已成为我国人口流动的主要模式，随子女流动的老年人口数量逐年递增，老年人作为家庭不可或缺的劳动力，其异地就医问题更需妥善解决。从局部地区的调查研究显示，流动老年人由于流动会导致原有的福利待遇损失，退休金领取与异地就医报销困难，社会融合存在困难。流动老年人在现有的制度框架下社会保障权益受损，需提高社会保险统筹层次，并且发展商业保险作为补充。在影响流动老年人就医行为的因素中，文化程度、流动原因、医疗保险、家庭收入等较为显著，对于医疗服务的选择呈现非理性倾向，直接影响老年人对于就医地的选择以及对平时生病的处理方式，导致流动老年人患病后不能及时获得医疗服务，就医后医疗费用报销困难再度影响其就医选择，故应当尽快完善医疗保险异地报销制度。然而之前对于流动老年人结合异地就医政策的研究较为鲜见，研究样本通常也只限于市级抽样调查，为更好的回答流动老年人异地就医相关问题，本研究使用 2015 年全国流动人口卫生计生动态监测数据，结合流动老年人一般人口学特征，以老年人流动原因与流动范围以及医疗保险参保情况为研究点，分析异地就医政策实施后流动老年人异地就医可能出现的问题。

四、数据来源

本文使用的数据来源于 2015 年国家卫生计生委全国流动人口动态监测项目。此次调查以 31 个省（区、市）涵括新疆生产建设兵团 2014 年全员流动人口年报数据为基本抽样框，采用分层、多阶段、与规模成比例的 PPS 方法进行抽样。调查对象为在流入地居住一个月以上，非本区（县、市）户口的 15 周岁以上的流入人口，共计 2.47 亿人。在往年流动人口动态监测调查的基础上，2015 年国家卫生计生委开展了流动老人专题调查，流动老人样本包括全国流动人口卫生计生动态监测调查抽中的流动人口家庭中全部 60 岁以上流动人口以及北京、上海、大连等 8 个城市抽中的户籍人口家庭中全部 60 岁以上流动人口。本文主要研究我国流动老年人异地就医状况，故只采用其中流动人口数据中的老年人医疗卫生服务部分的内容，并且结合流动人口家庭调查中老年人的人口学特征内容进行分析研究。该部分共获得 13 043 个有效老年人样本，其中 8 726 个样本数据为老年人现场回答，占总样本 66.9%，4 317 个由家属回答，占 33.1%。

五、研究方法

本文对我国流动老年人的人口学特征数据和医疗卫生服务数据进行统计描述与统计推断。为进行分析，本研究将 2015 年全国流动人口卫生计生动态监测调查数据中流动老年人口数据单独提出，主要使用了流动原因、主要经济来源、身体健康状况、平均每天锻炼时间、是否患有慢性病、过去一年是否进行慢性病随访、过去一年中是否有住院需要、是否住院、在何处住院以及未住院原因、参保类型及参保地等变量。运用卡方检验方法对流动老年人一般人口学特征、经济社会特征、健康状况、医保特征以及流动特征方面的差异进行分析，置信度设定为 0.05，所有 P 值都采用双侧概率。

在过去的研究中，就医行为分为狭义和广义。狭义是指人们察觉到自己身体不适，产生病感或出现某些症状之后，寻求医生帮助的行为和活动，广义包括找医生，自己买药（家庭医药箱），自我护理等。就医行为一般可以理解为在人们感到身体不适或出现某种疾病症状时而采取寻求医疗帮助的行为，包括对就医时机、医护人员、药品、治疗方式的选择。根据以往学者对流动人口就医行为的研究，通常选择个体特征以及社会因素作为主要影响因素，其中个体特征包括人口学特征、教育程度、健康认知状况等，社会因素包括社会环境、社会支持、医疗保障和医疗服务体系等。基于数据的可得性，本研究的就医行为包括就医决定和就医地点。结合修正的安德森医疗服务利用模型，从人口学特征、社会经济特征、健康状况、流动特征、医保特征 5 个维度研究流动老年人就医行为的影响因素，并在 2015 年全国流动人口卫生计生动态监测调查数据中选取 14 个因素作为自变量进行分析。具体运用 Logistic 回归分析流动老年人异地就医影响因素，将患病后是否住院、住院地点作为测量流动老年人就医行为的因变量；将人口学特征（性别、年龄、婚姻状况），社会经济特征（教育程度、家庭规模、户口类型、家庭平均月收入、经济来源），健康状况（平均每天锻炼时间、身体健康状况），流动特征（现居住地、流动原因、流动范围），医保特征（参保地、参保类型）5 个维度 15 个因素作为自变量进行分析。

六、结果——样本特征

1. 人口学特征

本次调查统计的流动老年人口共 13 043 人。根据联合国世界卫生组织提出的新的年龄分段，60～74 岁为年轻的老人或老年前期，75～89 岁为老年，90 岁以上为长寿老年人。故受调查的流动老年人中处于老年前期的共计 11 144 人（85.4%），老年人有 1 831 人（14.1%），长寿老人为 68 人（0.5%），男女性别较为均衡（52.4%、47.6%）。样本中多数流动老年人为初婚（79.6%），部分丧偶（16.9%），离异和再婚的占 3.2%，未婚占 0.3%。

2. 社会经济状况

样本中被调查的流动老年人多数为小学及以下学历（59.8%），家庭规模多为三人及三人以下（52.46%），是四到六人的中等规模家庭其次（35.4%）。其中为农业户口占多数比例（65.8%），非农业户口占其次（34.17%）。流动老年人的家庭平均月收入低于 3 000 元的约有三分之一（27.4%），多数在 3 000 元到 10 000 元（62.3%），10 000 元以上较少（10.3%），而其经济来源主要是退休金或养老金（34.3%），其次是除配偶外的其他家庭成员（32.46%）。

3. 健康状况

在由家人或老年人自己回答身体健康状况时，多数回答身体健康（89.1%），有 191 位流动老年人生活不能自理（1.5%）。而从流动老年人锻炼时间来看，多数老年人每天锻炼 0～2 个小时（85.1%），有少数人不锻炼（8.2%）。

4. 流动特征

数据显示流动老年人现居住地主要分布在我国西部（41.9%）和东部（33.8%）地区。照顾晚辈为流动的主要原因（34%），其次是为了养老（32.1%），再者是务工经商（23.4%），很少部分是为寻医治病而流动（0.8%）。从流动的范围来看其中 5 589 人是跨省流动（42.8%），4 144 人是省内跨市流动（31.8%），其余为市内流动（25.4%）。

5. 医保特征

由于流动人口可能存在重复参加医疗保险的情况，所以有 842 人（6.45%）参加了两种基本医疗保险，本次调查暂不分析重复参保的原因，故不将第二参保类型作为变量分析，直接将第一参保类型作为医疗保险类型分析，其中多数老年人参加了新型农村合作医疗保险（51.3%），其次为城镇职工医疗保险（18.6%），流动老年人大多数是在户籍地参加的医疗保险（74.8%），其余在现居住地或其他地方参保（25.2%）。

6. 流动老年人的就医状况

过去一年里，被医生确诊需要住院的流动老年人共计 1 283 名，其中多数流动老年人选择进行住院治疗，共计 1 049 人。在选择进行住院治疗的流动老年人中有 751 人选择在现居住地住院（71.6%），189 位在户籍地住院（18.0%），两地均有住院或在其他地方住院的有 109 人（10.4%）。

表 1　流动老年人样本特征（$N = 13\,043$）

变量	频数	百分比（%）	变量	频数	百分比（%）
人口学特征			流动特征		
性别			现居住地		
男	6 838	52.4	东部地区	4 402	33.8
女	6 205	47.6	中部地区	1 338	10.3
年龄			西部地区	5 471	41.9
老年前期	11 144	85.4	东北地区	1 832	14
老年	1 831	14.1	流动原因		
长寿老人	68	0.5	务工经商	3 052	23.4
婚姻状况			照顾晚辈	4 439	34
初婚	10 379	79.6	治病	99	0.8
再婚	245	1.9	养老	4 184	32.1
离婚	173	1.3	其他	1 269	9.7
丧偶	2 202	16.9	流动范围		
未婚	94	0.3			
社会经济特征			跨省	5 589	42.8
教育程度			省内跨市	4 144	31.8
小学及以下学历	7 799	59.8	市内跨县	3 310	25.4
初中学历	3 336	25.5	医保特征		
高中学历	1 325	10.2	参保类型		
大学及以上学历	583	4.5	新型农村合作医疗保险 6 696		51.3

（续上表）

变量	频数	百分比（%）	变量	频数	百分比（%）
户口类型			城乡居民合作医疗保险	717	5.5
农业	8 586	65.8	城镇居民医疗保险	1 111	8.5
非农业	4 457	34.2	城镇职工医疗保险	2 420	18.6
家庭规模			公费医疗	171	1.3
1~3 人	6 842	52.5	不清楚	910	7
4~6 人	4 617	35.4	以上都没有	1 018	7.8
6 人及以上	1 584	12.1	参保地		
经济来源			现居住地	1 266	9.7
劳动收入	2 880	22.1	户籍地	9 755	74.8
储蓄及理财	177	1.2	其他地方	2 022	15.5
退休金/养老金	4 470	34.3	就医特征		
最低生活保障金	324	2.4	过去一年是否被医生确诊需要住院		
家庭其他成员	4 312	33	是	1 283	9.8
其他	880	7	否	11 760	90.2
家庭平均月收入（元）			患病后是否住院（$n_1 = 1\,283$）		
0~3 000	3 576	27.4	是	1 049	81.8
3 000~10 000	8 129	62.3	否	234	18.2
10 000~50 000	1 305	10	住院地点（$n_2 = 1\,049$）		
50 000 以上	33	0.3	现居住地	751	71.6
身体健康状况			户籍地	189	18
平均每天锻炼时间			其他	109	10.4
不锻炼	1 062	8.2			
0~2 小时	11 089	85.1			
2 小时以上	877	6.7			
身体健康状况					
健康	11 619	89.1			
不健康	1 233	9.4			
生活不能自理	191	1.5			

七、单因素分析

本文关注流动老年人异地患病后的就医情况，故对流动老年人在被医生确诊需要住院后是否住院的影响因素进行分析，并且对影响住院者住院地选择的因素进行分析。

（一）流动老年人患病后是否住院的单因素分析

调查显示，过去一年中被医生诊断需要住院的共有 1 283 人，占总体样本 9.8%，其中 1 049 人（81.8%）遵循医嘱进行了住院治疗，234 人（18.2%）未住院治疗。从平均每天锻炼时间来看，平均每天锻炼 0~2 小时的老年人不住院的比例更高（19.3%）。由于务工经商而流动的老年人不住院的比例也更高（26.3%），目前居住在东北地区的老年人不住院的比例更高（26.5%）。医疗保险类型中，公费医疗的老年人均遵医嘱住院，参加城镇居民医疗保险和新型农村合作医疗保险的老年人不住院的比例更高（22.5%、18.6），没有参加任何医疗保险的老年人不住院的比例最高（26.4%）；从医疗保险参保地点来看，在户籍地和其他地方参保的老年人更倾向于不住院，占 17.6% 和 18.2%，比在现居住地参保的老年人分别高出 1.7% 和 2.3%。分析结果如表 2 显示，现居住地、流动原因、参保类型是影响流动老年人患病后是否住院的具有统计学意义的因素。

表 2　不同类型流动老年人住院情况

变量	遵医嘱住院	未遵医嘱住院	χ^2 值	p 值
人口学特征				
性别				
男	533（81.5）	121（18.5）		
女	516（82.1）	113（17.9）	0.062	0.804
年龄				
老年前期	772（81.6）	174（18.4）		
老年	260（82.5）	55（17.5）		
长寿老人	17（77.2）	5（22.7）	0.440	0.802
婚姻状况				
未婚	3（100.0）	0（0.0）		

变量	遵医嘱住院	未遵医嘱住院	χ^2 值	p 值
初婚	787 (81.4)	176 (18.3)		
再婚	19 (86.4)	3 (13.6)		
离婚	7 (87.5)	1 (12.5)		
丧偶	233 (81.2)	234 (18.8)	1.223	0.874
社会经济特征				
教育程度				
小学及以下学历	675 (82.1)	147 (17.9)		
初中学历	222 (80.1)	55 (19.9)		
高中学历	6 (82.2)	23 (17.8)		
大学及以上学历	46 (83.6)	9 (16.4)	0.700	0.873
家庭规模				
1~3 人	465 (80.7)	111 (19.3)		
4~6 人	433 (82.6)	91 (17.4)		
6 人及以上	152 (82.6)	32 (17.4)	0.747	0.688
户口类型				
农业	669 (81.0)	157 (18.0)		
非农业	380 (83.2)	77 (16.8)	0.919	0.338
家庭平均月收入（元）				
0~3 000	281 (81.0)	66 (19.0)		
3 000~10 000	669 (81.2)	155 (18.8)		
10 000~50 000	95 (88.8)	12 (11.2)		
50 000 以上	4 (80.0)	1 (20.0)	3.873	0.275
经济来源				
劳动收入	103 (77.4)	30 (22.6)		
储蓄及理财	15 (75.0)	2 (25.0)		
离退休金/养老金	407 (84.3)	76 (15.7)		
最低生活保障金	47 (81.1)	11 (18.9)		
房租	6 (75.0)	2 (25.0)		
家庭其他成员	413 (81.8)	92 (18.2)		

（续上表）

变量	遵医嘱住院	未遵医嘱住院	χ^2 值	p 值
其他	58（76.3）	18（23.7）	6.083	0.414
健康状况				
身体健康状况				
健康	645（81.8）	144（18.2）		
不健康	329（82.3）	71（17.7）		
生活不能自理	75（79.8）	19（20.2）	0.310	0.857
平均每天锻炼时间				
不锻炼	151（85.8）	25（14.2）		
0～2 小时	822（80.7）	196（19.3）		
2 小时以上	75（85.2）	13（14.8）	3.330	0.189
流动特征				
现居住地				
东部地区	285（82.4）	61（17.6）		
中部地区	103（78.6）	28（21.7）		
西部地区	550（84.0）	105（16.0）		
东北地区	111（73.5）	40（26.5）	9.986	0.019
流动原因				
务工经商	129（73.7）	46（26.3）		
照顾晚辈	319（85.7）	319（14.3）		
治病	45（90.0）	5（10.0）		
养老	474（81.6）	107（18.4）		
其他	82（78.1）	23（21.9）	14.808	0.005
流动范围				
跨省	380（81.2）	88（18.8）		
省内跨市	321（81.5）	73（18.5）		
市内跨县	348（82.7）	73（17.3）	0.350	0.839
医保特征				
参保地				
现居住地	121（84.1）	23（15.9）		

（续上表）

变量	遵医嘱住院	未遵医嘱住院	χ^2 值	p 值
户籍地	811（82.4）	173（17.6）		
其他地方	9（81.8）	2（18.2）	0.231	0.891
参保类型				
新型农村合作医疗保险	543（81.4）	124（18.6）		
城乡居民合作医疗保险	65（86.7）	10（13.3）		
城镇居民医疗保险	79（77.5）	23（22.5）		
城镇职工医疗保险	233（85.1）	41（14.9）		
公费医疗	21（100.0）	0（0.0）		
不清楚	44（77.2）	13（22.8）		
以上都没有	64（73.6）	23（26.4）	13.911	0.031

（二）流动老人住院地点选择的单因素分析

由表3单因素分析的结果可知，老年人的年龄、婚姻状况、身体健康状况、家庭规模、现居住地、流动原因、流动范围、医疗保险参保类型与参保地是影响其住院地点选择具有统计学意义的因素。

具体看来，其中九十岁以上的长寿老人（94.1%）与生活不能自理的老年人（76.0%）在现居住地住院的比例更高；跨省流动的老年人在户籍地住院比例（21.8%）比省内跨市（18.1%）以及市内跨县（13.8%）的比例更高。目前居住在东北地区的流动老年人（78.4%）比居住在其他地区的流动老年人在现居住地住院的比例更高，而目前居住在东部地区的流动老年人回户籍地住院的比例更高（23.9%）。医疗保险参保类型中，参加新型农村合作医疗保险的流动老年人回户籍地住院的比例更高（21.7%），参加城乡居民合作医疗保险（83.1%）与城镇居民医疗保险（78.5%）的流动老年人在现居住地住院的比例较高；从参保地来看，在现居住地参保的老年人在现居住地住院的比例更高（86.8%），在户籍地参保的老年人更倾向于现居住地住院（20.7%），在其他地方参保的老年人更多选择在现居住地住院（55.6%），也有部分老年人选择回到参保地住院（33.3%）。

表3　不同类型流动老年人住院地点选择

变量	现居住地住院	户籍地住院	现居住地和户籍地住院	其他地方	Pearson chi^2	p 值
人口学特征						
性别						
男	372 (69.8)	96 (18.0)	17 (3.2)	48 (9.0)		
女	379 (73.6)	93 (18.0)	9 (1.7)	35 (6.7)	4.336	0.227
年龄						
老年前期	540 (69.9)	148 (19.2)	16 (2.1)	68 (8.8)		
老年	195 (75.0)	40 (15.4)	10 (3.9)	15 (5.7)		
长寿老人	16 (94.1)	1 (5.9)	0 (0.0)	0 (0.0)	11.412	0.076
婚姻状况						
未婚	3 (100.0)	0 (0.0)	0 (0.0)	0 (0.0)		
初婚	561 (71.3)	141 (17.9)	18 (2.3)	67 (8.5)		
再婚	10 (52.6)	6 (31.6)	0 (0.0)	3 (15.8)		
离婚	3 (42.9)	1 (14.3)	2 (5.6)	1 (14.2)		
丧偶	174 (74.7)	41 (17.6)	6 (2.6)	12 (5.1)	11.412	0.076
社会经济特征						
教育程度						
小学及以下学历	479 (70.9)	131 (19.5)	19 (2.8)	46 (6.8)		
初中学历	159 (71.6)	33 (14.9)	7 (3.2)	23 (10.3)		
高中学历	79 (74.5)	17 (16.0)	0 (0.0)	10 (9.4)		
大学及以上学历	34 (73.9)	8 (17.4)	0 (0.0)	4 (8.7)	9.927	0.356
家庭规模						
1~3人	352 (75.7)	65 (13.9)	9 (2.0)	39 (8.4)		
4~6人	301 (69.7)	86 (19.9)	13 (3.0)	32 (7.4)		
6人及以上	98 (64.5)	38 (25.0)	4 (2.6)	83 (7.9)	12.903	0.045
户口类型						
农业	473 (70.7)	129 (19.28)	16 (2.39)	51 (7.62)		
非农业	278 (73.16)	60 (15.79)	10 (2.63)	32 (8.42)	2.097	0.053

变量	现居住地住院	户籍地住院	现居住地和户籍地住院	其他地方	Pearson chi^2	p 值
家庭平均月收入（元）						
0~3 000	209 (74.4)	39 (13.9)	6 (2.1)	27 (9.6)		
3 000~10 000	471 (70.4)	135 (20.1)	15 (2.3)	48 (7.2)		
10 000~50 000	67 (70.5)	15 (15.8)	5 (5.3)	8 (8.4)		
50 000 以上	4 (100.0)	0 (0.0)	0 (0.0)	0 (0.0)	11.476	0.244
经济来源						
劳动收入	66 (64.0)	16 (15.5)	3 (3.0)	18 (17.5)		
储蓄及理财	12 (80.0)	2 (13.3)	0 (0.0)	1 (6.7)		
离退休金/养老金	293 (72.2)	68 (16.7)	9 (2.2)	37 (9.1)		
最低生活保障金	36 (76.6)	7 (14.9)	1 (2.1)	3 (6.38)		
房租	6 (100.0)	0 (0.0)	0 (0.0)	0 (0.0)		
家庭其他成员	298 (72.2)	82 (19.8)	12 (2.9)	21 (5.1)		
其他	40 (68.9)	14 (24.1)	1 (1.7)	3 (5.2)	25.286	0.117
健康状况						
身体健康状况						
健康	456 (70.7)	134 (20.8)	11 (1.7)	44 (6.8)		
不健康	238 (72.3)	45 (13.7)	12 (3.7)	34 (10.3)		
生活不能自理	57 (76.0)	10 (13.3)	3 (4.0)	5 (6.7)	15.002	0.020
平均每天锻炼时间						
不锻炼	111 (73.5)	22 (14.6)	7 (4.6)	11 (7.3)		
0~2 小时	580 (70.6)	157 (19.0)	18 (2.2)	67 (8.2)		
2 小时以上	59 (78.7)	10 (13.3)	1 (1.3)	5 (6.7)	6.952	0.325
流动特征						
现居住地						
东部地区	196 (68.8)	68 (23.9)	5 (1.7)	16 (5.5)		
中部地区	75 (72.8)	24 (23.4)	1 (0.9)	3 (2.9)		
西部地区	393 (71.5)	81 (14.7)	20 (3.6)	56 (10.2)		

（续上表）

变量	现居住地住院	户籍地住院	现居住地和户籍地住院	其他地方	Pearson chi^2	p 值
东北地区	87（78.4）	16（14.4）	0（0.0）	8（7.2）	28.233	0.000
流动原因						
务工经商	87（67.5）	14（10.8）	5（3.9）	23（17.8）		
照顾晚辈	215（67.4）	79（24.8）	6（1.8）	19（6.0）		
治病	35（77.8）	6（13.4）	2（4.4）	2（4.4）		
养老	361（76.2）	75（15.8）	8（1.7）	30（6.3）		
其他	53（64.6）	15（18.3）	5（6.1）	9（11.0）	45.268	0.000
流动范围						
跨省	268（70.5）	83（21.8）	8（2.1）	21（5.5）		
省内跨市	227（70.7）	58（18.1）	12（3.7）	24（7.5）		
市内跨县	256（73.6）	48（13.8）	6（1.7）	38（10.9）	16.673	0.011
医保特征						
参保地						
现居住地	105（86.8）	6（4.9）	2（1.6）	8（6.6）		
户籍地	566（69.8）	167（20.7）	17（2.1）	61（7.4）		
其他地方	5（55.6）	1（11.1）	0（0.0）	3（33.3）	26.981	0.000
参保类型						
新型农村合作医疗保险	373（68.7）	118（21.7）	11（2.0）	41（7.6）		
城乡居民合作医疗保险	54（83.1）	4（6.2）	1（1.5）	6（9.2）		
城镇居民医疗保险	62（78.5）	10（12.7）	3（3.8）	4（5.1）		
城镇职工医疗保险	171（73.4）	39（16.7）	4（1.7）	19（8.2）		
公费医疗	16（76.2）	3（14.3）	0（0.0）	2（9.5）		
不清楚	32（72.7）	8（18.2）	3（6.8）	1（2.3）		
以上都没有	43（67.2）	7（11.0）	4（6.2）	10（15.6）	32.383	0.020

卫生健康服务

八、多因素分析

（一）流动老年人患病后是否住院的多因素分析

本文以流动老年人患病后是否住院为因变量（医生确诊应该住院且住院设为 1，医生确诊应该住院而未住院设为 0），以性别、年龄、户口类型、现居住地、教育程度、身体健康状况、平均每天锻炼时间、家庭月平均收入、家庭规模、流动范围、流动原因、医疗保险参保类型、医疗保险参保地为自变量进行二分类 Logistic 回归分析。

结果如表4所示，年龄、现居住地、平均每天锻炼时间、流动原因与流动老年人患病后是否住院有显著关联。分析医疗保险参保类型以及参保地变量发现，影响均不显著，但逻辑回归结果表明，在生病后被医生确诊需要住院时，参加城乡居民合作医疗保险的老年人选择住院的比值是参加新型农村合作医疗保险的老年人住院比值的 1.43 倍，城镇职工医疗保险参保的老年人选择住院的比值是新型农村合作医疗保险的参保老年人的 1.32 倍，而参加城镇居民医疗保险的住院比值只是参加新型农村合作医疗保险老年人住院比值的 73.4%。结果表明，户籍地参保的老年人选择住院的比值只有在现居住地参保的老年人住院比值的 81.9%。从流动特征方面看，西部地区的流动老年人生病后选择住院比值是东部地区流动老年人选择住院的比值的 1.19 倍；因为治病、照顾晚辈、养老和其他原因而流动的老年人选择住院的比值均比务工经商的老年人高，分别是其 3.17 倍、2.15 倍、1.57 倍和 1.26 倍。

表4　流动老年人住院情况多因素回归分析

变量	OR	Std. Err.	p >	z		[95% Conf. Interval]	
医保特征					
参保类型（以新型农村合作医疗保险为参照）					
城乡居民合作医疗保险	1.435	0.511 5	0.311	0.713 4	2.885 5
城镇居民医疗保险	0.734	0.198 5	0.252	0.431 7	1.246 6
城镇职工医疗保险	1.320	0.262 9	0.163	0.893 8	1.950 8
公费医疗	1.000				

（续上表）

变量	OR	Std. Err.	p>｜z｜	[95% Conf. Interval]	
参保地（以现居住地为参照）					
户籍地	0.819	0.212 0	0.441	0.493 3	1.360 4
其他地方	0.594	0.499 7	0.536	0.114 0	3.091 3
流动特征					
现居住地（以东部地区为参照）					
中部地区	0.813	0.223 0	0.452	0.475 4	1.392 3
西部地区	1.196	0.235 6	0.362	0.813 3	1.760 1
东北地区	0.648	0.158 0	0.075	0.401 9	1.045 2
流动特征					
流动原因（以务工经商为参照）					
照顾晚辈	2.151	0.489 0	0.001	1.377 7	3.358 5
治病	3.179	1.595 8	0.021	1.188 2	8.502 9
养老	1.570	0.319 2	0.027	1.054 0	2.338 4
其他	1.266	0.370 0	0.420	0.713 9	2.244 7
流动范围（以跨省为参照）					
省内跨市	0.994	0.176 1	0.973	0.702 4	1.406 5
市内跨县	1.096	0.193 7	0.604	0.775 0	1.549 6
人口学特征					
性别（以男性为参照）					
女	1.060	0.157 4	0.692	0.792 8	1.418 9
年龄（以老年前期为参照）					
老年	1.006	0.179 3	0.040	0.709 8	1.426 8
长寿老人	0.641	0.341 2	0.404	0.225 9	1.819 4
社会经济特征					
教育程度（以小学及以下为参照）					
初中学历	0.826	0.164 5	0.338	0.559 3	1.220 5
高中学历	0.839	0.226 1	0.515	0.494 7	1.422 9
大学及以上学历	0.950	0.393 6	0.902	0.422 1	2.140 3
家庭规模（以1~3人为参照）					

变量	OR	Std. Err.	p >	z		[95% Conf. Interval]	
4 ~ 6 人	1.074	0.199 9	0.698	0.746 4	1.547 5
6 人及以上	1.100	0.281 3	0.708	0.666 5	1.816 4
户口类型（以农业户口为参照）					
非农业	1.238	0.223 5	0.238	0.868 7	1.763 3
家庭平均月收入（元）（以 3 000 元以下为参照）					
3 000 ~ 10 000	0.970	0.167 1	0.860	0.692 2	1.359 6
10 000 ~ 50 000	1.651	0.580 8	0.154	0.828 8	3.290 1
50 000 及以上	1.081	1.232 4	0.945	0.115 8	10.095 5
经济来源（以劳动收入为参照）					
储蓄及理财	0.883	0.495 0	0.826	0, 294 9	2.649 4
离退休金/养老金	1.601	0.450 8	0.095	0.921 9	2.780 2
最低生活保障金	1.154	0.465 6	0.722	0.523 6	2.545 0
房租	0.849	0.718 4	0.847	0.161 7	4.457 7
家庭其他成员	1.217	0.308 6	0.757	0.749 5	1.975 7
其他	0.899	0.308 6	0.757	0.458 7	1.762 0
健康状况					
身体健康状况（以健康为参照）					
不健康	0.991	0.160 3	0.957	0.721 9	1.361 1
生活不能自理	0.605	0.197 0	0.123	0.319 6	1.145 6
平均每天锻炼时间（以不锻炼为参照）					
0 ~ 2 小时	0.564	0.154 4	0.037	0.330 5	0.965 6
2 小时以上	0.777	0.310 2	0.528	0.355 6	1.699 8

注：OR 是比值比，SE 是比值比的标准误，CI 是置信区间。

（二）流动老人住院地点选择的多因素分析

流动老年人住院地点的选择有现居住地、户籍地、现居住地和户籍地和其他地方，属于多项无序选择模型。本文以现居住地为基准，进行 Multinomial Logistic 回归，结果如表 5 所示。分析结果显示医疗保险参保类型、医疗保险参保地、流动原因、流动范围、家庭规模、家庭平均月收入、平均每天锻炼时间、健康状况对其就医地的选择有显著影响。

　　本文主要分析医疗保险参保类型以及参保地对流动老年人住院地点选择的影响。控制其他影响因素后，参加城乡居民合作医疗保险的流动老年人回到户籍地住院对比在现居住地住院的发生比，是参加新型农村合作医疗保险的 28.3%。控制其他影响因素后，在户籍地参保的流动老年人回到户籍地住院对比在现居住地住院的发生比，是在现居住地住院的 4.66 倍。控制其他影响因素后，参加城镇居民医疗保险的流动老年人在现居住地和户籍地都住院的发生比，是参加新型农村合作医疗保险的 2.04 倍，在户籍地参保的流动老年人在现居住地和户籍地住院对比只在现居住地住院的发生比，是只在现居住地住院的 1.96 倍。

表5　对流动老年人住院地点选择的 Multinomial Logistic 回归分析

现居住地 （base outcome）	户籍地			现居住地和户籍地			其他地方		
	RRR	Std. Err.	p > |z|	RRR	Std. Err.	p > |z|	RRR	Std. Err.	p > |z|
医保特征									
参保类型（以新型农村合作医疗保险为参照）									
城乡居民合作医疗保险	0.283	0.151 1	0.018	0.700	0.742 6	0.737	1.072	0.500 2	0.881
城镇居民医疗保险	0.759	0.282 4	0.459	2.044	1.436 1	0.309	0.654	0.365 8	0.448
城镇职工医疗保险	0.700	0.146 1	0.088	0.795	0.470 2	0.698	0.906	0.273 8	0.745
公费医疗	0.659	0.425 8	0.519	0.000	0.003 7	0.985	1.005	0.792 6	0.995
参保地（以现居住地为参照）									
户籍地	4.662	2.050 0	0.000	1.966	1.579 4	0.400	1.326	0.542 5	0.490
其他地方	3.697	4.387 3	0.271	0.000	0.008 0	0.995	7.650	6.513 1	0.017
流动特征									
现居住地（以东部地区为参照）									
中部地区	1.082	0.322 0	0.790	0.501	0.569 9	0.544	0.337	0.224 2	0.102
西部地区	0.718	0.149 5	0.112	1.845	1.016 7	0.266	1.327	0.431 2	0.384

（续上表）

现居住地 （base outcome）	户籍地			现居住地和户籍地			其他地方		
	RRR	Std. Err.	p > |z|	RRR	Std. Err.	p > |z|	RRR	Std. Err.	p > |z|
东北地区	0.599	0.189 8	0.106	0.000	0.000 7	0.979	0.961	0.453	0.934
流动原因（以务工经商为参照）									
照顾晚辈	2.221	0.709 1	0.012	0.479	0.301	0.242	0.338	0.115 4	0.001
治病	1.121	0.595 9	0.829	0.975	0.851 8	0.977	0.179	0.138 6	0.026
养老	1.401	0.445 1	0.288	0.378	0.224 6	0.102	0.274	0.084 8	0
其他	2.007	0.832 4	0.093	1.504	1.009 8	0.542	0.557	0.243 7	0.181
流动范围（以跨省为参照）									
省内跨市	0.870	0.182 7	0.509	1.755	0.877 9	0.260	1.497	0.495 7	0.222
市内跨县	0.668	0.150 3	0.000	0.679	0.397 9	0.510	2.091	0.059 1	0.000
人口学特征									
性别（以男性为参照）									
女	0.940	0.157 2	0.713	0.509	0.220 5	0.119	0.748	0.179 7	0.227
年龄（以老年前期为参照）									
老年	0.713	0.147 4	0.103	1.627	0.710 9	0.265	0.624	0.193 4	0.227
长寿老人	0.226	0.235 2	0.153	0.000	0.000 4	0.996	0.000	0.000 2	0.994
社会经济特征									
教育程度（以小学及以下为参照）									
初中学历	0.770	0.184 9	0.277	0.869	0.449 9	0.787	1.395	0.425 0	0.274
高中学历	0.771	0.239 5	0.403	0.000	0.000 2	0.987	1.232	0.509 5	0.613
大学及以上学历	0.743	0.334 1	0.509	0.000	0.000 3	0.993	1.345	0.825 3	0.629
家庭规模（以1~3人为参照）									
4~6人	1.494	0.326 3	0.066	1.411	0.757 3	0.520	1.543	0.493 5	0.111
6人及以上	2.099	0.587 0	0.008	1.369	0.999 8	0.667	1.307	0.532 3	0.510

（续上表）

现居住地 （base outcome）	户籍地			现居住地和户籍地			其他地方		
	RRR	Std. Err.	p > |z|	RRR	Std. Err.	p > |z|	RRR	Std. Err.	p > |z|
户口类型（以农业户口为参照）									
非农业	0.857	0.175 5	0.451	1.727	0.802 0	0.240	1.003	0.283 3	0.992
家庭平均月收入（以3 000元以下为参照）									
3 000~10 000	1.453	0.302 9	0.073	1.334	0.677 1	0.570	0.866	0.233 5	0.595
10 000~50 000	1.000	0.355 8	1.000	4.661	3.180 3	0.024	1.214	0.563 0	0.676
50 000及以上	0.000	0.000 4	0.996	0.000	0.001 8	0.998	0.000	0.000 4	0.997
经济来源（以劳动收入为参照）									
储蓄及理财	0.765	0.625 4	0.743	0.000	0.001 0	0.993	0.318	0.344 5	0.290
离退休金/养老金	1.086	0.383 2	0.814	0.481	0.385 5	0.361	0.447	0.175 0	0.040
最低生活保障金	0.651	0.332 4	0.401	0.445	0.535 5	0.501	0.259	0.174 0	0.044
房租	0.000	0.000 5	0.990	0.000	0.009 8	0.996	0.000	0.000 2	0.993
家庭其他成员	0.907	0.288 1	0.759	0.681	0.468 4	0.577	0.219	0.080 5	0.107
其他	1.367	0.579 1	0.460	0.448	0.523 6	0.500	0.250	0.165 5	0.036
健康状况									
身体健康状况（以健康为参照）									
不健康	0.685	0.136 3	0.057	1.735	0.789 9	0.226	1.415	0.365 1	0.178
生活不能自理	0.791	0.326 1	0.569	1.227	0.990 1	0.800	1.010	0.580 7	0.986
平均每天锻炼时间（以不锻炼为参照）									
0~2小时	1.152	0.326 4	0.616	0.561	0.294 6	0.271	1.190	0.456 1	0.561
2小时以上	0.267	0.755 0	0.000	0.424	0.235 6	0.000	0.896	0.531 3	0.854

注：OR是比值比，SE是比值比的标准误，CI是置信区间。

九、结论与建议

本文通过对流动老年人的一般人口学特征、流动因素、医疗卫生服务状况进行分析，得到以下一些发现。

其一，流动老年人主要随子女迁移，并且以照顾晚辈为主要流动原因（34%），是家庭不可或缺的劳动力，因此满足流动老年人的基本医疗服务是一项重要的社会保障。然而本次调查数据显示，在由医生确诊需要住院而未住院的原因中，本人或者家人觉得没必要占40.17%，其次为经济困难，占22.22%，再者是医保报销困难，占11.97%。说明流动老年人自身以及家人对其健康不够重视，并且数据也显示，在医生确诊需要住院治疗时，平均月收入较高的家庭比收入低的家庭有更高的比例选择住院，故家庭经济状况是影响流动老年人获取医疗卫生服务的重要因素。

其二，通过分析参保因素，医疗保险参保地已不是影响流动老年人住院的显著因素，该结果与目前我国的异地就医结算政策的逐步实施相贴合，但参保类型还是对其住院与否有显著影响，这说明不同医疗保险的统筹水平、异地报销结算政策实施程度还存在差别。由于医疗保险类型的覆盖面大小不同，社会保障卡的发放与信息系统等基础建设程度不同都会影响异地就医结算政策的落实。参加新型农村合作医疗的流动老年人在选择住院的比例上明显低于城乡居民合作医疗保险与城镇职工医疗保险，该现象说明新型农村合作医疗保险的政策实施上可能还存在着不足，结合办理异地就医结算相关手续中对社会医疗保障卡与参保地备案的要求，参加新型农村合作医疗保险的流动老年人由于各种原因，办理相关手续可能会存在问题，例如参保信息未对接完全、备案手续复杂申报不及时等。

本文使用的2015年全国流动人口卫生计生动态监测调查数据属于流动人口数据中样本较大，质量较好的数据，同时梳理了自2009年以来我国医疗保险异地就医结算的政策，并且选择了多个测量指标进行描述。然而该调查数据是有权重的数据，可加权重对数据进行分析；对医疗服务利用的多因素分析也只局限于住院治疗，没有涉及体检、日常购药、诊所看病等内容，接下来可结合异地就医联网结算的医疗机构相关数据开展行进一步研究。

参考文献

［1］侯建明，李晓刚. 我国流动老年人口居留意愿及其影响因素分析［J］. 人口学刊，2017，39（6）：62－70.

［2］郭静，薛莉萍，范慧. 流动老年人口自评健康状况及影响因素有序 Logistic 回归分析［J］. 中国公共卫生，2017，33（12）：1697－1700.

［3］郑佳然. 流动老年人口社会融入困境及对策研究——基于 6 位"北漂老人"流迁经历的质性分析［J］. 宁夏社会科学，2016（1）：112－119.

［4］程雅璐. 流动的老年期——浅析当前我国老年人口流动的影响因素［J］. 老龄科学研究，2015，3（2）：49－56.

卫生健康服务